普及版 出版経営入門——その合理性と非合理性

書籍出版経営の夢と冒険

ハーバート S. ベイリー Jr. 著
箕輪 成男 訳編

SMP mediapal
出版メディアパル

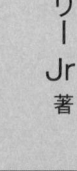

THE ART AND SCIENCE OF BOOK PUBLISHING
by Herbert S. Bailey, Jr.

To Betty and our children
John
Jim
Robin
And George

目次

はしがき

出版経営論としての本書を執筆するにあたって、私はできる限り分析的・客観的であるよう努力したが、本当のところ、この本は大変個人的な側面をもっていると言わなければならない。それは編集者としての永い勤務のあと、出版経営者となった私自身が、いかにひとつの出版社を経営していくべきかを、身をもって体験してきた、その闘いそのものを示しているからである。しかもその闘いたるや、プリンストン大学出版局長として十五年以上も勤めたいまでも、なお続いているわけである。

さてこの本では出版界でひろく実践されている手法などにかなり触れてはいるものの、本来のねらいはそうした事柄を説明することではない。ねらいはあくまでも経営問題にある。すなわち組織のたて方、意志の伝達、対外・対内関係の処理、経営意志決定の類型、仕事の流れ、人事、資金、計画、新しい技術の問題等々といったことを分析的にとらえることに主眼をおいているのである。したがって出版におけるいくつかの大きな話題、たとえば著作権の問題などは、私のそうした目的に合致しないために全く省略されている。しかしそれにもかかわらず、この本を書くことが私にとって大変有益であったように、本書が他の人々にとっても有益であってくれることを望みたいのである。

ある意味ではこの本を書くための勉強は、一九五四年に始まったといえるかもしれない。この年、出版局長という新しい任務についた私は、営業費をもっとうまく管理し、部数と定価の決定方法を改善する必要があると気づいたのである。この時、私は第四章で述べるとおりの営業費配分法を考案したが、この方式は、それ以来プリンストン大学出版局が用いて成功しているし、とくに不満な点はないようである。

一九六七年の夏には、出版局内で急成長にともなう〝ひずみ〟がますますひどくなりつつあるのを知って、私は組織と意志疎通の問題について長い覚書を書いたのであったが、それが第二章の内容になっている。同じ頃私はオペレーション・リサーチと経営学の本を読み始めたし、その頃また出版局において資金の不足が問題化したため、在庫および重版についての方針を再検討する必要があると感じたのであつた。そしてこうした事情から一九六七年の秋に第四章で述べられている最適印刷部数の研究がまとめられたのである。これらの研究は一九六八年にも続けられた。そして事の性質上当然のことだが、日常の経験を意志決定のための一定の方式にまで練り上げる系統的な作業として、これからも永遠に続けられることになるであろう。新技術に関する章はサタディ・レビュー誌、一九六六年六月十一日号に発表した論文に、出版社の許可を得て、若干の手を加えたものである。一九六八年の夏には、プリンストン大学出版局理事会が与えてくれた寛大な休暇のお陰で、本書の草稿をまとめることができた。こうした機会を与えられたことに対し、理事会に感謝を表したいと思う。

さてこの機会に、私は多くの人々に感謝を捧げなければならない。それらの人々は本書の執筆を助けてくれたというよりはむしろ、私に出版というものを教えてくれた人々なのである。あるいは、そうした人々の中には、本書の姿勢そのものが気に入らなくて、俺は知らんという人がいるかもしれない。しかし、私としてはやはりそういう人々にも私が大変恩恵を蒙っていることを明らかにしておきたいと思う。先ず最初にプリンストン大学出版局の理事諸氏に対し、私は感謝を捧げなければならない。多年にわたって彼等が私を支持してくれたことに対して感謝することはいうまでもないが、とくに事務局の提案に対し、彼らが質問したり、修正を加えたり、時には否決したりした、そうした事実に対して感謝したいのである。そのような経験から私は多大の教育を受けたのである。なかでも私は、理事会メンバーの中の出版人グループから、出版について多くのことを学んだのであった。スクリブナー一族の中でも最もすぐれた出版人になるべく運命づけられていなかったなら、大数学者か古典学者になったかもしれない、スクリブナー出版社社長チヤールズ・スクリブナー・ジュニア氏、出版における資金問題の最もすぐれた専門家の一人である、元ハーパー&ロー出版社のレイモンド・C・ハーウッド氏、印刷についてなみなみならぬ知識を有する出版の虫、ホートン・ミフリン出版社のヘンリー・A・ローリン氏、マーケティングについて鋭い考えを持っている出版王国マグローヒル社のハロルド・W・マグロー氏、およびプリンストン大学出版局で同僚としての十四年間と、その後アメリカン・ブック・カンパニー社の社長として引き続きの年月、私がきわめて多くの知識を与えられたノベル・B・サミュエル氏である。

本書の第一章において私は出版に対する情熱とか、本や読者に対するセンスというものがいかに大事であるかを強調したが、こうした資質を最高にもっているのが、デイタス・C・スミス・ジュニア氏であるといえよう。氏は私が初めて出版の世界に入った時の上司、プリンストン大学出版局長であり、のちにはフランクリン図書開発計画財団の理事長として、ほとんど出版事業が存在していないような発展途上諸国で、出版人たちを激励し、教育する大変大きな仕事をされたのである。

プリンストン大学出版局の理事にはまた、大学の管理者を代表する人々がいて、私はこれらの人々にも大変お世話になった。J・ダグラス・ブラウン学部長、ヒュー・テイラー卿およびリカルド・A・メストレス氏である。ここにプリンストン大学出版局編集委員会のメンバーとして協力を仰いだり、企画決定の上で学問的客観性を貫くために助言を与えてくれた多くのプリンストン大学教官の名前を列挙することは適当でないと思うが、その中でぜひとも示しておきたい名前がひとつある。ジェイコブ・ヴァイナー教授である。著名な経済学者である氏は、私が編集者に任命されたときの編集委員会議長であり、私に学問とはなにかについて、時には苦痛をともなう数々の教訓を与えてくれたのである。さらに私はもう一人の経済学者、ハーバード・ビジネス・スクールのジェシー・マーカム教授にも感謝しなければならない。氏は本書の原稿を読んで、多くの有益な助言を与えてくれたのであった。また、最近までR・Rバウカー社の社長であったダニエル・メルチャー氏にもお礼を申したい。氏もまた本書原稿を丹念に読んで、詳細なコメントをつけてくれたのであった。

次に深甚なる感謝を私はプリンストン大学出版局の職員諸氏に捧げるものである。彼らは私が本書の考えをまとめる上で、いろいろと協力を惜しまなかった。第二章で強調したように、出版社の社員は社長を含むすべてが絶えず教えたり、学んだりする、終ることのない過程のくり返しによって相互啓発しているのである。その意味で私自身、わが出版局の職員諸氏に多大の恩恵を蒙っているのであるが、とくにその中で二人の多才な出版人から得たものに対し感謝を捧げたい。出版局次長兼編集長R・ミリアム・ブロカウ女史と出版局次長兼経理部長ウィリアム・C・ベッカー氏である。また秘書のジョージ・F・ブラウン夫人に対しては、その偉大な常識とすばらしい人間性に（本書原稿をタイプしてくれた労に対してはいうまでもないが）感謝したいと思う。

ところで編集都のテーブルをはさんでいつもと反対の側に坐るのは私にとって面白い経験であった。本書の出版社ハーパー・アンド・ロー社の担当者諸君は、とてもすばらしい理解者であり、協力者であった。私はこの本に関するかぎり、出版者ではなく著者として振舞うことを宣言したのであったが、担当のネーハム・ワクスマン氏は、著者と同じくらい彼のよく知っている事柄について書かれたこの本の編集者として、そして必ずしもそこでの著者の意見が正統といえない本の編集者として、大変老練かつ達識であった。

本書は私の妻と子ども達に捧げられている。彼らは本書で取り上げた諸問題について私が日頃苦心しているとき、その苦しみを分け持ってくれたし、彼らがそこにいるだけで、技術や資金の問題より、もっと大事なのは「人間性」についての考慮であることをいつも思い出させてくれたのである。

一九七〇年一月　　　ハーバート・S・ベイリー・ジュニア

オハイオ大学出版局版へのはしがき

オハイオ大学出版局長デュアン・シュナイダー氏が、旧著『The Art and Science of Book Publishing』（書籍出版の芸術と科学＝日本語版『出版経営入門』）の再刊に興味を示したとき、彼は親切にも、「全面的改訂を施したらどうか」と勧めてくれた。なにしろ、20年前に出版された本だからだ。それには大いに気をそそられもしたが、結局、2つの理由で改訂しないことに決めた。

第一に、出版事業の様相が、以来、あまりに多くの点で変化を遂げたから、もし、改訂するとしたら、全面的に手を入れることとなるからであり、第二に、より重要なことだが、出版の基本原理はそうした時代の変化にも関わらず、少しも変わっておらず、本の真髄はかつてと同じくすばらしいものであることを信じたからである。したがって、ここでは、１９９０年代の読者に対するガイドとして、若干の今日的展望を付け加えるにとどめよう。

この本は、出版経営についての本である。すなわち、一体、出版社とは、どのように機能しているものなのか、その多様な活動は、どのように管理され、統合されているのかを論じたものである。

この本は、編集やデザイン、造本、販売あるいは会計の処理といった問題について、すべて触れてはいるし、これらの領域で働く人々に役立つはずであるけれども、さりとて、これらの諸領域について、詳細な情報そのものを与えるための本ではない。

さて、出版の経営を論じる場合、人々が犯す最大の過ちは、あたかもすべての本が同じであるかのように語ることである。

すべての本は、決して同じではない。狭い特殊な領域や範疇に限って扱った本であっても、すべてが同じではないのだ。もしそれをあたかもすべて同じであるかのように扱えば、必ず、間違いが入り込む。どの本も、それぞれに著者の独創的作品であり、独自性を持っているのである。

しかし、一方で、すべての本は、みな、ある意味で同じだということもできる。

出版企画の採否、出版契約交渉、編集等々についての意志決定や、販売し、重版し、最後には、絶版にしたり、ゾッキ本屋に引き渡すといった一連の意思決定を経る点では、どの本においても同じだからである。

それらの意志決定において、出版者は類似本での自分の経験を生かさなくてはならない。一冊一冊独自な本の間にも、類似点はあるものである。この本の目的は、そうした意志決定過程の検証を助け、よりよい意志決定のために過去の経験をいかに生かすかを読者に示すことである。そうした意思決定過程で考慮すべき点は、20年前と変わってはいない。しかし今日では、過去の経験を系統的に生かすことがたいへん容易になった。

印刷冊数、定価、割引率、重版、在庫管理、当座資金手当（キャッシュ・フロー）などについての意思決定のための情報収集が、コンピュータのお陰で、簡単になったからである。

1970年版ではコンピュータのことにはほとんど触れなかった。当時は、手動計算機（電卓）がやっと使われ始めた時期であったし、ある箇所では、私は計算尺にさえ触れていたのである。しかし、今日では、出版者は誰でも、コンピュータで作成した最新の販売報告をある出版領域について（あるいは全領域ごとに）利用することが出来る。しかも、平均割引率、販売下降曲線、ページ単価等々付きである。

この本では、特に第4章と付録で、どのような種類の情報が必要であり、また利用できるかを示している。もし私がこの本の改訂をしたとしたら、多くの数式を取り除いたことだろう。私の執筆にとって、それらの数式は、諸関係を明示する上でたいへん役に立った。それらが他の人たちにも役立って欲しいと思ったが、極めて単純な数式でさえ、拒否反応を示す読者が少なくないことを知った。しかし、数式の背後にある意味合いは、すべて本文に書かれているので、そうした数式恐怖症の人々が、数式を飛ばして読んでくれることを希望したい。

私の目的は出版を数字に還元しようというのではなかった。そうではないし、そんなことが出来るわけもない、幸いなことに！

数字では説明できない著者と読者を結びつける出版者の役割こそが、そのことを証明しているのである。

そしてそれが出版という仕事の妙味なのだ。出版者の役割を果たすには、判断と冒険精神と趣味性が必要だし、知的な管理がまた要求されるのである。

この本を書くに当たって、私は「マイクロ出版」という用語を造語した。それは、一点の本を出版する過程を意味しており、出版社全体の活動を意味する「マクロ出版」と対をなして用いられている。その「マイクロ出版」が、後に、マイクロフォームで出版する出版産業の一部門の名称として用いられることになるなど想像すらできなかった。もしそれがわかっていたなら、第4章では、別の言葉を用いただろう。ここでは「マイクロ出版」という用語が特別な意味で用いられていることに読者が混乱されないよう願いたい。(訳者注…日本語訳では、すでにこの点を考慮し、「マイクロ出版」に代わって「ミクロ出版」とした)

この本で例示のために用いられている原価や価格を１９９０年代の読者は低過ぎると思われるだろう。いうまでもなく、インフレのためであり、それについて私が弁解する必要はないであろう。読者は、今日の数字に置換えて計算して欲しい。話の筋道自体は、変える必要がないのである。

この本を「重苦しい」と思う人がいるかもしれない。しかし、この本が試みているのは、成功した出版経営がどれほどの挑戦と興奮と満足を与えてくれるものなのかを示すことなのである。どれほど偉大な著者たちと編集者たちを抱えた出版社といえども、経営の問題を無視することは許されない。

うまく経営された出版社は、よりよい本をより上手に出版することができる。反対にすばらしい既刊リストを積み上げてきた出版社も、経営が悪ければたちまち倒産する。そうした現象を考え込んだ挙句、ずっと前のことだが、私は次の２つの詩を作った。それらは始め、出版業界誌の「パブリッシャーズ・ウイークリー(The Publishers' Weekly)」に掲載されたものだが、それ以来、いくつもの会計学の教科書に取り入れられたという曰く付きの詩である。ここにそれら、二つの詩を掲げよう。この序文の締めくくりにピッタリと思われるからだ。

最後の一行

最後の一行「当期純損益」というヤツ
こいつはえらい難儀物だ。
ボスには、その行しか目に入らない——。
　最後の一行「当期純損益」

最後の一行「当期純損益」、そいつがすべてだ。
それは大きく、勿論、黒でなきゃいけない。
小さくてはダメ。赤は勿論ダメ。
　赤字で書いたら、心が痛む。最後の一行

赤い字が、私の背骨に戦慄を走らせる。
赤い字は私のワインに入ったニガヨモギだ。
赤い字で書かれた最後の一行
　それは地獄の女王プロセルピーナの飲み物だ。

いつの日か年老い、白髪となり、
リッチな退職金で暮らせる身分になったとき、
最後の一行よ。消えてなくなれ。
　最後の一行から解放だ。

愛と不安の最後の一行よ。
拝金主義のお社で、敬虔な祈りを捧げます。
私の心からあなたを消し去ることは到底出来ないのです。
　最後の一行様。

ああしかし、これほど心を痛めている「最後の一行」だけではまだ済まない。損益計算書に加えて貸借対照表と資金分析表という厄介なものが待ちかまえている

銀行家は言う「資金の流れに注意しなさい」

気のめいるある真夜中、私は疲れきってよく回らない頭で考えあぐねていた。
節税のための新しい抜け道がないものかと
ためらいつつも、古めかしく手の込んだ会計法規をひっくり返していたもんだ。
その時、突然、ノックの音が耳に入った。
　ただ、それだけ、ノックの音がしただけだ。

しかし怖い銀行家がはいってくるのを見て、
私は不安に襲われた。彼がやってくるのは、初めてではないのに

きっと彼が立てる不吉なお金の音のせいだ。彼の顔はお札色をしている。彼が帳簿を調べる時、彼の目の中で、ドル記号がギラギラ光っているのが見えた。

「資金手当が問題だな」、と銀行家が言った。そして口をつぐんだ。

最後の一行が、黒字ならいいんだと、私はいつも考えてきた。

しかし、銀行家は、ドスの利いた声で「ノー」と言った。

「売掛金が多すぎる。天にも昇る勢いで増えている。貸し倒れが心配だし、資金手当も心配だ」

「資金手当に気をつけなさい」と彼は、繰り返して言った。

そこで私は、おずおずと彼に話す、うちの在庫がいかに立派なものかを、確かにそれはちょっと多すぎるけれども、良質の本ばかりなんだと。

しかし、銀行家にはその増え方だけが問題だ。

彼は、腕を振りふり、断固として、怒鳴るのだ。「もういい、わかった。

それなら、せっせと、借入金の利子を払い給え。ただし、在庫の自慢話など聞かせてくれるな」

そこで、出て行く一方のお金の話の代わりに

いくらでもあるお金以外の問題に話を向けた。

しかし、バランスシートを黒字にするために、私は、減価償却を抑えていたのだ。

何たる軽率なこと！　と銀行家は言った。

彼は身体を震わせ、歯ぎしりをした。

借入金の話には、彼は、うめき声で答えた。

「利子率は、プライムレートプラス8ポイントですぞ」

そして、私の清廉潔白を保証するために、何か担保を出しなさいと言った。

担保は、私の個人財産と頭の皮（インデアンが剥ぎ取る戦利品）だ――。

「それだけでいい。それが通常の条件だ」

私の最後の一行は黒字だ。しかし、ちっとも効き目がない。

私の資金は尽き、読者の払いは遅い。

売り掛け金の増え方は、正に天文学的だ。

結果は間違いなく…苦悩の連続。

そして私は耳にする。銀行家が陰気な低音でつぶやくのを「資金の流れに注意しなさい」


私は自分の提出するバランスシート（貸借対照表）について、満足な説明ができたと思ったことがない。出版者たるものは、バランスシートについて、よく学ぶ必要がある。形の上では、いつも借方と貸方がバランスしているけれど、どれがよい内容で、どれが悪いかという判断ができなければならないのだ。

私は読者がエピローグに注意されることを願いつつ筆をおきたいと思う。出版界のある友人は、この本の最高のエッセンスは、エピローグにあるとの意見を私に示した。彼の言うとおりだと私も思う。すべての読者諸賢が、その出版活動に成功されるだけでなく、私自身が、編集者、出版者としての40年間に経験した楽しみと満足を同じように体験されることを願って止まない。

1990年5月1日

ハーバート・S・ベイリー・ジュニア

出版経営入門

――その合理性と非合理性

第一章　出版における合理性と非合理性

この本が対象とするのは「書籍出版」である。書籍の出版は雑誌出版や新聞の発行とは全く違う。ここでは〝出版する〟すなわち〝公けにする〟という一般的な定義の上に、〝本の形で〟という言葉がつけ加えられている。しかし便利のために、ここでは書籍出版のことをわれわれはただ〝出版〟とよぶことにしよう。いうまでもなく、物事を公けにするには多くの方法がある。ラジオ、テレビ、あるいは屋根の上から叫ぶなど。しかし書籍の出版は社会的・文化的に特別な重要性をもつ、独特なひとつの活動なのである。さてここで〝本〟とはなにかという定義を論じたり、歴史のなかや現代世界で、本の果した役割をこまかく論ずる必要はないであろう。ただ本が、その内容の豊かさ、安さ、持ち運びの便、反復利用性、その他全体としての便利さによって、他のどんなメディアが提供しうるものとも違う、表現伝達の機会、思想や知識の普及の機会を提供しているということだけは注目しておくべきだろう。

以下書籍出版の経営を論ずるにあたって、私は私の意見をできる限り説明的でかついくらかは改革指向的ではあるが、全体としては現実的であるようなものにしたいと考えている。またこの本には〝経営学〟と〝経営財務論〟のアイデアが取り入れられており、次のことが前提となっている。すなわち出版社の経営者は合理的な人間であって、合理的な環境の中で合理的な社員とともに働いており、たとえ外見は複雑でもとにかく特定しうる目標、それもしばしば金額か、少なくとも数量で表現しうる戦略目標をいつも追い求めている人間であるということである。この本の各章のテーマは私にとって――読者にもそうであってほしいが

――それぞれに興味深く好奇心をそそられるものであったが、それを書きながらいつも感じたのは、何か書き落したことがあるのではないかという不安であり、また書かれた文字からは、われわれが経営ということも含めて、出版のあらゆる面で体験するあの感激とか興奮を伝えることができないのではないかという心配であった。だからパブリッシャーズ・ウィクリー〔アメリカの出版業界誌〕の頁を繰って、いろいろな論文や特に新刊広告を眺めながら、私は次のようなことを考えてショックを受けたのである。すなわちそこに見られる厚かましさ、センセーショナリズム、誇張、情緒性、非合理性などこそが出版であり、出版とは私がこの本で書こうとしているような合理的なイメージのものではないのではないかということである。

たしかにそのような非合理性こそが、出版の真実の姿であることはいうまでもない。だから出版経営者は出版事業のもつそうした非合理性というものをいつも計算に入れておかなければならないのである。それを合理的な枠組みの中にとり込んでしまおうとするのではなく、そうした非合理的なものにみずから参加し、それを理解し、それを先取りすることに努め、むしろそれを励まし、批評し、出版が存続しその機能を果たすために必要な合理的な面とそれを結びつけることによって、出版社の内外にある非合理性と共存・協同することが必要なのである。

近代社会を規定する三つの特色は、畜力以外の動力の利用、理性の貫徹および非合理性のもつ力についての認識であるといわれてきた。出版事業は本を作り、流通させるために近代的な機械設備を利用している。出版事業はまたその組織と活動のためにあらゆる合理主義を適用している。しかしまた、出版は非合理性の大海の中で、そうした非合理に応え、非合理からの刺激を受けているのである。出版事業の根本ともいうべき創造性は多くはそうした非合理性の中から、著者の潜在意識や願望の結晶として育っているのである。さらにわれわれの主要なマーケットである読者の大多数もまた、彼等自身の潜在意識とか願望によって動かされているのである。

もし出版社というものが第二章で述べるように本来仲人役をその機能とするものであるならば、それはしばしば読者の非合理性を著者の非合理性に結びつけ、また逆に著者の非合理性を読者のそれに結びつけているにほかならない。このことはとくに小説とか詩の分野についてあてはまるのであるが、ノンフィクションにおいても同様に真実である。そして広告は、たとえば本について最も冷静かつビジネスライクであるはずのパブリッシャーズ・ウィークリーの読者を対象とするものであってさえ、非合理な心理に訴えかけている部分が大きいのである。出版社をとりまく環境を支配するものは著者たちの個性であり、またそうした個性が読者の上に投げかける投影である。別のいいかたをすれば、著者たちの心とその合理的なもの、非合理的なものを表現するすべての個性的なスタイルであり、またそれが読者の心の上に及ぼす影響であるといえるかもしれない。

結局のところスタイル――ここでは文体のスタイルも含めての発想のスタイルを意味している――とは個性の表現であり、スタイルを説明したり、定義することがむずかしいのは、それが非合理的なものであるからである。いうまでもないことだが、出版社自身もそれぞれにひとつのスタイルをもっている。編集者のスタイル（この場合にも文体上のスタイルをいうのでなく、編集の仕事のすすめ方のスタイルである）、デザイナーのスタイル、広告や販売法のスタイル、印刷所、書店、その他関係業者の扱い方におけるスタイル、そしてまたこれらすべてのスタイルに影響を与え、社の内面的スタイルを形成する経営のスタイルがある。出版社の社長自身の個性、情熱、ムードおよび非合理性が、彼の合理的な決定や注意深くたてられた方針とともに、彼の出版活動の上に重大な影響を与えるのであり、同様なことが幹部社員についてもいえるのである。こうした非合理性からくる影響が社の組織に浸透し、社員めいめいの個性や職種に応じて様々な形で影響を与えるのである。

大きな出版社においては一個人の個性からくる影響力というものは、ふつうは雲散霧消してしまうのだが、それでもなおその社を形成しているひとつの構成要素にはちがいない。またそれがきわめて強烈な個性であれば、大きな会社にあってさえそのスタイルを形成することができるのである。小さな出版社のばあいには、一人または何人かの指導者の個性を強く反映することがしばしばで、それが彼等の強さのひとつになっている。というのは、そういう会社では著者をよりきめこまかく取り扱うことができるからである。大出版社における問題のひとつは、第二章で見るように、各出版事業部門が独立して個性的に行動できるよう分権化し、しかも規模からくる経済的利点を失わないためにはどうすればよいかということである。たとえばサイモン・アンド・シュースターとかマグローヒルなどの巨大出版社は多くの事業部門から成り立っており、そのひとつひとつは事実上、別個の分野（一般書とか少年少女もの等々）で活躍する独立の出版社と同じである。そして受注送品とか倉庫管理などの共通サービス部門と総合的な経理および管理の機能がこれにくっついているわけである。このような大出版社の経営者は、各部門の特異なスタイルを窒息させないよう、そして各部門の管理者や編集者がその出版計画の中で個性を発揮できるよう上手に中央からの指示や管理を行なわなければならない。このような立場にある経営者は人々をして想像力に富んだ自発性や、鋭い洞察力、さらには理屈をこえた直観力といったものをよりよく発揮させ、しかし同時に社内、社外における事業活動の理論的分析にもとづく指示にも従わせなければならないのだから、普通の場合と違った経営上のデリカシー、敏感さ、個性に対する理解を必要とするのである。

要するに出版社は本作り機械――それぞれの機能をもった部品の集合――とは違うのである。それは人間を組織して作ったグループであって、そこにいる人間はそれぞれに合理・非合理両面の性格をもっており、その合理性と非合理性、情熱と問題意識、欲望と気まぐれ、習慣と目的それらすべてによって社会に影響を与え、また社会からの影響を受けつつ活動しているのである。そして出版社というものは自分の出版する本についての強い関心、変化、興奮などによって社会全体を特色づけているものなのである。そこでこうした活動を統轄する経営者はいや応なしに合理・非合理いずれの面にもかかわらなければならないことになる。そしてこの本は、いうまでもなく合理的な側面に重点をおいているわけであるが、しかし合理・非合理いずれもが大事であること、そして出版経営者が真に満足しうるのは、これら両者をうまく結びつけるのに成功したときだけであるということを心にとめておくべきである。

この本の題名 The Art and Science of Book Publishing が示すとおり、本書の真のねらいは、出版経営すなわち出版社の管理者として社長がとりおこなう仕事について合理的分析と非合理的側面の考察を行うことである。話は当然ながらその他の職務にもふれることになろう。各部門の職務とそれらの相互関係についてである。また出版社の経済について、全般的問題ならびに個別問題について取り上げたいと思う。さらに仕事の流れといろいろな時期に下さねばならぬ一連の意志決定について検討し、それらの決定を生み出す要因と決定を左右する方針について考察する。ベテラン経営者にとって全く新奇なことがこの本の中に若干はあるとしても、それほど多くはないであろう。しかし、本書の分析的・機能的方法が出版経営者にとってなじみの深い事柄に新しい光をあて、彼の日頃の実践を再検討してみるための刺激になれば幸いである。

出版社のその他のメンバー——編集者、デザイナー、製作部員、販売担当者、経理担当者——はこの本によって自分の仕事を他の部門および出版社全体との関係においてよりはっきりと理解しうるかもしれない。実際のところ、それがこの本を執筆した主な目的のひとつでもあるのである。さらに書店や、図書館関係者、著者、その他出版産業の外にいるけれどもそれに近い関係をもつ人々が、またこの本に興味を感じ、それぞれの仕事に役立ててくれることを私は期待している。

私の知る限りでは、出版に関するよい本は沢山あるけれども、出版の経営に関する本は見たことがない。出版経営者の一般的入門書として最もすぐれているのは、チャンドラー・B・グラニス編〝書籍出版の現状〟(未訳)だが、経営者にとって、もう一冊だけ必須の教科書をあげるなら、スタンレイ・アンウイン著〝出版概論〟(日本語版＝布川・美作共訳日本エディタースクール出版部刊)ということになろう。しかしこのどちらも、本書とはあまり重複する内容をもっていない。出版の文学的側面について書かれたよい本といえば沢山ある——が、最もすぐれたもののひとつは、マックスウェル・パーキンスの書簡集〝編集者から著者へ〟である——が、本書はこの魅力的かつ重要な分野についてはほとんど触れていない。また本書は編集、デザイン、印刷、販売、および経理について、その技術的内容に深く立ち入ることもしていない。こうした事柄についてはわれわれはすでに多くのすぐれた著書をもっているからである（巻末の参考文献目録を参照のこと）。偉大な出版社はどうしたらできるのか、それは、偉大な著者によって書かれ、偉大な編集者によって編集され、すぐれたセンスでデザインされ、高度の技術と能率で制作され、エネルギッシュに手びろく販売されるそうした偉大な本によってであるといったら反対されるかもしれないが、これは全く真理である。しかし、本書の主題とするところはこうした重要な事柄のひとつひとつをどのように遂行するかにあるのではなく、これらの活動を全体としてどのように組織し、調和させ、資金手当するかにあるのである。

第二章〝出版をめぐる環境〟では、われわれは先ず出版社を著者および読者との関係において丹念に観察する。次にわれわれは、出版社内部の組織と仕事の流れおよび相互の連絡の問題を取扱おう。そしていろいろな関係を模式図によって示すことにしよう。その次には採用、訓練、昇進などに着目しながら人事の問題を考えてみたいと思う。

第三章〝業務の流れ・つながり・決定〟では長期にわたる出版社の活動が主として取り扱われる。先ずマクロ出版、ミクロ出版という用語について解説がなされる。つづいてマクロの出版、すなわち出版社全体としての経営の問題に焦点をおきつつ、仕事と資金のいろいろな流れおよび一連の決定の問題が考察される。その際、貸借対照表と資金運用表にもふれることになろう。

第四章〝ミクロ出版の経済学〟では個々の本について下される諸決定、とくに定価、初版部数、および重版について検討し分析する。いくつかのやさしい代数公式がここで用いられる。また経営者が判断を下さねばならぬ代替案の相対的関係を示すために、かなりグラフが用いられている。

第五章〝出版経営と計画〟では資金面の計画だけでなく、マーケットの変化や技術の変化をも考慮しながら長期の方針を検討するという、しばしば無視されているけれど重要な事柄を取り扱っている。ここでの議論はそのまま第六章の〝新しい技術〟につながるのである。

読者の中にはこの本をむづかしく思う人がいるかもしれない。それはおそらくこの本が二つの違うレベルで書かれているためである。第一、第二、第五および第六章は、出版にたずさわる初歩の人々にも容易に理解できるであろう。第三章と第四章は、それに比べるとより技術的であり、初歩の人々にはかなりむづかしいかもしれない。しかしそれらの人々にも役立つことを著者としては期待したいのである。これら二つの章はそこで論じられている諸問題の処理を日常せまられている経営者や幹部の人々に訴えるものを最も多くもっていると思う。

この本では若干の重複を避けられなかった、というのは出版社の活動を全体としてとらえることに重点をおいたため、これまでの伝統的なタテ割り業務組織を横断して論じなければならなかったからである。そこで編集、デザイン、制作、経理の各部門がいろいろな論旨の中で、とくに第二章と第三章の間でかなりの重複を生じながら取り扱われることになった。

第三章と第四章においては、定価、部数等の決定を論ずる中で若干の基本的経済理論を援用した。これらの議論においては、古典的な経済人の概念が前提となっている。すなわちその他の事情は全く無視して最大利益または最少損失を求めて行動するという概念である。それはこのような概念を用いた方が物事の関係を最も明瞭に示すことができるからである。しかしこうした概念を前提とするからといって、その方向への圧力は強いかもしれないが、出版社の経営者がそのように行動するだろうとか、行動すべきだというのではない。そして理事会とか株主に対して話すときにはいかにもそのように見えるけれど、実際に古典的経済人のように行動している出版社の経営者というものは、そうはいないのである。

出版経営者はかりにそう望んだとしても、本が社会の中で果たしている役割から逃れることはできないし、出版人および市民としての自分自身について自ら抱いているイメージから逃れることもできないのである。さらにまた第三者が、古い歴史をもち、名誉ある伝統に従事している出版人に対して抱く期待から逃れることもできないであろう。また彼がどんなに皮肉な男であっても、部下たちが抱く自己のイメージや抱負から逃れることもできないのである。どのような出版領域の編集者であれ、よい仕事をするためには本のスタイルや内容について注意を払わざるを得ないし、もしそうであるならば、彼らの能力をはかる唯一の物差しとして利益だけを目あてに働くことには満足できないであろう。販売担当者もまた本を愛していなければならない――もしそうでなかったら、もっと利益の多い別の品物を売っていることだろう――そして立派な販売部員なら、自分の売っている本が有害商品、あるいは毒にも薬にもならない商品であることに耐えられないであろう。

各出版社が年々生産している本の中には沢山の駄作がふくまれており、時には出版社の弁明にもかかわらず、いかなる基準に照らしても道徳的に非難さるべき本さえまじっているというのが真実であろう。しかしそうした出版社を弁護する者もあるという事実から次のことがわかる。すなわちそのような出版社は、みずから立てた基準によって自己の正当性を主張しているか、あるいは社会が受け入れていることを理由に自己の活動を正当化する必要を感じているということである。その内容をどう定義するかは別として、駄本やワイセツ本に対する需要はたしかに存在するし、そうした需要に応えようとする出版社もあるのである。各出版社はそれぞれに異なった基準を設けて、儲かりさえすればどんな本でも喜んで出そうという出版社もある。しかし多くの出版社はその文化的役割を鋭く意識していて、どの領域の出版に従事するにせよ――小説、詩、文芸批評、教科書、少年少女もの、学術書、参考書等々――高い基準に合致するようつとめているのである。しかもそうしながら彼らの大部分は黒字を出して行かなければならないわけである。

勿論黒字を出して悪いわけはない。儲かるという予測が立つならば、本に対して特別な関心をもたない人々からも投資を引出すことができるし、出版社の経営者や社員が当然に増やしたいと願う彼らの収入は会社のあげる利益の多寡に左右されることが多いのである。利益は直接事業拡大のための資金として利用できるし、損することはあきらかだが価値のある出版企画に冒険する自由をそれによって与えられることにもなる。大きな利益をあげている老舗出版社のなかには、損することがほとんどまちがいないと思われる詩とか学術書を喜んで出版している会社がしばしばある。他方、宗教出版や大学出版部のように利益を目的としない出版事業がある。これらは利益のためにでなく、本来利益以外の社会的に望ましい何らかの目的のために活動しているのであって、そのために連邦諸税の免除という特権を与えられている。しかし税は利益に対して課せられるのだから、公益出版が税を免除されているということはこれらの公益事業が配当を支払ったり、その他の形で個人に利益を還元しない限り、そしてまた本来の設立目的を逸脱せずに活動する限り、たとえば拡張資金をうるために適当な利益をあげることができることを意味している。公益出版のかりに全部でないとしても大部分は何らかの形で補助金を与えられており、課税免除が最も効果を発揮するのは、彼らが個人、会社、財団等から寄附を貰う際に寄附金の損金算入が寄附者に対して認められることである。

その社の基本的性格が利益を目的とした営利出版社であれ、また公益出版であれ、経営者は本書で論じられている出版のさまざまな機能を実践して行かねばならない。最大の利益を達成することは、損失を最少にくい止めることと本質的には同じことであり、営利出版か公益出版かは目標の差にすぎない。経営のやり方に変りはないのである。しかもすでに見てきたように、そうした目標の差でさえ、程度の問題、あるいは重点のおき方の差にすぎないといえるのである。

教科書出版社は教育の改善に役立つ本を出版し、それによって利益をあげようと願う。大学出版部は学術研究の重要な成果を出版し、損失を最少にとどめたいと願う。だから出版産業で働く人々が、営利出版と公益出版の間を行ったりきたり簡単に転職し、そのたびに新しい職場の目的に適応して、彼らのもっている同じ知識と技術をいずれの職場にも利用しているのは驚くに当らないのである。

出版社は取締役会やトップマネージメントによって正式に決められた目的のために活動しており、程度の差はあるが株主の意向を反映しているといえる。しかし会社の目的の中には、また社員が抱く目的・目標がひとつの要素としてふくまれているものなのである。会社が何を、どのように出版するかについて、社員が非常な関心をもっている場合もあろうし、全く無関心な場合もあろうが、いずれにせよ彼らの人生にとって会社での仕事は重要な部分をなしていることにまちがいない。このことはよく理解しておくべきだし、ふつうは理解されているといえるが、時には明瞭さを欠く場合がある。このような社員と会社の関係は〝会社に対する帰属性〟、〝社員の士気〟あるいは〝忠誠心の強弱〟などと表現されることもある。企業はその明示された基本的目的（株主への配当、価値ある本の出版）のためにのみ存在しているのでなく、そこに働く人々のためにもあるのであって、彼らに可能な限り充実した満足できる生活を得せしめ、彼らの努力が月給においてのみならず、満足感と安心感によっても報われるようであらねばならないのである。部下をスカウトされないように守るという不純な動機が若干はふくまれている可能性はあるとしても、そんなこととは全く別に、賢明な経営者が部下に対して敬意を払うのは、彼がこのことをよく理解しているからである。彼は部下たちの抱く希望に注意を払い、部下と妥協し、時には自分自身の判断に反して行動し、給与面においてのみならず、評価し、名誉を与えることによって部下の努力に報いようとするであろう。

賢明な出版経営者は多年勤続した社員が、病気や年齢のせいで若い者ほど役立たなくなった場合にも、配置転換するよりは、配置はそのままにして仕事の方で調整をつけようとするであろう。時には機構改革や急激な拡張に対して、一部社員が適応できなかったり、困難を感じることもあるが、そのような場合、経営者は忠実な部下に無慈悲であったり不公平であったりせぬよう、想像力と創造性を発揮しなければならないのである。人間はそれぞれ異なった才能、能力をもっている。そして〝人は得意とする仕事で使え〟という標語は積極と消極両面の意味をもっているのである。自己の能力をよりよく発揮できる仕事を与えられたとき、人はより幸福であり、能率も上る。出版社の組織を詳細に見ると、社ごとに極めて多様な形をとっているのを発見するが、その理由はまさにここにあるのである。

出版社においては、経営管理、経理、編集、デザイン、制作、販売等の機能のすべてが遂行されなければならないが、それらの責任のあり方や配分は、手持ちの人材をフルに生かし、また特定人物の希望を満たすために無限に多様化しうるのである。以下の各章においてこれらの機能と活動についてしばしば触れることになるが、何らかの固定的な組織構造を望ましい形として提示する考えは毛頭ない。人間が変った時にはいつでも変更できるよう組織は弾力的でなければならない。もしそれが弾力的でなく、そこに働く人々の目的を十分満足させられないならば、企業の目的自体も満足させることはできないであろう。

以上見てきたところから明らかなように、出版社も社員も、共に損得だけで行動を律する古典的経済人のように行動すると考えることはできないのである。これから出版事業の種々の問題について論じ分析するに当って、われわれはいつもこのことを心にとめておかなければならない。そして、問題を理論化するために、出版経営者はかくかくのことをなすべきであるといった形で述べることがあるだろうが、そうした表現は全体の文脈の中で読んでもらいたいのである。さて、いかに多くの分析を試みたところで、出版の仕事から、判断の必要を取り除いてくれることはないであろう。しかし判断を必要としているいろいろな事柄の背景を分析によって明らかにすることはできる。出版経営者はそうした分析の助けによって目的達成のために、よりよき判断を下すことができるのである。

訳者コメント

書籍出版という仕事の第一の特色は、それが人間的であり、個人的であるということだと思う。書籍生産の直接労働者ともいうべき著者は勿論、これに奉仕する編集者も、個人としての人間だし、本のレイアウトを考えるデザイナーも、製作の各段階を担当する製作マンも、それに対応する印刷所、製本所、その他もろもろの取引先の人々も、個人または個人が主体となった零細組織である。また流通に当る小売書店、最後に消費者として本を買う読者は、中でも最も個人的な人間なのである。およそ書籍の生産と流通を通して巨大機構といえるのは、取次業と紙のメーカー、一部の印刷所くらいだが、それさえ、書籍出版の場合には、大取次よりは小取次、大製紙メーカーの大代理店よりは小代理店、凸版、大日本よりは小零細の印刷所の方が親近性が強いのである。

どんなに中途が合理化され、大規模化されても、個人の頭脳の生産物を扱うという基本的性格からして、書籍の出版はこうした個人的、人間的性格から抜け出すことはできない。そして個人としての人間は（集団の場合だってそうであるが）、所詮は非合理な存在たらざるをえないのである。

そこに本章で説かれるような矛盾が出てくる。出版を合理的、科学的に分析してみようという姿勢のうらに、非合理への理解と同情と評価がなければ、出版は成りたたないということである。この点は本文に詳しいから繰返す必要はあるまい。ただ、本書のねらいはどちらかといえば「科学」の面、合理の面に力点があることは明らかであろう。

日本でも、出版にたずさわる人々には、文学部出身者が多いように思う。これは推測にすぎないが、あるいは出身学部に限らず、文学部的発想の人が多いというべきかもしれない。大体、企業家になろうと思う者が、出版業に敢て進むことはない。もっと企業意欲を満足させてくれる仕事が、いくらでもあるのだから。その結果、出版界一般に合理的考え方とか、科学的分析に対するアレルギーが強く、話はすぐ何らかの価値判断にもとずく議論で終ってしまう傾向が強いのである。要するに「よい」本を出せばよいのであり「よい」本はしばしば〝よく売れる〟本と置き換えられる。その意味では、出版はまだ投機的な色彩をかなり残しているといってよい。

困るのは、時々投機に成功するものだから、いまや投機ではなく投資の時代であること、出版といえども企業的色彩を濃厚にして来ているのであって、企業的立場で考えてみることは「よい」本を出すことと同じくらい大事だということがわかってもらえないことである。

「出したい本があるから出す」。これは出版の原点であろう。いまも多くの出版人はそうした意気だけで仕事をしている。出したくて出した本は、たとえ売れなくて三度の飯が二度になっても、出版した喜びがあるからそれで埋め合わされるであろう。そうした原点に立った出版は、これからも残るであろうし、ますます必要になるかもしれない。

だがそれは、ビジネスとか企業というものではない。原点は原点として、出版がもし何らかの企業的形態をとり、たとえ出版理念からくる非合理を多く包摂しながら出版活動が進められるにせよ、何十人、何百人かの社員と、その外延に多くの関連産業で働く人々を包みこみながら活動することが予定されるならば、われわれは、そうした企業経営の側面を無視することは許されないであろう。

ただ現実には、出版産業においては、文学的発想の人が多いから、経営者は合理性の追求において、注意深くなければならない。ややこしい数字の分析をストレートに出そうものなら、ソッポを向かれること必定である。しかし楽しいのは、出版の場合、経営者もまた多かれ少なかれ、非合理的な動きをするということであろう。経営者もまたどうしても、知的産業とよばれる出版の理念から完全にフリーというわけにはいかないということである。だから要はバランス、かね合いの問題であり、そこに出版経営独特のデリカシーがあり、面白さがある。

たとえば大学出版部の場合、利益を出す必要はないから、職員にしかるべき給与を払い、将来のためにしかるべき積立をしたあとは、売れないがすぐれている本をもっと多く出版することに資金を使うことができる。そこのバランスはむづかしいが、売れるものだけという発想は出てこない。そしてそうした良書が、また将来の出版部の評判を作っていくのだから、いっそう判断は困難だ。但し最近はインフレのおかげで、そのような資金的余裕にはついぞ恵まれないが。

第二章　出版をめぐる環境

I　出版社の外的環境

出版をとりまく環境を最も大きく考えるならば、世界全体であるということになる。そして本はいかなる事柄でも主題として取り扱うことができるから、出版は人間の知識のすべてに関係するということができよう。そして出版の機能は世界に本を供給することである。しかし出版をとりまく外的環境をこのように広く規定してみてもあまり役に立たない。そこでもっと簡明かつ機能的に出版を眺めて見ると、出版社というものは一方に著者、他方に読者をもっていることがわかる。出版社とは著者と読者を媒介する装置なのである。出版社は著者を探し、また著者も出版社を探す。出版社は原稿を選択し本にする。そして出版社は読者を探し、読者の方からもまた出版社を探すのである。出版社の役割は読者を著者に媒介すること、あるいは特定の本に媒介することといってもよいだろう。もちろん同時に出版社は著者を読者に媒介していることにもなる。したがって図式的にいえば、出版社は二つの方向に眼を向けていること、そしてこうした媒介作用によって社会的、文化的機能を果していることがわかるのである（第一図）。この関係は、出版される本が小説であれ、ノンフィクションであれ、成人向け一般書であれ、少年少女ものであれ、教科書であれ、娯楽読みものであれ、変わることはない。電気にたとえれば、出版社は送信者と受信者を結ぶフィルター、変圧器、

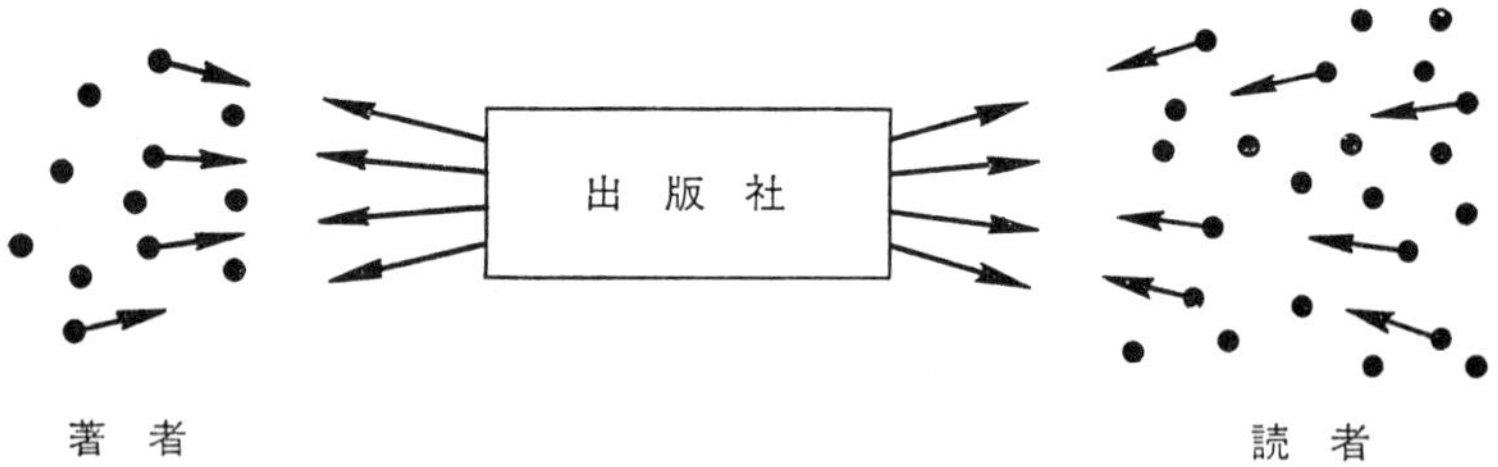

第1図

送信機なのである。

これは大変わかりやすいたとえだと思うのだが、こうした基本的な関係が出版社において時に無視されることがある。たとえば外的な条件を無視してデザイナーが馬鹿にキレイな本を作ろうとしたり、製作部が能率一点張りの考えで特定の技術を採用したがったりといった具合にである。出版経営者はそのように感受性が欠けていると思われる時にはそれを補給してやらなければならない。経営者はいつも同時に二つの方向を注意していなければならないのである。さていうまでもなく、われわれは外的環境をいささか簡略化し過ぎた形で提示してきたわけだが、著者の側についていうならばそれは非常に多様である。出版社がすでにくり返し本を出してきた名声ある著者もあるし、時たましか関係のない著者や一回だけのつきあいという著者もある。研究機関が著者であることもあり、著者が研究機関に属していることもある。また出版社と著者のあいだに介在する著作権代理業者があって、それぞれに多数の著者を代表し、予備的フィルターの役割を果しているのである。

出版社をめぐる環境の中には他の出版社がふくまれており、機関著者であれ、個人著者であれ、同じ著者をめぐって競争が行われている。社内執筆者はよそに引抜かれることがある。著者としての機関には別の出版社が接近するかもしれないし、機関の方から他の出版社との関係を求めるかもしれない。著作権代理業者が同じ著者の原稿を次々とちがう出版社に売り込むのは周知の事実である。彼等はいつも多くの出版社と接触しているの

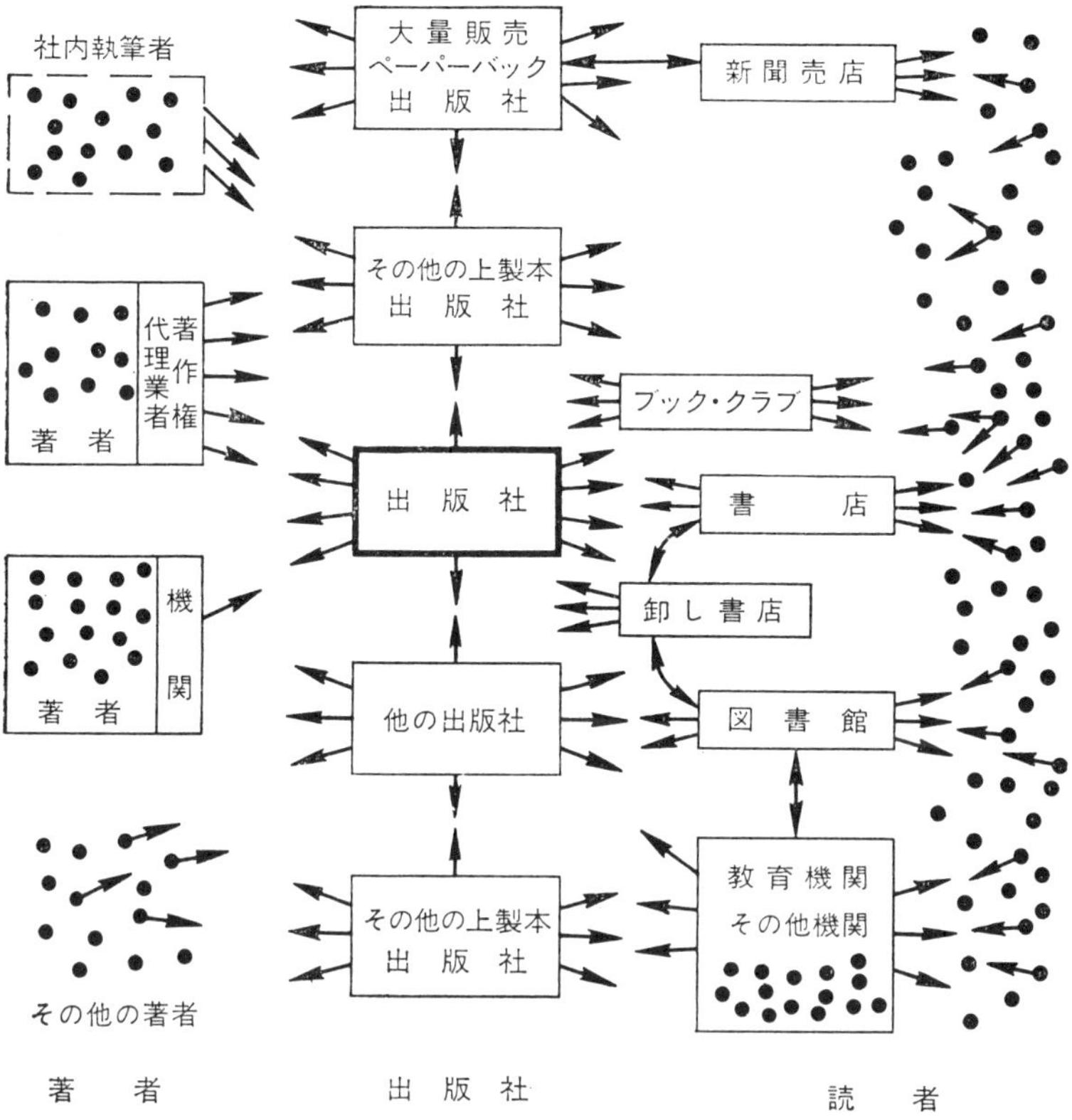

第2図

である。また一回きりの著者なら、沢山ある出版社の中から選択することもできよう。だから出版社の活動とか決定というものは、その社が背景としている著者群や他の出版社との競争によって影響を受けているのである。

一方読者の方はといえば、状況はいっそう複雑である。第一に英語で書かれた本に対するマーケットは全世界である。英語を読める者はだれでも潜在的読者であるといってよい。しかしある種の本を除けば、大事なのは国内マーケットである。ここで出版社は奇妙な問題にぶつかる。出版社は読者を探し求めなければならないが、読者の方は直接的に出版社を探してはくれないということである。どんな本に対しても出版社は一定の読者を想定する。たとえば、ある種の題材やある種の小説に興味をもつ人々とか、学校生徒のような機関読者である。出版社はこれらの読者に興味をもたれることを期待してその出版物を種々の方法で宣伝する。しかしその本を必要とする読者の方は書店や図書館、卸書店〔日本の取次店とは全く性格を異にしている。出版社と直接取引できない零細小売店に対する卸もするにはするが、むしろ図書館への販売を主力とする〕を通して間接的にのみそれを求めるであろう。そこで販売活動は弾力的かつ多彩でなければならない。様々な場所にいる多様な読者グループの抱く関心に油断なく眼を光らせ、いろいろな民衆グループへのコミュニケーションの態様が変化していくのをキャッチしていなければならないのである。この関係を示すのが第二図である。

かくて出版社というものはヤーヌスの顔の如く、二方を向いているのである。あるいは言い方をかえれば、出版社は手品師の如く右手で著者を、左手で読者を同時にあやつっているわけで、これには高度の調整が必要なのである。こうした調整は手品師、いいかえれば出版経営者および幹部の心の中を流れる情報によってなされなければならない。後にわれわれはこうした社内の情報の流れを考察するが、ここで大事なのはそうした情報の流れが、いかなる出版社にとっても不可欠だということである。たとえば著者を扱う編集サイドは直接、間接に読者を扱っている販売部門の活動とか問題点について知識をもっていなければならないし、またその逆も真なのである。

複雑な現象を扱うにはより複雑にするか、専門分化するに限る。そこで第二図に示される複雑な状況からその両様の解決法が生れたのであった。最も簡単な解決法は専門分化である。だから各種多様な専門出版社が生れてきた。教科書出版社、技術書出版社、成人向一般書出版社、参考書出版社、宗教書出版社、少年少女もの出版社、大学出版部、ブック・クラブ、高級ペーパーバック出版社、大量販売ペーパーバック出版社等がそれである。これら専門出版社のそれぞれが著者および読者と特別の関係を維持している。一方これらの領域のいくつか、またはすべてをカバーする大出版社もあるが、そのような場合、効果的に稼動するためには各領域が小さな専門出版社のように、半独立の事業部門として組織されているのがつねである。しかしそのような大出版社においても若干の活動、とくに経理とか経営管理の面は集中統合されている。そのためにむづかしい問題を派生させることにもなるのだが、右手と左手の調整をはかるために必要なのである。

このように多くの専門化した出版部門があるということは、すべての出版活動がなにか他のもののためにその一部として存在していることを明らかに示している。教科書出版社は教育システムの一部であるし、宗教出版社は組織的宗教活動の一部をなしている。大学出版部は大学における研究活動の一部であるし、技術書出版社は科学技術体系の一部である等。そしてこれら専門出版領域のそれぞれが、その属するより大きな機構との関係において考えられるし、考えなければいけないのである。実際大きな機構の内部での機能というこの事実は、いろいろな形で強力に貫徹している。もしその機能が十分に果されなければ、その出版社は失敗であり、再組織されることになるだろう。多くの宗教出版社は宗教団体によって直接・間接にコントロールされており、特定宗派の思想を弘めるために活動している。すべての大学出版部は教官から成る委員会によってかなりの程度まで管理されており、究極的には大学当局に対し責任を負っている。とくに教科書出版社となれば諸学校、大学の需要に応えるよう活動しなければならないのはいうまでもない。さもなければつぶれるにきまっているのである。

しかしこのような関係にあるからといって、出版社が単なる道具であり、大きな機械の中のちっぽけな歯車であるというわけではない。出版社は出版を超えた一定の環境の中で、環境に対応し、その発展に様々な程度に影響を与えながら活動していることを意味しているのである。強力で創造的な出版社はある著者、ある領域、ある思想について、読者を発見し、共鳴者を獲得することによってそれを励ましつづける。それによって重要な長期的影響力を発揮することができるのである。強力な出版社は実験を試みたり、新機軸をとり入れることができる。時には失敗してもかまわない。あまり一般的でない思想や意見を弘めるために頑張ることもできる。しかしそうしたことが有効に実践できるのは出版社がその基本的なはたらきを、それを包摂する大きな活動の範囲から逸脱しないようにした場合においてのみである。これは出版社が時には損する本を出しても、全体としては財政的に採算がとれるよう十分に本を売らねばならないということを、必ずしもいっているのではない。包摂する機構——たとえば大学とか教会など——は出版機能を重要視し、経済的援助を与えるべきだと考えるかもしれないのである。逆に出版社が独立採算にもちこもうとすることによって、大きな機構の中で本来期待されている機能を果すことに失敗し、そのため再組織されねばならなかったケースもあるのである。たとえば大学出版部でそんな例を見ることがある。

われわれは出版を一方に著者、他方に読者をおいた媒介過程として検討してきた。そこで両方向へのコミュニケーションが必要となる。出版社は著者の原稿を採択し、また拒否する。出版社の本は読者によって購入され、また購入を拒否される。第一図において読者は著者と全く異なる存在として示されているが、多くの出版領域、とくに専門書では事情はちがっている。読者はかなりの程度まで著者であり、職業的に著者と近い存在なのである。そしてすべての著者がまた同時に読者でもある。このような領域では読者から著者へのフィードバックは非常に強力で直接的である。著者は同業の仲間からの批判、とくに書評の形で示される批判に対して敏感に反応する。特殊な分野あるいは専門的な分野の原稿について、出版社は企画を採択する前に専門家の意見をきくのが普通であり、著者はそうした意見を有効に利用して原稿の改善につとめるのである。こうして出版社は、単に媒介者としてのみならず、その分野の専門的知識についてレベルの維持と改善の手段としても機能しているわけである。こうした情況の中で出版社は指導的立場の専門家と関係を強め、よい本を出している出版社として認められることによってその分野での評判をきずき上げていく。このような場合には雪ダルマ的な効果がある。成功は成功をよびよせるが、それは直接的なフィードバックの度合が大きいためである。同じ理由から失敗は大変重大なことになる。悪い本を出版したり、指導的立場の著者との関係を悪化させることは、次々と深刻な反響を派生させることにもなりうるのである。

出版とは成人向け一般書を出版することであると考えている人々にとって以上の如き議論は奇妙に思える

かもしれない。一般書といっても別にはっきりした定義を与えられているわけではないが、とにかく一般書出版は出版の中でも最も眼につく部分であることはまちがいない。それが一般大衆——あるいはより適切に表現するなら、残念なことに一般大衆の中の小さな部分しか占めていない一般的読者大衆——にアピールするものであるからである。一般書出版社は現代小説とかポピュラーなノンフィクションのほとんどすべてを出版しているが、これらは日曜書評紙に書評が出、書店のウインドーに飾られる手の本である。大広告キャンペーンが計画され、テレビ化権、映画化権が売られ、ブック・クラブには例月配布に組入れるためのブック・クラブ権が売られる。いいかえればこれらは非専門家向けの本であって、一般大衆の中に混在している一般読者のそのまた一小部分に対し、宣伝され売られねばならないのである。こうした読者に到達するためには、万人の眼にふれる一般的な広告に頼る必要がある。たとえ彼等も読者である以上、書評に眼をとめたり書店のウインドーを眺めてくれることを期待できるとしてもである。成人向け一般書の出版社は専門家でない読者に到達する技術の専門家である。それは出版の中でも危険の多い分野である。出版社は予知することの極めてむづかしい一般大衆の好みについて、みずから下した判断に賭けているのである。

　実際には〝一般読者〟などというものが存在しないと同様に〝一般書〟などと呼ばれるような本が存在しないことはいうまでもない。いかなる本も何らかの方法で分類することができる。探偵もの、S・F、文芸小説、詩、通俗科学、実用、歴史、宗教等々。著者はおそらく漠然とではあるが、一定の読者を心に描きながら本を書いたのであり、出版社は著者が読者をつかむだろうことを信じているわけである。成人向け一般書に対してさえ、読者グループを設定し、選別することができるのだが、成人向け一般書出版の基本的特色は、その読者が変り易く、無組織であり、そこに到達することがむずかしく、かつ費用がかかり、また一般的に説明はできても、特定の本に結びつけることの困難な好みをもっているということである。この出版分野での失敗談はきりがない。しかし成功すれば報酬は大きい。そこで成人向け一般書出版においては、読者とは反対の方向、すなわち著者の方向に向って莫大なエネルギーが競争のために費されるのである。とくに高い評判をもち、熱烈な読者をもつ著者に対しての競争は大変なものである。このような著者を代表する著作権代理業者は巨額の前払印税、高い印税率、大きな副次権収入の取り分などについて出版社との交渉に精出すことになる。

お金のことを話したついでに出版をとりまく環境の中の別の側面――出版経営者の全体的把握の中にいつでも存在しなければならない別の側面を考えてみよう。出版は文化的、社会的な活動にちがいないが、それはまた同時にビジネス活動でもある。先ず第一に資本を用意しなければならないし、本は売らなければならない。そして売上は回収しなければならぬし、印刷所への借金は支払わなければならない。金はお客（読者）から書店、取次店、そして出版社に流れ、また出版社から著者、印刷所、広告媒体、株主等へ流れて行く。そして金がこれらの各段階を流れるにつれて、その一部が、各段階での活動に対して支払うために取り出されるのである。その中には事実上すべての私的企業に必要な「利益」もふくまれていることはいうまでもない。だから出版経営者は、ひとつのビジネス環境の中で働いているのであって、そうした環境を構成するものとしては、株主、銀行、仕入先、得意先などがあり、また時に副次権が売れる場合（ブック・クラブやテレビ）とか、本が開発されるとき（教育機関や政府機関）、本の生産技術が開発されるとき（印刷所や電子産業）、あるいは基本的諸権利が問題になるとき（弁護士や政府）

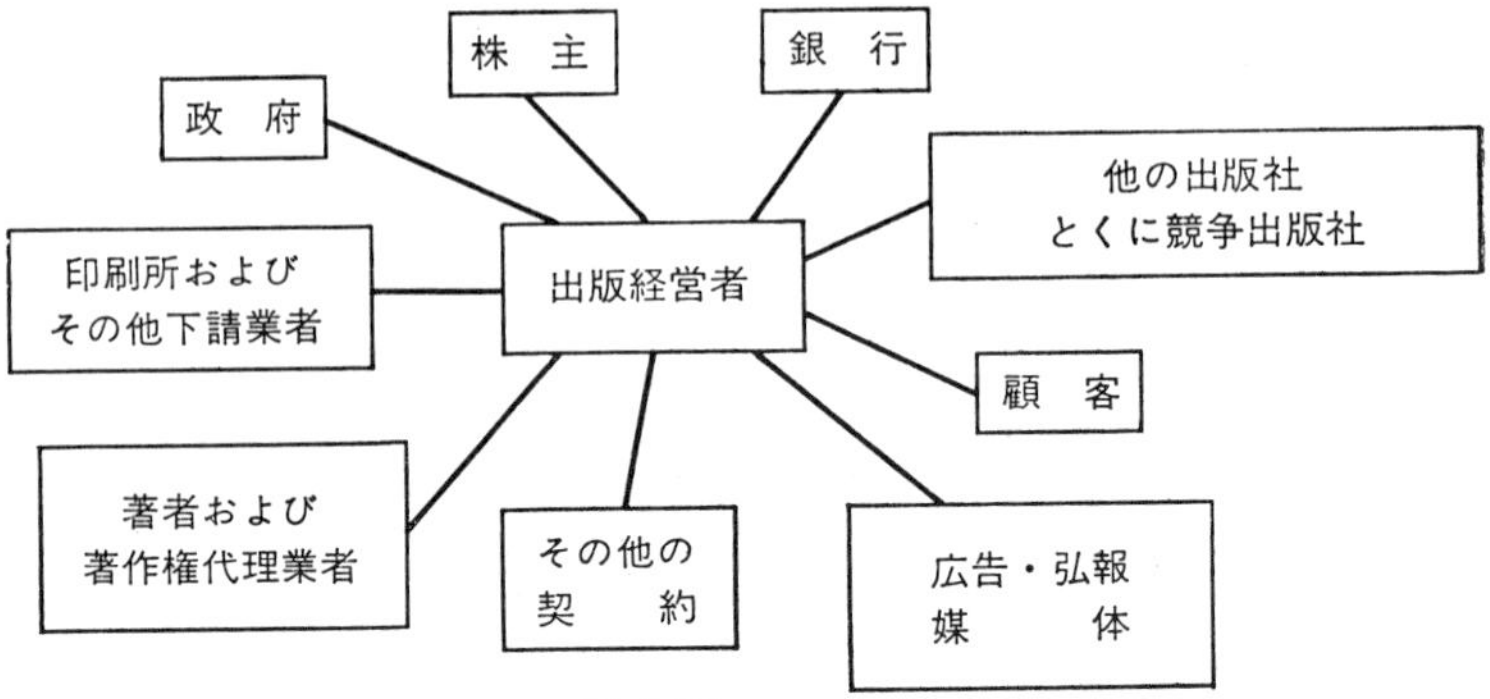

第3図

等には、それら他の分野で活動している仲間たちが環境構成者にふくまれてくるのである。出版経営者はこれらビジネス環境との間にもつ関係を、出版契約、正味、印税、製造原価、宣伝費、税金、予算、損益といった言葉でとらえているのである。

第三図は後にもっと詳しく触れる予定であるビジネスの環境を示している。大事なのは著者からの原稿を選択し、それを本に作り上げて流通させるという社会的、文化的出版活動は、実際には代金を支払い、本を販売し、予算のバランスをはかり、利益をあげなければならないという複雑なビジネス活動として営まれているということである。

出版のビジネス環境には大幅な自由と、同時に一定の規制力の両方が存在している。アメリカではほとんどいかなる本でも出版することができる。ある種の本について検閲や発禁を望むグループはいつでも存在しているが、憲法第一修正〔訳注・連邦政府権力の強大化を心配した反対派との妥協のため、第一回合衆国議会でなされた権利章典十項目の追加の第一項目で、信教、言論、出版および集会の自由を規定している。政府は言論または出版の自由を制限する法律を制定してはならないとされている〕がそうした攻撃に対するとりでとなっている。出版社および表現の自由、報道の自由に関心を有する他のグループは、絶えず検閲擁護グループと小ぜり合いを演じているのである。検閲を目的とする法律がしばしば地方的に提案され、州議会や国会にまで提案されることがある。もちろん否決されることがほとんどだが、時には通ってしまうこともあり、そうなると法廷闘争をしなければならなくなる。自由の代価としては不寝番が要求されるわけである。概していえば出版人は出版の権利を守るために個人的に、また協会の組織を通して今日まで警戒を続けてきたということができよう。その際、出版事業の経営的特色がこうしたそなえを確保するのに役立ったといえる。少数グループに訴えることを目ざした出版活動でも、経済的に結構採算をとることができるからである。

その上アメリカの社会には出版社の損失を補償したり、特定の文献を出版するために必要な資金を支出することによって、一般に受入れられるとは限らない思想の発表を助ける特志の個人や機関（財団、大学、教会、会社）が数多くある。アメリカでは異端的な宗教思想やラジカルな社会変革を宣伝する作品でも出版することが可能であって、規制を受けるのは主として名誉毀損とワイセツであるが、ここでも法律そのものは大変寛容なのである。名誉毀損が適用されるのは現存者のみであり、訴えられても真実性の立証ができればふつうは免責されるに十分である。近年、私的生活におけるプライバシーは固有の権利としてますます認められる傾向にあるけれども、有名人は名誉毀損に対して最低限の保護しか与えられていない。ワイセツに関していえば、現在出版されているものを一見するだけで、規制がいかにゆるやかなものであるかわかるであろう。最もひどいポルノグラフィーだけが非合法とされているのであって、ワイセツに対する抑圧を、合法的な出版に対する侵害をひき起すことなく法規定することは、不可能ではないとしても非常にむずかしいことを立法にたずさわる人々は知っているのである。

出版事業の経営的特色のおかげで、外部から補助を受けるような場合でさえ、一定の自己規制が保証されることになる。利益指向的出版経営者は利益を最大にしようと望み、損することが予想される本は出そうとしないであろう。これに対して公益的出版、特定使命にもとずく出版の経営者は、補助金提供者に対して損失の説明をつけなければならない。かくて出版をとりまく環境は、一方で多様性とか自由性を出版にもたらす寛大さをもっていると同時に、能率の維持に対するきびしい自己規制を常に要求しつづけるのである。

出版事業は一般的社会環境に応えようとするし、社会環境の方もまた逆に出版からの影響を受けている。このことはとくに教育出版において明らかに認めうる。というのはアメリカにおいては教育は圧倒的に学校教育であるからであり、それが社会の理想と希望を反映しているからであり、また社会の要望を反映する各段階の行政府によって主に管理されているからであり、さらに本のマーケットとして最大のものだからである。地域的な関心（都市に重点をおくとか、黒人問題の取扱いとか）が教科書に反映することがあり、同時に出版社の方も教育を改善し、特定教育グループをひきつけるような教育計画を工夫する。教育者の協力を得て出版社が開発し、ひろめる新しい教育機材がまた教育の動向に影響を与えているのである。しかしこういったからといってすべてがスムーズにいくというのではない。競争は犠牲者を生み、出版社は潰れたり、合併の憂目にも遇う。教育者、政府機関、大学研究者、それに教育委員会など有力なグループが影響力を行使するだろう。教育においては各段階、各方面の政府機関がとくに重要な役割を演じている。機敏な出版経営者はこうした各種グループの動きに注意を払い、関係を維持していく。そして社会的、文化的、経済的環境との自由な相互関係を通じ、彼は影響を与え、また影響を与えられているのである。

さてこうした努力の結果は莫大な量の出版物となってあらわれるが、その中には無価値なものや、時には自由主義的な読者でさえ積極的に有害であると考えるものもふくまれているが、また他方では社会的、文化的に大変価値の高い各種多様の本もふくまれているのである。そのような無価値な本、有害な本を作るという無駄は、いってみれば何の抑圧もない多様性、革新性、創造性を可能にする自由のための代価なのであり、そうした無駄を許す余裕のない国々、あるいは政治的な理由から出版を管理しなければならない国々の出版物とよいコントラストを成している。たとえば共産圏の中では最も独立的であるユーゴスラビアの出版社でさえ、一年前に中央政府機関の許可を得るために詳細な計画を提出しなければならない。また政府機関による用紙と印刷サービスの割り当てが出版規制の手段となっている国もある。出版が政府機関によって管理されているようなところでは、たとえその目的が表現と思想の自由を許すことにある場合でさえ、原稿の選択が特定の派閥とか特定の理論的主張をもったグループの手に陥る傾向があるのである。

前節において、われわれは出版というものをその外的環境の中に置いて見てきた。出版経営者が著者、読者、他の出版社、出版関連産業の他の部分、さらにはひろく社会一般とのあいだにもっている関係を概観しながら、もっぱら出版経営者の立場で環境を見てきたわけである。出版経営者はこうした環境に敏感でなければならず、その中に生きて行かねばならない。そしてもし彼が著者や読者など彼をとりまく環境によって、どのように見られているかを理解しているなら、もっとうまくその中に生きることができるであろう。

先ず著者からはじめよう。著者というものはたとえ出版の経験を積んだ人でも、出版についてあまりよく知っていないのがふつうである。その上、著者は自分自身の本に関すること以外、出版には関心をもっていないといってよい。そして当然のことながら、自分自身の本には非常な関心を抱いているのである。彼はその本のために大変な労力を払ったのであり、それは彼の頭脳が生み出した子供といってよい。彼はそれが人々に読まれることを望むし、自分の努力に対して経済的な報酬を期待する。一体どのようにして彼は出版社を探し、選ぶのであろうか。

もし彼が賢明であれば、彼はなによりも先ず自分の書棚を見るだろう。彼が自分で利用し、よく知っている本をである。自分の本に最もよく似ているのはどの本か、その出版社は？ どの出版社が彼の領域を専門に出版しているか？ 彼の領域で最も尊敬され最も重要な本を出版しているのはどの出版社か？ そして望ましい順に出版社をリストアップすることは可能か？

著者は各出版社のカタログを検討し、広告を読み、何冊かの本のデザインや印刷の質をたしかめたあとで、このリストを修正するかもしれない（著者は自分の頭脳の生んだ子が立派な着物を着てほしいのである）。すでにいろいろな出版社から出版した経験をもっている他の著者や著作権代理業者から助言を与えられる著者も多い。X出版社は公正か、交渉し易いか？ すぐ決定してくれるか？ 本を作るのにどれだけ時間がかかるか？ そこの編集者は下手な手を入れたりせずによい仕事をするか？ 広告や販売の仕事はちゃんとしているか？

著者は出版社に原稿を送りつける前に、自分の作品について説明書を送る方が賢明である。できることなら編集者と自分の原稿について話し合うのがよい。そのあとでもし出版社が彼に勧めるなら原稿（または概要とか原稿の一部）を送って出版社の結論が出るのを待つのである。彼は断られても驚かない心の準備をもっていなければならない。そして採択されるまで次々と別の出版社に送りつけるだけの勇気も必要なのである。彼はまた出版社から与えられる批判に即して原稿を改善するか、少くとも改訂を考慮するだけの度量をもっているべきである。結局のところ、原稿を次々と送りつけるというのは著者にとって苦痛な経験であり、著者がなにかイライラしたり、出版社を著者と読者の中間に立つ敵であるように感じたとしても彼等を責めることはできない。一方で出版社が著者の感情に敏感であれば、非常に温かい、相互に満足の行く有効な関係をきずくことも可能である。こうした事情の下では著者の方もまた出版社の判断を理解し、信頼しなければならないのだが、著者の方が出版社よりも感情的にのめり込んでいるのは避け難いことである。

時には気の短い著者が何部もコピーをとって、多数の出版社に同時に原稿を送りつけることがある。こうしたやり方は理解できるし必ずしも反対ではないが、ただしその原稿が他でも考慮されていることは各出版社に知らされていなければならない。著者が出版社の公正な取扱いを期待すると全く同じに、出版社も著者から十分かつ公正な情報を期待する権利をもっている。原稿の検討ということは時間と金のかかることであるから、もし同時に他の出版社にも相談が行っていると知ったら、その原稿に対する出版社の態度は変ってくるであろう。競争に勝つためにより熱心になるかもしれないし、丁寧に検討する手間が無駄になるのを嫌ってあっさり諦めるかもしれないのである。

有名な著者たちの中には特定の出版社からしか出版しない人が多い。前の本を出す時にその社がしっかりやったし、そこの編集者とはよく知り合い信頼しているからである。また出版社の方から言っても、ある著者の名声をきずく上で大いに手助けした場合には著者の側からの忠誠心(本来、相身たがいであるべきだが)を期待することもできよう。ただし今日ではますます出版社間の競争が激しくなり、そのような忠誠心は例外的になりかかっているのである。しかし忠誠心のことは別としても、著者と出版社の継続的関係は両者いずれにとっても本当に有利であることが多い。というのは前に出した本が彼の作品に対する読者を創ったように一冊出すごとに彼の評判を高め、読者を増やし、前の本の販売をも助けるからである。

これまでに著者について書いたことは著作権代理業者についてもあてはまるが、とくにとり立てて書く必要もあるまい。出版社に原稿をはめこみ、最高の条件を引出すことにかけては彼等は専門家であるはずだから。著者権代理業者が自分の仕事をよく理解していて、著者のために長い眼で見て最善の利益をいつも心に抱いている限り、代理業者と交渉するのをいやがる出版社はないであろう。残念ながら無能かつ近視眼的な著者や出版社があるように、無能で近視眼的な代理業者もいるのだが、多くの代理業者は著者にとって極めて有用であるといってよい。ビジネス的側面に関しては著者よりも代理業者と交渉することを希望する出版社もあるが、これは代理業者の方が作品に対するのめり込みが少く、その原稿の売込みの可能性についてより現実的で、経験にもとづく判断が可能だからである。しかし編集サイドについていえば、著者と編集者の直接的折衝に代る方法はない。編集者と著者の関心は一致するし、編集者の原稿に対する反応や改訂のための助言は著者にとってはかり知れない価値をもっているのである。

一方、出版社に対する読者の関心などというものは誠に微々たるもので、出版社の名前を知っている読者さえ数多いとはいえないのである。彼等が本に接触するところといえば、書店とか図書館である。彼等は書店の中をブラついて、面白いと思った本を手にとってみたり、特定の著者の特定の本について質問する。出版社がどこであっても別にかまわないのである。出版社の方では良書を出版している信頼しうる出版社として自社の名を読者に印象づけようと、必死に広告したりするけれども、こうした努力はほとんど効果がない。だがこれにも例外がある。その典型的な例は専門書、とくに医学とか科学などの領域である。そこでは読者の相当部分が同時に潜在的著者でもあり、熱心な執筆者でもあるので、出版社はその分野における重要な文献を供給する出版社として評判を樹立することが可能なのである。しかし出版社の社名が読者にとって全くあるいはほとんど意味をもたないとしても、そうした読者の書籍購入に社名が全く無関係というわけではない。書店や図書館は各出版社のちがいをよく知っており、出版社が本の宣伝や販売に努力する時、その社が信頼されているか否かによって扱いが違ってくるからである。

さてわれわれは出版社をとりまく外的な環境、とくに出版社の著者、読者との関係を検討してきた。そしてこれらの関係が出版社の社会的、文化的機能と経済的考慮によって規定されることを見てきたわけである。

そこでわれわれは次に出版経営者がこうした外的環境の中で彼の機能を遂行しようとするときに直面する内部的諸問題に眼を向けることにしよう。

Ⅱ　出版社の内的環境

出版社は外部環境と関係しながらその機能を遂行するための組織として、いくつかの標準的な業務部門を定着させている。その各々はそれぞれに出版事業の下位活動を代表している。これらの部門構成は社によって少しずつ異っており、多様さを示しているが、とにかく著者の原稿を読者のために本として作り上げていくには、それらの機能が必要なのである。出版社の部門構成はふつう次のように分れている。

編集
デザイン
制作
販売
経理
経営（役員室）

これを見てすぐにわかるのは、最後の二つが前の四つと全くちがう性格をもっていることである。著者から、原稿を選び、編集する編集部へ、次に本の体裁を決めるデザイン部へ、さらに本が実際に作られる（あるいは下請印刷所の監督をする）製作部へ、そして最後に本を直接・間接読者に販売する営業部へというひとつの自然な流れがある。われわれはいずれこの流れと、これら下位活動について詳しく検討する予定であるが、経理と経営はこれらすべてを包摂するものであることが先ず認識されなければならない。経理部は収

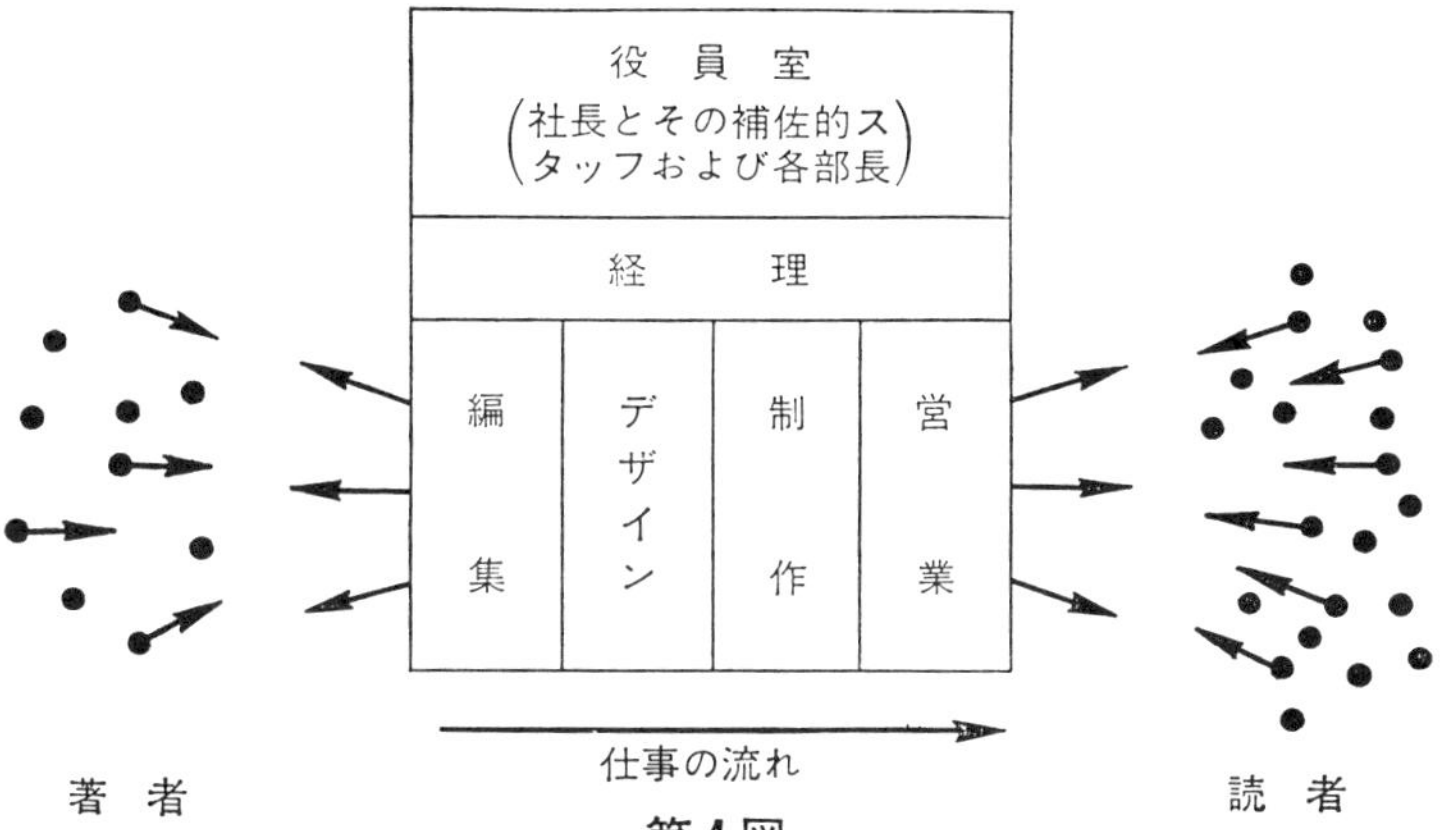

第4図

入・支出の詳細な記録を保持し、経営者の意志決定のために必要な過去と未来の情報を提供する。経理部はまた受注処理、代金回収、売掛金管理を担当し、時には送品や、商品管理が経理部の所管に属することもある。役員室はふつうそれをひとつの部門とは考えない。すべての他の部門を管理するものだからである。役員室を構成するのは通常、社長（それを補佐する社員をふくむ）および各部門の長である。役員室の任務は出版社の全活動を内部的に、また外部環境との関連において、管理することである。役員室は方向と目標と方針を設定し、社内各部の調整にあたる。そこで第一図は第四図のように修正されなければならない。

図からも明らかなように、外部環境の一面と直接関係をもっているのは編集部であり、別の外的環境の一面と直接関係をもっているのは営業部である。このことがそれぞれの部門の考え方に影響を与えているのは、デザイン部が編集及び製作部との接触によって影響を受け、製作部がデザイン部および営業部によって影響を受けているのと同じであることはいうまでもない。しかし実際の姿を考えると、この図でもまだ簡略化されすぎている。なぜなら出版社の全組織を貫徹して情報および影響の流れが、編集部から営業部への方向と、営業部から編集部の方向への両方向に流れているし、流れなければいけないからである。すべての他の部門に影響を与える要求や問題点を各部門が抱えているのである。

編集部

編集部は出版社を代表して絶えず著者と接触する。著者は自分の本が結果的にどうなるかについては多大の関心を抱いているが、実際のところ、自分の本のためにどれだけ編集上の手間がかけられるかについては大した関心をもっていない。句読点とかつづりとか、字句統一といった点で有益な整理をしてくれる以上の事を編集に対して期待していないのがふつうであり、それも理解できることである。著者というものは、いったん原稿が採択されてしまったあとでは、自分の本がどんな風な作りになるのかとか、いつできるかとか、広告や販売努力はどんな風になされるのかとか、印税はどれだけもらえるかといったことの方により関心があるのである。しかし何よりも先ず第一に、その原稿が採用しうるものであるかどうかを決定しなければならない。そしてこれが編集部の最も重要な責任なのである。

編集者たちは原稿を読み、採用勧告、改訂要求、拒否などを報告書に書く。これらは意志決定のための内部報告であり、たとえ著者が望んだとしても、出版経営者はそれを著者に見せる義務はない。毎年何百、何千という原稿がひとつの出版社に送りこまれ、そのひとつひとつを編集部では処理しなければならない。中にはさっと見てすぐに断れるものも多く、反対に、ちょっと見ただけで簡単に採用を決められるものも少しはある。すでにその社から本を出していて、その業績がよく知られ、評判の高い著者からの原稿はとくに決定が早い。また何人もの人に読ませ、注意深く苦渋にみちた検討の過程を経てのちにやっと採否を決定しうるような原稿もある。時には若干の改訂が満足に行われた場合に限って採用すべしという条件のつくことがある。また著者に書き直して再提出するよう勧めることもあるが、その場合には再提出したからといって原稿が必ず採用されるという保証は与えられない。とくにむづかしいのは原稿の概要だけを送ってきたり、原稿が一部分しか完成していない場合である。もしその企画内容が魅力的であれば、編集者は、すぐに採用しないとよその出版社にとられてしまうことを心配しなければならない。しかし採用したら、今度は無価値で魅力のない原稿を受け取って閉口するかもしれないのである。

持込み原稿を採用するか断るかは可能性とリスクの判断の問題である。その際、印税率はいくらが妥当か、前払いをどれだけ払っても危険はないかなどの点が、その他の契約事項とともに考慮されるであろう。原稿ができる前に出版契約を結ぶことは相当に多いのであって、とくに著者が有名であったり、権威ある専門家に書いてもらう場合にはそうである。しかしそのような事前契約の場合には、ほとんどいつでも救済条項がふくまれていて、出来上った原稿が不満足なものであれば、出版を見合せることができるようになっている。ただし出版社は、実際にそのような権利を行使することは滅多にしない。というのは、それによって出版社の評判が傷つき、ほかの事前契約に対する信頼が損われるからである。

そういうわけで、編集部の判断は提出された原稿についてのみならず、出版企画とかアイデアについてまで行使されなければならない。そしてその判断は社の目的、目標、能力について正しく理解した上で下されなければならないのである。もしその出版社の主たる目的が利益であるなら――そして利益はどの出版社にとっても第一に考えられねばならない点であることはいうまでもないが――編集者はその企画の販売可能性や利益の可能性について何らかの判断をもたねばならない。しかし彼はまた社の抱いている特別な関心とか、社の能力といった観点からもその企画を判断しなければならないのである。技術書の出版社は、いかに儲かることがわかっていても、料理の本を出そうとはしないのがふつうである。そんな本はその社の全体出版計画に合致しないし、本来の目的を遂行するのに妨げとなるであろう。その上、その社が同時に読者でもあり著者でもある顧客とのあいだにきづこうとしている評判と調和しないのである。

ところで編集部は、一方で送りつけられた原稿の中から出版するものを選んでいると同時に、他方ではよい著者を探し、自社のために書いてくれるよう頼んで廻っている。編集者は著者になってくれそうな人々に手紙を書いたり、著者や著作権代理業者と話し合うためにあちこちと旅行しなければならない。彼等はまた新聞や雑誌、それに担当領域の専門誌を読んで、誰がどんな事について書いているかをキャッチし、どんな考えや題材が、現在、大衆の関心をひいているかを知ることに努めるのである。彼等はまたいろいろな専門家に会って、どんな題材、どんな著者の本を出版すべきかを相談する。彼等はまた、出版計画を立案して、それにふさわしい著者を探し出す。そしてすでに本を自社から出している著者たちとの連絡を保って、彼等が次に書くものについて尋ねたり、励ましたり、批判したり、助言したりするのである。

編集者が、ある著者に対して原稿の執筆を依頼している段階では、どんなおしゃべりをしても差支えないが、〝編集〟についてだけは語らないのがふつうである。著者の立場からすれば、彼の原稿はいったんそれが完成したときには、自分の言いたいことを、自分の言いたいように語っているはずであって、編集など必要ないのである。実際には編集者が彼と会って話している過程で、すでに主題の選択、力点のおき場所、執筆スタイル、内容構成、予想される読者などについて、ある種の編集活動が進行しているのであるが、これらが編集活動と意識されることはないのである。編集者が著者とのあいだに交す会話は、本の物理的な形に関して当然にふれるであろうし、とくにさし絵が必要なときとか、造本上の特別の問題をもつ場合にはそうである。自社のカタログにのっている関連書籍や類似書籍について話が及び、それらを販売するためにどんな方法がとられたか、そしていかにして成功したかといったことが話されるにちがいない。出版予定日時の相談や、宣伝、広告、販売計画の説明もなされるであろう。印税率、印税前払い額、節税法、引用のための料金支払い、その他の経済的問題についても相談しなければならない。要するに彼は著者に対して彼の出版社を代表するわけであって、それを立派に果すためには、出版一般についての知識と、彼自身の社に独特な点についての知識の両方をしっかりと身につけていなければならないということである。知識が豊富であればあるほど、経験が多ければ多いほど、そうした仕事をうまくやってのけることができるであろう。

著者との会話の中から、あるいは何回も会ったり文通したりする中から――昼食を共にしたり、一杯やったりといった半ば社交的な雰囲気のことが多いが——編集者は著者との個人的つながりを強めていく。その結果著者は、自分に共感と理解を抱く、頼り甲斐ある編集者と一緒に仕事をしているのだという自信をえてプラスするし、出版社にとっても、生産力のある、評判のいい著者とそのような個人的つながりをもつことはプラスするところが大きいのである。それに、編集者というものはもともと出版社の単なる手先などと考えられるべきものではないのである。たとえ基本的には生活のために働いているとしても、彼が出版社にいるのは単にパンのためだけではなく、本とか思想に関心をもっているからなのである。そして何らかの意味で価値があり、世のためになる立派な本を著者と協力して創り出しているのだという満足感が、彼の仕事に対する報酬のひとつになっているのである。

編集者が著者の著作に深くかかわって、その作品のために重要な貢献をするということがある。その本が著者のものであって自分の作品ではないということを忘れない限り、それは可能である。しかし中には行きすぎて、著者の領域を侵してしまう編集者もいる。そうした事態になると必ず著者と正面衝突を起し、著者からその本の出版を断られることにもなる。そこで編集者としては、彼の任務である編集の仕事や、その他出版上の諸問題について熟知しているだけでなく、人間関係に敏感であること、一様とはいかない著者の性格や態度にうまく適応できること、そして編集者としての自分の役割のもつ可能性と限界をいつでも意識していることが必要なのである。

編集者は著者に対して出版社を代表する。しかし彼は社長ではない。著者と話し合ったあとで彼は社に帰り、今度は社長に対して著者を代表して話さなければならないのである——もちろん会社の利益という見地に立ちながらだが——。ふつう編集者は著者に対して最少限の権限をまかされている以外、社長の代理をする権限は与えられていない。出版契約は社長の裁決をまたねばならないのである。古参編集者に時おりあるように、相当の代理権を認められているような場合でも、やはり社長に対して責任を負っているのである。そして彼がそのような権限を与えられるのは、豊富な知識と経験によって、社長の反応や決定をあらかじめ予測することができるからなのである。結局のところ、出版するのは編集者ではない。出版計画に対し最終的に責任をもつのは経営者〔社長〕なのである。編集者がある出版企画、ある著者にあまりにのめりこんでしまうこともあるであろう。その結果、彼は物が見えなくなったり判断力を失ったりするかもしれない。そこで編集者はふつう、より全体的客観的な見方で採否を考えることのできる社長の判断を仰ぐために、完成原稿、あるいは原稿の一部、または執筆プランの形で出版企画を社長に提出しなければならない。編集者はまたその企画について、経費予算と販売・収入見込を提出しなければならないが、そのためには彼はおそらく販売部長と相談したり、類書の販売記録を調べたりするであろう。彼が製作部から製作費の見積をとることはいうまでもない。さらに最終段階として、彼はその企画を社の出版計画全体との関係で考えてみなければならないのである。

すべてのこうした問題について、編集者と社長の話合いがおこなわれ、そこからひとつの出版計画がそのあらゆる側面から、少くとも大枠については固められてくるであろう。もし編集者が出版の知識を十分にもっているならば、この時点で足踏みするようなことはまず起らないのだが、もし編集者が原稿の質や適切さ、経済性について判断を誤っていると経営者が考える場合には厄介なことになる。勿論一般論としては、経営者は編集者を信じていなければならぬし、逆に編集者も経営者を信じていなければならない。そうでなければ一緒に働くなどということは不可能だからである。しかし編集者の側が比較的に経験不足であったり、企画にのめり込みすぎている場合があるし、経営者の側が編集者とちがう判断をしたり、編集者にはわからない問題を抱いている場合もあるのである。そこで経営者は彼の決定権を行使しなければならない。編集者の推せんにもかかわらず企画を拒否したり、編集者（および著者）に何らかの方向へ企画を修正するよう要求したり、またあるいは自分の判断にあえて背いて編集者を支持し、企画を採用するなどである。最後のケースがありうるのは、個別には反対だが、編集者の抱えている長期的プログラムを支持するためであったり、また編集者や会社の評判、あるいは著者との関係をこわさないためである。とくに経営者として、自分の判断にも誤りがあり得ることを知っていればなおさらである。しかも出版の仕事にたずさわっていれば、そのような反省をさせられる機会はまことに多いのである。しかしいずれにせよ、最後の責任は経営者が負わねばならない。

編集者は次には出版契約書を持参して——時には契約書なしに——著者を訪問する。編集者が契約条件について、著者あるいは著作権代理人と交渉した結果、もういちど経営者のところに相談に戻らねばならないこともあろう。企画が原則的に採用されたあとは、経営者自身が契約条件の交渉に当る場合もある。もし前に色よい返事をしてある企画を断るため、あるいは大幅な改訂を求めるために、契約書をもたずに著者を訪ねる編集者の立場はまことに頭の痛いものである。しかしそんな苦境に陥る必要は本当はないのである。経験豊かな編集者は、滅多にそんなまずい立場に陥ったりしない。というのは、彼は、著者と編集者と出版経営者の複雑な関係を著者にはっきり理解させるからである。編集者は著者に対して会社を代表しているけれども、実際のところ自分が経営者ではないこと、だから彼と著者が一致したことでも、経営者の承認を得なければ無効であることを強調するであろう。編集者は経営者が採用するであろう企画を開発する限りにおいて著者の味方になり得るのであって、それは経営者の目標を推進するであろう企画を開発し、著者を探す限りにおいて経営者の味方であるのと同じである。しかし編集者は、著者と経営者の全く中間にいるわけではない。彼は出版社の一機構なのであり、経営者から月給を貰っていることを忘れてしまうことはありえない。

さて原稿が完成し、出版契約も双方に異存なく締結されたとしよう。次にくるのは何か？　ここから本当の編集がはじまるのである。その原稿のそもそものはじまり、まだ著者の心の中にアイデアとしてだけ存在していた段階からそれに関わり、あるいはそういったアイデアさえ彼がヒントとして与えたのであったかもしれない編集者は、いまは原稿に注意深く目を通し、スタイルや内容をチェックする。彼は完成した作品として世間に送り出されて行く本の姿を心に描きながら、隅から隅まですべての点に注意を払う。彼は図や表について考える。よくできているか？　金がかかりすぎることはないか？　引用許可をとらねばならないか？

さし絵を描き直さねばならないか？　彼は本の構成を検討し、別のあり方を考えてみる。彼は段落をチェックし、疑問点についてはメモを作って、あとで著者と相談する。彼はつとめて読者の立場に自分を置いてみる。読者が知りたいのは何か？　読者をいかにしてこの本にひきつけるか？　読者がこの本から知識なり楽しみなりを最大に手に入れるようにするにはどうすればよいか？

そこで編集者は著者と何回も話合いを重ねるであろう。おそらく彼の助言にもとづいて著者が手を入れることができるよう、原稿を著者に返す。こうした内容にかかわる編集作業の量は、本ごとに、また本のタイプによって大いに異るであろう。どれだけ編集作業が必要かは原稿によって異るし、そうした編集過程を喜んで受入れるか否かも、著者によって大いに異るのである。

内容に関する編集作業が完了すると、編集者——その出版企画を最初から担当してきた同じ編集者のばあいもあるが、専門の原稿編集者《コピーエディター》であることの方が多い——は原稿を隅から隅まで、二度三度あるいはそれ以上に何度も目を通し、各章、各パラグラフ、各文章ごとにこまかく吟味し文章の統一、綴り、句読点などをチェックし、文の構成や言い廻しを改善し、冗長なところを削り、明瞭でない点を推敲するよう要求し、著者には気づかれなかったが、読者が抱くかもしれない疑問点を質したりなどする。原稿編集者《コピーエディター》は当然ながらその原稿の中身についての専門家というわけではない。しかし彼（あるいは彼女——原稿編集者に占める女性の率は大変高い）は高度の知能と注意深さをもった原稿閲読者でなければならぬし、同時に原稿執筆の機構に関する専門家であり文体の鑑定家であり、鋭く、しかし好意的な批評家であり、そしてまた本の製作にあたるデザイナーや印刷所に対して著者の希望を伝える仲介者でなければならない。もし原稿編集者が企画編集者（刊行内容を形成する編集者《リストビルディング・エディター》とか原稿入手係編集者などともよばれ、定まった名称はない）と別人である場合には、両者はいかなる問題が発生したときでも密接に協力しながら解決に当るのがふつうである。原稿編集者には熟練と判断が要求される。彼は著者とまづくなることを避けながら、仕事を適正にこなしていかなければならない。それは必ずしも簡単なことではない。原稿編集者から得られる助力をすべて喜んで受け入れる著者もあるが、コンマひとつの変更にも憤慨する著者もいるのである。しかし著者からくる原稿の百に一つも、そのまま印刷所に渡せるほど整ったものはないのだから、何ほどかの原稿編集はつねに必要なのである。最も手をかけない場合でも、原稿編集者は本が製作過程にあるあいだ、校正をチェックしたり、印刷所や著者から出てくる質問に答えなければならない。原稿編集者の任務は大変過酷で、割の悪いものである。しかしすぐれた原稿編集者は、時には著者から終生変わらぬ感謝を受けることがある。そして原稿編集者がその社の刊行物の質の高さ、健全性、整合性に貢献するところ極めて大きいことは疑いない。

原稿編集者は、自分の担当する原稿に対して好奇心をもてないようでは困る。その問題の背景を知るために、他の本を読まなければならないかもしれないし、各種の参考文献にあたってチェックしなければならないことも相当にあろう。原稿編集者自身がフォウラー〔オックスフオードの有名な辞書COD、PODの編者〕、ストランクとホワイト〔マクミラン版「文体論」の共著者〕、バーンスタイン〔元ニューヨークタイムス編集次長で執筆論、文体論の著書多し〕その他、文体についての碩学をミックスしたような一種の生き字引なのである。これまでの編集経験や、幅ひろい読書から得た豊かな知識と、残酷なまでのせんさく癖、それに細かいことを取扱う忍耐力と能力をかねそなえて、彼は新しい原稿にたち向うのである。原稿編集者は鉛筆を片手に、原稿を印刷所に渡せる状態にするため、必要に応じて著者に質問を重ねながら働いていく。彼はその本が印刷され完成した時の姿を本文全体〔表紙はデザイナーの領分なので表紙とウラ表紙のあいだとなっている〕を心に描いて見て、印刷所がまちがいを犯しそうな個所をあらかじめ注意する。彼はまたデザイナーと密接に協力する。出版社によっては、担当デザイナーが、原稿編集者と同時に決められているので、デザイン上の問題が起ってきたときにも解決が容易である。そのような社では、原稿がデザイン部門に送られた時、デザイナーたちがすでにその本について親しみをもっているので、デザインの仕事をより迅速かつスムーズに進めることができるのである。

デザイン部

多くの読者は著者の言葉そのものに注意力を集中しているので、本をデザインされたものとして意識することがない。しかしそうした読者でも、美しくデザインされた本が訴えかけるものに対しては反応しないわけではないし、上手にデザインされた頁を読む時の気安さや楽しさに対しては、喜びを感じるにちがいないのである。デザイナーは本の物理的な形を決める——版づら、余白、扉、製本、カバー（みずから絵を描いたり、デザインのための素材を選んだりすることが多い）など——そしてもし本造りの偉大な伝統というものがこの世になく、現代デザイナーによる技術的革新もなかったとしたら、本の世界ははるかに興味と魅力の少いものになっていたであろう。

しかしデザイン部というのは、どの出版社においても、問題の多い部門であるために、デザイン部を置かず、外部のフリーランスのデザイナーに仕事を依頼し、厄介な問題を避けようとする出版社もある。しかしその場合でも進行をチェックしたりデザインの採用を決定したりで、誰かがフリーランス・デザイナーを監督しなければならないことに変りはない。だから結局は問題を全く避けて通るわけにはいかないのである。しかしふつうデザイン部のせいにされる問題の多くは、デザイン部に本来つきまとう性質のものであって、デザイナーの罪とばかりはいえない点がある。関係する誰も彼もがみずからいっぱし本のデザインの専門家だと思いこんでおり、著者、編集者、販売部長、製作部長などがそれぞれに、この本はこうであるべきだというちがった意見をもっていることもある。

デザインは芸術であり、芸術家としてのデザイナーは個人主義的な傾向をもっている。そしてこのことが経営者を悩ませるもとでもある。一般的に言って、デザイナーは社の経営方針になかなかぴったりのってこない。デザイン部がすぐれていればいるほど、デザイナーは個人主義的であり、よく組織された部門であるよりは、めいめい勝手なデザイナーの集合にすぎないことが多いように思われる。デザイン芸術家はある程度までインスピレーションに頼っているのであって、これは勝手にどうこうできるものではない。彼は先ず原稿の中身をよく把握し、それを熟慮し、いろいろな印刷方法を比較考量して最後に採用した、これひとつというデザイン・プランをこまかに仕上げなければならないのである。インスピレーションを得るためには、美術館を訪れることもあろうし、適当な素材を求めて図書館で本に目をさらすこともあるであろう。

デザイナーがまちがった出発をすることもあり、自分だけが得意になって、著者や編集者や販売部長や経営者がちっともいいと思わないデザインを思いつくこともある。大論争をやって、その果てに、誰もが不満を残すような妥協に落ちつくこうした悲しいケースは、もしデザイナーが最初から編集者や販売部と密接に連絡をとっていれば、避けることができるし、全く避けることはできないとしても、減らすことができるであろう。これらの関連部門は、その本の物理的な形についてデザイナーの心に何らかのイメージが固まってしまう前に彼に予備的な概念を提供すべきである。彼等はデザイナーの想像力を刺激するような示唆を与えることができるであろう。また編集者は、著者の好みをデザイナーに伝えるであろう。そしてもしデザイナーが著者と直接話し合う機会をもつことができれば、彼の仕事にとって大変な助けとなろう。しかしだからと言って、著者にデザインを決めさせるべきではない。著者がもろもろの出版上の問題点をすべて考慮した上で、デザインを決めるなどということはできない相談だからである。販売部は特にカバーについて注文をもっているはずだ。カバーが広告的に重要な役割を果しているからである。何らか視覚に訴えるポイントをもったカバーが望ましいのは言うまでもない。販売部としては、その本が書店に並べられたとき、どんな風に見えるかに多大の関心をもっているわけである。

しかしデザイナーが最もコミュニケーションを必要としているのは、製作部とのあいだにおいてである。どんな字体を使用できるのか？　印刷《スリ》の方法はどれを使うか？　デザイナーが予想しておくべき特別な製作上の問題はなにか？　デザイン部と製作部の関係は大変密接なので、デザイン部が製作部の中におかれ、製作部長の統轄下にあることもしばしばある。もしその社の目的が主として利益追求にあり、標準化されたデザインで出版することに満足できるばあいであったら、それでよいであろう。しかし製作部長の目のつけどころは、デザイナーのそれとは全くちがっているので、そうした組織のあり方はデザインの質を最高に高めるためには障害になるのがふつうである。建築家がビル建築の請負業者に使われていたら、よい建物ができないのと同じことである。

実際、本のデザインは建築によく似ている。建築と同じくそれは奉仕の芸術である。建築と同じくそれは純粋かつオリジナルな芸術的表現の機会を与えてくれる。そして建築と同じく、それは経済的制約をうけながら、そして究極の効用を意識しながら、美的効果を追求しなければならないのである。事実、美しく作られた本のもっている美が、究極の効用の表現からきていることが非常に多い。たとえば何とはない優雅さで読者をひきつける活字と余白の美しい配列といったものである。その本の主題に関連するビジュアルな素材は、新しいものであれ、歴史的なものであれ、上手にまた趣味よく取り扱われるならば、本の外見を魅力あるものにするであろう。しかしデザイナーは、次のことをいつでも記憶していなければならない。すなわち、本は彼のデザインを飾るためにあるのではなく、本来その中身に関心をもつ読者に読まれるためにあるのであるから、デザイナーは著者と読者のあいだに割り込んだりすることなく、そうした読者の興味を刺激するべきだということである。いいかえれば本のデザインとは、ああ感じがいいな、美しいな、と感じさせる以上に、読者の意識に永くとどまるようであってはいけないということである。読書という経験の中で、それが表面に出てはならないのである。

本のデザイナーにとって美的センス以上に要求される基本的な要件は、印刷と活字に関する知識である。彼の仕事は、原稿から創り出されるべき物理的客体、すなわち本について、その全体および扉と前付、章のはじまり頁、本文、さし絵、附録、索引、用紙、製本、カバーなどあらゆる部分の指定書を書くことである。彼はデザインにあたって、実際に用いる製造工程との調和を考えなければならぬし、しかもいつでもコストの制約を意識していなければならない。彼は、満足できる程度に美しく、その主題にふさわしい客体を作り出すために、こうした要素をうまくコントロールできるだけの知識と理解をもっていなければならない。これはむづかしい仕事である。そして原価の制約はいつでも審美的な理想追求と矛盾し合うであろう。そしてしばしば妥協が要求される。しかし原価とか製作技術上の制約という実際的な説得力の方が、説得力の少い立場からの意見より優位に立って結論を生むことがしばしばある。要するにバランスの問題なのである。

どんなにすぐれたデザイン部であっても、ある程度の自由を与えられるのでなかったら、効果を発揮しないであろう。しかしいかに芸術性が要求され、インスピレーションは気まぐれであるといっても、デザイン部もとにかく編集、製作、販売等の部門と連けいを保ちつつ、出版社の内部環境の中に生きなければならないのであり、時間と原価という制約の中で仕事をすることを要求されているのである。

製作部

製作部は、デザイン部から廻ってきた指定書に従って、整版、用紙、印刷および製本等のサービスを購入する。自分の印刷工場をもっている出版社は多くない。そして自社工場をもっている場合でも、製作部と印刷部はふつう別々に組織されており、一方が他方から印刷サービスを購入するという形をとっている。しかし印刷部の提供するサービスでは、製作部のスケジュールを満足させられない場合があるので、多くの出版社はむしろ融通のきく外部印刷所からのサービス購入の方を選んでいるのである。そこで製作部はふつう多くの印刷所、製本所とのあいだに取引関係を保ち、見積りを依頼したり購入契約を締結したり、さらに進行を管理し、校正を授受し、納品書を検査し、実際経費を見積額と比較する等の仕事をしているのである。製作部は、質とスピードと費用という、三つの互いに相容れない目的に関わっている。だから妥協が必要となる。出版事業の他の側面の多くがそうであるように、これもまたバランスの問題なのである。

著者も編集者も、デザイナーも販売部長も経営者も、誰もが本の完成を首を長くして待っている。あるいは少くとも既定の計画にしたがって本が出来上ることを期待している。しかしスピードには金がかかる。そしてしばしば質を犠牲にすることによってのみ可能である。しかも誰もが質を要求する。貧弱な印刷や製本で満足する者は一人もいない。また誰もが経済性を要求する。とくに経営者がそうである。支払われるのは彼の金なのだから当然のことである。そして著者や編集者やデザイナーや販売部もまた定価（なぜか、かかった経費に関係して決められる。第四章をみよ）があまり高くならぬよう、経済性を希望するのである。

製作部長の任務ほど対立点を象徴しているものはない。彼は本来的に各部の圧力を受ける立場にあり、とてもすべての人々を満足させるわけにはいかないのである。小さな出版社であっても、ある一時点で製作進行の種々の段階にある点数は（重版もふくめて）五〇点から百点、あるいはそれ以上にもなるであろう。製作部の規模は、主として毎年刊行される新刊および重版の点数によってはかられるのである。さて新刊原稿は絶えず入ってくるが、刊行日に特別の希望があったり、とても実行困難な指定のふくまれていることもある。製作部長と部員たちは、数えきれないほど沢山のこまかい事柄を記憶していなければならない。彼らはいつも経費と質に心を配りながら、そして不幸にも印刷所、デザイナー、編集者、著者たちが狂わすスケジュールを絶えず調整しながら、多くの印刷所、製本所との連絡を維持していかねばならないのである。スケジュールが破られるについては、いつでも何らかの理由がある。そしてそれがまたいつでもまことにもっともな理由なのだ。著者が病気であったとか、旅行していて校正を読めなかったとか、新しい発見のために科学論文の改訂が必要になったとか、ブッククラブの出版計画と合せるために印刷をおくらせたり、または早めたりしなければならないとか、編集者やデザイナーが病気であったとか、休暇をとったとか、印刷所の仕事が混んだが臨時工を雇えなかったとかである。

製作部は仕事が手順よく流れるよう骨を折る。製作部はまた一方でコストをできるだけ低くし、進行がおくれないよう維持しながら質を落さぬ算段をしなければならない。だからそれは絶え間のない闘いの連続である。ひとつの危機を乗り切ったと思うと次の危機が襲ってくる。製作部長にしてみれば、不可能な要求だと思われることもしばしばあるだろう。彼がそう思うのは正しいのである。しかも彼は、そうした自分をとりまく状況を認識するとともに、ある程度までそれを甘んじて受けとめる覚悟がなければならないわけである。製作部長と部員たちは、何百点という本を妥当なコストで予定どおり製作していくために必要な、何千というこまかい事柄をとり仕切っていかなければならないだけでなく、それら競合する要求のいずれを優先させるかについて正しい決定が下せるよう、その社全体について幅ひろい知識をもっていなければならない。もしどちらをとるかについて自分たちで決めることができない場合には、経営者に相談しなければならないことになる。さらに彼等は、できないことを要求する人々に対し、できないことはできないということと、なぜできないかを説明できなければならない。納得させるに足る理由をちゃんと持っていなければならないのである。

こうした極度にむづかしい仕事を果すためには、製作部が高度に組織化されていることが必要である。製作進行の監視を主な任務とする人物が、まず必要である。彼は製作の各段階が完了すべき予定日時を設定し（印刷所への原稿引渡し日、初校出校日、校正ずみ初校の印刷所引渡し日、再校出校日等）、一点ごとに実際の進行を追い、進行日時を記録し、何かがおくれたときはチェックし、必要に応じて予定を調整しなければならない。また別の部員は、下請関係との間の仕事の流れを調整し、下請業者とのよい協力関係と業者間の公正な競争関係を維持するよう努力する。また別の担当者は、本文用紙、クロス、その他の資材を発注するが、大量購入によって買値を低くするとともに、手持資材があまり多くならないように注意している。また誰か別の人物、おそらくは製作部長自身が、仕事の質を監視する。そして彼が部の仕事全体を管理しているのは言うまでもないことである。

しかしここでいささか合点がいかないのは、誰もの注意が急ぎの本とか何か問題を起しつつある本にのみ向けられるということである。予定どおり、何の問題も起さずスムーズに進行した何百点という本の方こそ大事なのに、それに注意を向ける人は誰もいないのである。

販売部

販売部は編集部と同様、直接、外部環境に接触している。その任務は本を読者に届けることである。だから販売部は、潜在読者は誰なのか、それがどこにいるのか、どうしたらそれらの読者に接近しうるかを知っていなければならない。しかし出版社から読者へ直接本が送られるのはふつうほんの一部分にすぎない。大部分の本は卸書店、小売書店、図書館を通して読者に到達する。また初等、中等段階の教科書出版社は、主として学校システムに対して販売する。若干の出版社（予約出版本、百科事典、ブック・クラブ）だけが彼等の本の大部分を最終読者に直接販売しているのである。

このような理由から、販売部は各種の活動に従事しなければならない――卸書店、小売書店、図書館、学校システム〔教育委員会が統轄する地区内小中高校の学校体系〕に直接本を売るとともに、他方では読者の購買欲をかき立てるためのいろいろな努力などである。そこで販売部がエネルギーを集中しなければならないのは、書籍購入の意志決定がなされる場所に対してであり、それは本の種類により、また個々の本によって異るのである。たとえば新しい教科書については、教師に宣伝しなければならない。その最も効果的な方法は、教師に見本を送ることである。もし教師がその本を採用してくれれば、学校システムあるいは学生はそれを購入しなければならない。時には何千冊もの初等教科書が見本として教師達に送られることがあるが、ひとたび採用されれば非常に大量の販売になり、また継続して何年も売れることになる。だから教科書出版は大変有利なビジネスたりうるのである。同じ理由から、大学の教授たちも沢山の上製本、ペーパーバックの献本を受け取る。それらは教授が教科書あるいは参考書として指定してくれることを期待して、送られてくるのである。ある種の本はまた、有名人（国会議員、テレビ・タレントなど）に送られることがある。彼等が公衆への話の中で、本のことをとり上げてくれるかもしれないからである。本はまた、書評にとり上げられることを期待して、書評掲載誌や書評家に対しても送られる。

本を売る方法として第一にあげられるのは、献本することである。それはおそらく最も効果的な方法といえよう。しかし同時にそれは、金のかかる方法でもある。だから一冊献本するたびに何冊かの本が必ず売れるという確信がもてなければ、この方法は利用できない。技術書とか大学出版部の本のように、出版部数が少く、読者が限られている場合には、献本は注意深く管理する必要がある。慎重に選んだ書評媒体や、広告の中で推せん者として名前を使えそうな少数の専門家に限って献本を送るべきである。それ以上に献本を送ることは、金がかかるだけでなく、限られたマーケットから、潜在的読者をその分だけ減らすことになるからである。

しかしとにかく何らかの方法によって、潜在読者に対する新刊書の告知がなされなければならない。そこで各種の広告手法のすべてが援用される。新聞や雑誌、専門誌上での広告、適切なメイリング・リストを利用したダイレクト・メール、専門家の会議や一般的集会の適当なものを選んで行う展示など、そしてさらに料理の本とかジョーク・ブックのように極めて大衆向きな本の場合には、テレビかラジオでの広告も利用される。またいろいろな方法で広報活動が進められるであろう。ニュース・リリース〔報道関係に対する発表文〕を送りつけたり、マス・メディアでの読者とのインタビューを計画したり、業界誌に出版予告をして書籍販売関係者に知らせるなど。広告は潜在的読者に向けてばかりでなく、書籍販売業界に向けても出されるであろう。その結果、書店や図書館は、出版に先立って予約注文できることになる。

販売業界に対する働きかけにおいては、セールスマンが重要な役割を果している。彼等は書店や卸書店を定期的に訪問し、近刊についての情報を提供する。すぐれたセールスマンは各書店について、またその書店の客種についてよく知っており、新刊各点について、何部予約注文すべきかを書店に助言を与えることができるであろう。彼はまた既刊書籍については、その店の手持冊数を調べ、追加注文するよう勧めるであろう。こうした作業のためには、彼が前回その店を訪問した時およびその後で、この店が各点を何部注文したかを知っていなければならない。それには莫大な記録作業が必要であるが、それを欠かすわけにはいかない。もし本が書店に並べられてあれば、読者の目につき、買われる可能性がある。店頭にない場合、どこかよそでその本を見かけた読者は、書店に対し出版社から取り寄せるよう依頼することもできる。しかし版元からの取りよせには多大の手間と時間を要する過程を経なければならず、中途で事故が起きて届かないこともしばしばあるのである。

しかしたとえば科学・技術書専門店のような若干の例外は別として、大部分の書店は、限られた範囲の新刊書、ポピュラーなペーパーバックや古典以上に在庫を持つことができないと考えた方が現実的といえるであろう。アメリカ合衆国では、毎年三万点以上の新刊が出版されているのであって、これにはイギリスで出版される英語の本――アメリカの新刊点数より少し上廻る――や、その他各国で出版され、アメリカの読者が必要とする何千点という本は含まれていないのである。だから一般書出版社は、自社の本が書店の店頭に並べられ、一覧買い、衝動買いを期待しうるにもかかわらず、広告とか公報を通じて、直接潜在読者に訴える必要があるし、そうした一般書以外の出版社は、読者が書店を通すなり、直接出版社に注文するなりして買ってくれるよう広告しなければならないのである。

販売部はこうしたややこしいマーケットで販売活動ができるように組織されていなければならない。そこには卸書店や小売書店を定期的に訪問するセールスマンがいる。ダイレクト・メールと広告の専門家も必要である。公報関係の責任者も必要であって、彼は適切な媒体に書評用献本を送ったり、適当な有名人に献本する仕事を分担する。また販売部には、図書館対策の専門家が必要である。たしかに、広告やダイレクト・メールの最大の対象は図書館だからである。そしてこれらすべての活動を管理する者として、販売部長がいるわけである。

これら各種の販売促進活動、販売活動は決してバラバラに進められるのではない。一点ごとに潜在的読者をよく見きわめた上で、一点ごとの広告、販売、販売促進活動のプランが、それぞれの読者を対象にうまく組織されなければならないのである。勿論予算があるのだから、それらの宣伝販売計画が予算の範囲内で設計されなければならないことはいうまでもない。販売部長は、書店や卸書店からくる事前注文に気を配っており、その状況によっては予算を修正する。また本が出版されたあとでは、販売データや書店を訪ねたセールスマンからの情報によって状況を分析するであろう。広告予算がそこで増やされたり削られたりするかもしれない。ただし大幅な削減をするには、このときはもう遅いのがふつうである。またもしある本があまり売れていないとして、広告を増やすべきか減らすべきかは、個々の事情にもとづいて判断を下すしかない。販売部長は、新刊および既刊本の売れ行きを監視し、販売活動、広告活動の効果に気を配り、これまでの経験を生かして新しい販売活動を指揮するのである。

販売部長と販売部は、外的環境との交渉を任務としている。**しかしその任務を効果的に果たすためには、**出版社内の内部環境から絶えず情報を得なければならない。なぜ会社はこの本を出版しようとしているのか？　それは誰を対象に書かれたものであるのか？　編集者はその本をどう考えているか、また彼は誰かから推せんを受けているか？　社外の専門家の意見をきいてあるか、それを広告に引用できるか？　なにか造本上の特色があるか？　挿絵は？　広告に使える絵があるか？　ゲラはいつ見られるか、いつになったら本を読ませてもらえるか？　カバーはどんなデザインか？　予定刊行日はいつ、そして本当に本がそれまでにできるのか？　広告は刊行日に合せて計画されているか？　印刷仕上り頁数は？　定価と正味は？　ブック・クラブその他の話が進んでいるか？

販売部が他のすべての部門と密接な連絡を保っていなければならぬことはいうまでもない。それらの部門から情報を受け取ると同時に、販売部が外部環境から入手した外部の反応、意見、情報を各部門に中継しなければならない。自社の本のデザインや値段や、送品・請求のやり方について、書店が何といっているか？　当社の正味制度や返品制度についての書店の態度は？　図書館はわが社の製本に満足しているか？　専門家の大会に出した展示についての彼等の反応は？　出版がクリスマスに接近しすぎたために売れ行きを悪くしなかったか?

販売部から他の部門へのフィードバックは、いかなる種類の出版においても重要である。そしてしばしばそれが無視されたり、憤慨の対象にされたりするのは奇妙なことと言わねばならない。我々は時々こんな態度にぶつかることがある。〝俺たちの仕事は本を作ることさ。さあ販売部の諸君、君達は行って本を売りたまえ〟。販売意識の強すぎる編集者を抱えた出版社だったら、こうした態度をむしろ結構なことと思うかもしれないが、実際にはそのような編集者が販売部のキャッチした外部の反響を無視するなどということはありえない。中には編集者と販売部が全く隔絶して仕事をしている出版社があって、そこでは、編集者が一種の知的エリートを気取っており、販売などにかかわるべきでないと考えているのである。おそらくそれもやむをえないだろう、というのは様々な著者を扱うにはいろいろなタイプや性格の編集者が必要だからである。しかしいずれにせよ、そうした態度から何かが失われていることはたしかである。成功している出版社というものは、決して孤立し、相互に無関係な各部門の単なる集合体ではない。それはあるものは内に向いあるものは外に向って開く多くのドアをもった構造体なのである。もしドアのどれかが鍵をかけられたままであったなら、その出版社の機能はうまく調和して働くわけにはいかないであろう。

以上編集・デザイン・製作・販売の各部門の仕事を述べる際、私は各部の機能を実践するのに、社内および社外とのコミュニケーションが重要であることを強調してきた。各部はみずからの任務を遂行するとともに、他の各部門とのコミュニケーションを保たなければならないのである。それには時間がかかり、骨が折れる。しかしそれは大切である。おそらくこうしたコミュニケーションの相当部分は部長によって、彼の管理職務の一部として達成されるだろう。しかしこのことの重要さは、すべての部門のすべての部員がよく理解していなければならない。そして個々の編集者、デザイナー、製作部員、販売担当者たちが直接話し合う機会に恵まれるならば、それによって彼等の仕事を改善するチャンスは大変多いということができよう。出

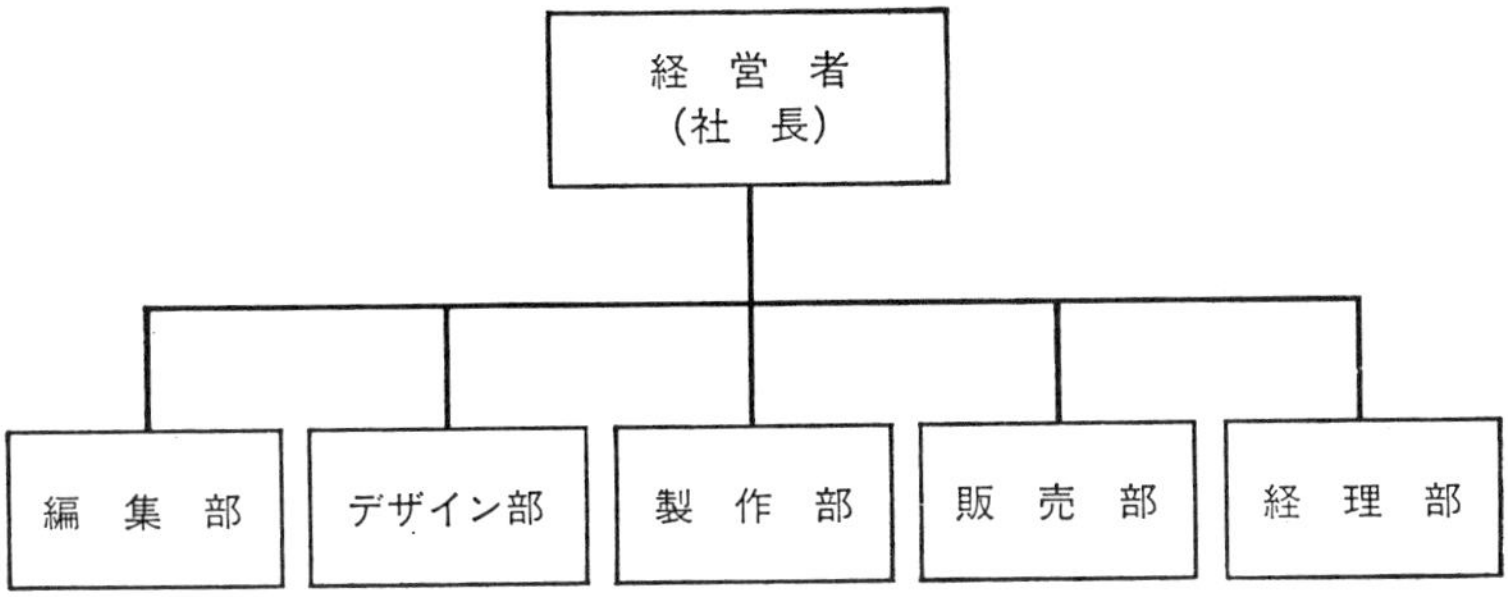
経 営 者
(社 長)
編 集 部
デザイン部
製 作 部
販 売 部
経 理 部

第5図

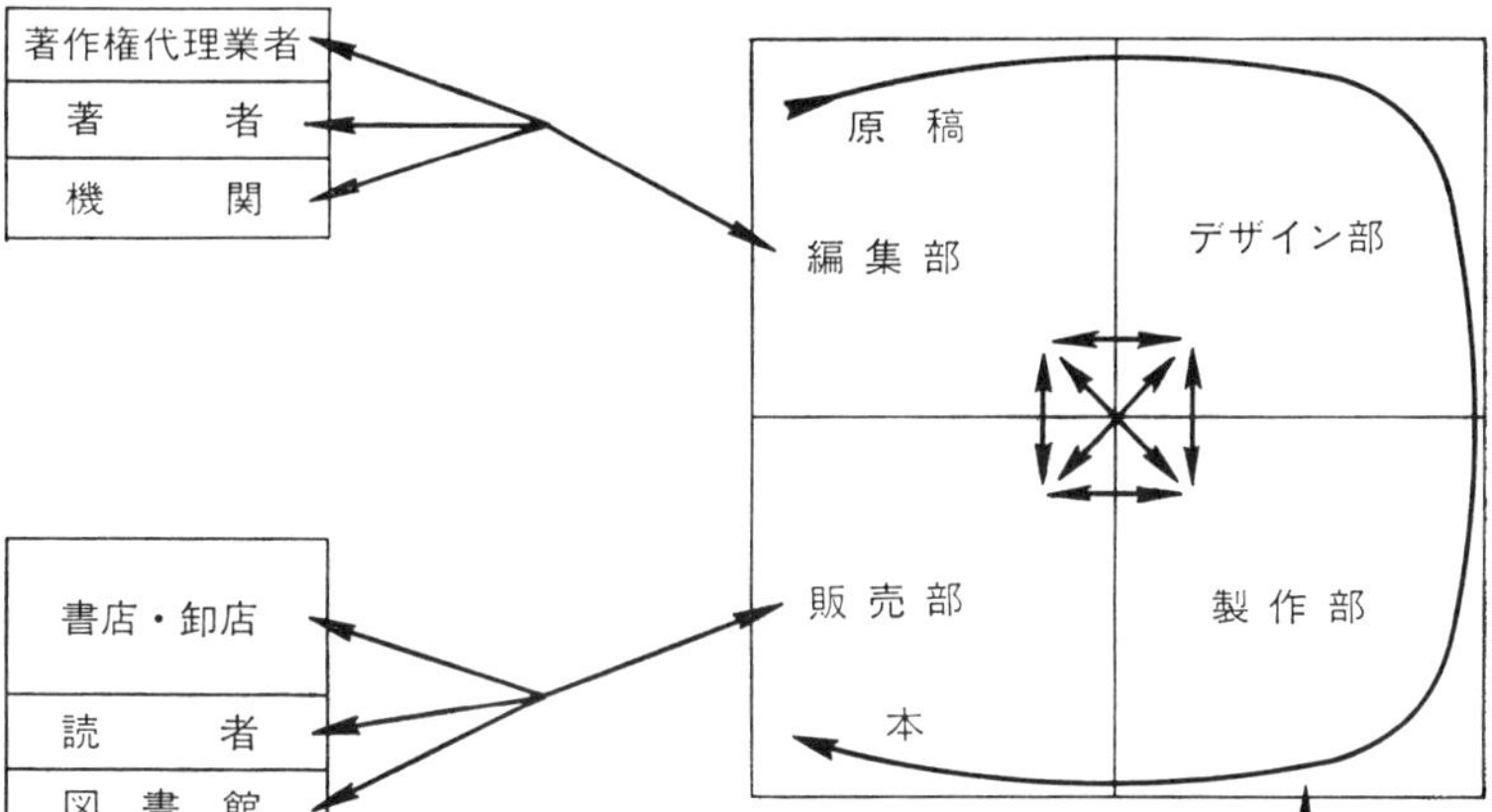
著作権代理業者
著 者
機 関
原 稿
編 集 部
デザイン部
書店・卸店
読 者
図 書 館
販 売 部
製 作 部
本
印刷所および
その他下請業者

第6図

版という複雑な過程のためには、整然たる組織が必要なことはいうまでもない。しかしそのような組織は、主として責任範囲や職務分担を明らかにするためのものであって、部門間の交流を妨げたり、制限したりするものであってはならない。正にそうした理由から、私は責任と権限の系統を示す、従来型の組織図を避けてきたのであったが、ここでは比較のためにそうした従来型の第五図を示すことにしよう。第五図で困るのは、仕事がどのようになされるかが少しも示されていないことである。第四図の方がいくらかましだが、満足できるものではない。これに対し、これまでに説明してきた四つの業務部門を示す第六図は、はるかに実際的な図式を与えてくれる。四部門を結ぶ矢印および外部環境との間に描かれた矢印は両方向へのコミュニケーションを示している。輪を描く矢印は原稿から本までの仕事の流れを示すものであって、実際にはこの部分はもっと複雑な過程である。それについては後に触れることにしよう。ところで、この図だけを見ると、出版社というものは四つの部門だけで成立しているように思われるかもしれない。事実それも不可能ではないだろう。もし二つのM、金《マネー》と管理《マネージメント》、あるいは二つのC、金《キャッシュ》と調整《コーディネーション》、の問題がなかったならば。

経理部

われわれはこれまで各部門の情報の流れについて多くの紙幅を費してきたが、これに対して経理部の役割は、一定の重要な情報をとりまとめ、提供することである。経理部は出版過程のすべての段階に関連をもっている。そして本を出版するための仕事自体は経理部を経由することなしに営まれるとしても、経理部が資金の支出を通して出版活動を管理し規制しているその役割は極めて重要なものというべきである。さらにひとたび本が出版されたあとは、経理部は受注処理や売掛金管理の責任を負うことになるから、流通機能の重要な一部をも担当しているわけである。その経理部は（時には製作部が担当することもあるが）倉庫管理と送品の責任を負うこともあり、これらの仕事がまた、細かく見ると、驚くほど複雑で興味深い内容をもった作業なのである。

経理部はふつう〃サービス部門〃と考えられており、そのとおりサービス部門であるべきである。しかしその提供するサービスがあまりに重大であり、その作り出すものが事業活動の実態を浮彫りにする極めて重要な情報であるために、ときには経理部が作戦会議室になったり、さらには重役室のようになることさえ発生する。もしこうしたことが起ると経理的立場からは正しく見えても、出版全体の見地からは正しくない方向に決定がなされることにもなりかねない。経理部によって経営が決定されるという状態は、出版社の経営者が誰でも心して避けなければならない危険な陥し穴である。もっとも他方で、原価意識に富んだ経理部長の発する警告がもっている価値を、いつでも心にとめていなければならないのも事実であるが。

さてここは、私にその能力があったとしても、会計学の詳しい説明をすべき場ではない。会計は特別の学校で教えられる高度に複雑な技術であって、課税その他の目的のために一定の記録の保持が要求されることからもわかるように、法的な規制をもっている。会計の特色のひとつは、それがいかなる種類の事業にも適用できるということであり、出版はその意味でいろいろ別の存在であると同時に、やはりひとつの事業なのである。出版事業において、経理部は事業を管理し、また多くの場合利益をあげるために必要な過去および現在の財政的情報を提供する。まず会社の資産と負債を示す貸借対照表が作製されるが、これは一定時点における会社の体格を透視してみせるX光線のようなものである。また経理部はその会計年度のあいだに会社が達成した業績を（金額で）示す損益計算書を準備する。これはいかに金が支出され、どれだけが収入として入り、その結果どれだけが利益または損失として残ったかを示すものである。経理部はまた各部長と協力し、経営者の指示の下に、年度予算の形で将来計画を樹てる手助けをするであろう。当年度実績を、予算あるいは前年度実績と比較する（金額および百分比で）比較表の作成もまたその職務のひとつである。さらに自社の実績を出版産業全体、あるいはその中の特定部分の実績と比較する表も作られることであろう。

経理部はまた、各事業活動部分の経費を詳細に分析し（編集部、販売部、一般管理費等）過去の実績と比較して、増減や変化を指摘する。経理部はまた必要に応じてその他の特別な調査をしたり、特別な計画の立案に当ったりもする。事業成果と資金状況について、長期（三年ないし五年）の予測も立てなければならない。それによって、経営者はいつ、どれだけの現金が必要になるとか、再投資、借入金返済および配当支払いに廻せる資金がいつどれだけ事業から生み出されるかといった情報を得ることができ、将来の資金需要をあらかじめ知ることが可能になるのである。経理部はこうした予測数値をあとで実績と比較してみる。経理部はまた運転資金と在庫投資の状況に注意をはらい、必要ならば銀行に借入の相談をする。販売記録を整備し著者に印税を支払うのも経理部の仕事である。印刷所など取引先からの請求書に対し内容の正否をチェックした上で支払う仕事が次にくる。経理部は給与、附帯給付ならびに保険業務を担当し、契約やリースのことに当る。また各部や経営者に定期的あるいは要求に応じて各種の情報を提供する。それはまた法律の要求にしたがって会社の確定申告書、その他の報告書を作製する。要するに、経理部は出版事業という特殊な状況の下において伝統的な経理部の機能を果しているわけである。

経理部は、経営者と密着しながら仕事をする。大きな出版社においては、経理部を運営する部長のほかに財務部長をおくことがある。財務部長は、社の資金運用の責任を負い、経理上の日常業務の遂行にはあまり関与しないのがふつうである。財務部長（小さな出版社では経理部長）は社の現状と今後の見通しについていつも情報を確保しつつ、長期計画および目標にそって将来の計画を樹てることを任務としている。なにか大きな新企画がはじめられるときには、財務部長はその資金計画を作製する。そして特に検討を要する問題を発見した場合、みずから検討に当るか、他の者にそれを命令する。彼はまた財務方針の決定に協力するし、経理部の運営基準を作ったり、人に作らせたりする。彼の任務は、出版社がとろうとするあらゆる行動についてその資金的なかかわりを究明して、経営者に情報を提供することである。

出版の資金問題については他の章でより詳細に検討する予定である。だからここでは経理部が他の部や外部環境との関係で果している機能を概括するにとどめよう。経理部が各部門の活動や計画について多くの情報を入手しなければならないことはいうまでもない。そしてまた経理部が各部門に対し、欠くことのできない情報を提供していること（たとえば、販売部のための販売統計）も同様に自明のことである。経理部が作る予算によって自動的に目標が設定され、ある程度の統制が実施され、各業務部門間の調整がなされることにもなるであろう。また受注処理と売掛金管理機能によって、経理部は外部環境、とくに書店と接触することになるのである。このように経理部は社全体の活動を包摂し、そこに浸透しているのであって、出版過程の流れから外れたところにありながら、それが入手し、再構成し、提供する情報によって、出版過程に甚大な影響を与えているのである。

役員室（経営者）

もし各部門が、これまで述べてきたようにそれぞれの機能を果しているとするなら、一体経営者の仕事として残されたものに何があるであろう。理想をいえば、彼はソファーに深々と腰を下しながら社内に目を配り、監督し、もっともらしい顔をしてパイプをくゆらせ、報告書に目を通し、時には会議に参加し、最高の方針決定のみを行うということになるであろう。しかし残念ながら、出版経営者の生活はそんなものではない。いやむしろ、幸いにも、というべきかもしれない。そのような仕事であったら、どう見てもあまり面白いとはいえないからである。そのような型にはまった仕事ぶりを許されるには、出版社というものはあまりに複雑な有機体であり、その外部環境がまたあまりに変り易く、多彩なのである。

経営者は、いうまでもなくその出版社の管理者であって、すべての活動に対して責任を負っている。彼の事務室はおそらく、若干の補助スタッフをそなえて調整センターの役割を果している。彼は各部門が互いにどのような関係にあるかを観察し、その活動のバランスをはかり、方向づけをしてやらねばならぬ。彼はおそらくこうした機能を果すために、経営委員会の助けをかりるであろう。経営委員会は各部の長によって構成され、経営者は議長として決定権を発揮するのである。また経営者は各部の部内問題について、部長と個別に相談しつつ事を運ぶであろう。彼はいつでも全社的立場に立って考え、社全体のために、なにが最善であるかという観点から、対立し合う各部の要求や希望を調節する。その際、経営者は外部環境に対して敏感でなければならない。たとえば、出版社が直接交渉をもつ著者、著作権代理業者、研究機関、書店、卸書店、図書館、読者、印刷所、製本所、銀行などに対してである。彼はまた、他社との企画上、販売上の競争に敏感でなければならないし、書籍出版産業に影響を与える可能性のある新しい考え方や動向についても知っていなければならない。経営者の事務室は意志決定と政策立案のためのセンターであって、実際の出版過程が彼の事務室を通って遂行されることはない。仕事は彼の承認を得て行われるか、彼のすでに承認した方針や手続きにもとづいて行われるのである。経営者の経験、判断および知識は出版企画そのものについて、またそれが必要で適当と思われるときには個別の問題に対しても動員されることになるが、その際、彼はいつでも社の目標を心にとめているにちがいない。

経営者自身もまた、おそらく取締役会など何らかの上部機関に報告する義務をもっている。このような機関と協議して、経営者は社の最終目標を設定するわけである。最終目標は利益指向的な場合もあり、使命指向的な場合もあるが、実際にはこれら二つの組合せの形をとることがほとんどである。多くの出版社は利益をあげなければならない。しかし自分を単なる商売人と考える出版人はまずいないであろう。彼等はみずからの社会的、文化的役割を認識しており、それに満足しているのであって、いくら儲かるからといって、何でもよいから出版しようとはしないものなのである。

出版経営者は、大ていは社内に何らかの基準とか目標といったものを設定しており、彼自身の行動や決定を通じ、また彼の個人的スタイルを通じて部下にそれを伝えている。一般的にいって、出版経営者のスタイルが部下に影響しないということはありえない。部下は、ある程度までその真似をするものである。だから部下の行動や決定は、多くはこうした経営者のスタイルから直接間接に導かれてくるといってよい。はっきり定義しにくいこのようなリーダーシップが、社の士気とか業績に大きな影響を与えているわけだが、さてこれなら特別効果的でぴったりだといった特定のスタイルがあるわけではない。スタイルは経営者の個性からにじみ出てくるものであり、それがまた彼に協力する幹部の個性とか社の目標、環境といったものによって修正を受けているわけである。社のスタイルが、時の推移によって変化することがある。とくに経営者が変ったり、新しい目標が設定されたような場合がそうである。しかしそのような場合にも、変化が急に起ることはあまりないのである。

経理部と役員室の機能を心にとめながら、再び第6図に戻るならば、これら二つの活動が業務部門に対してもつ関係を適当に表示するには、第三の次元が必要なことがよくわかるであろう。四つの業務部門は二つのバンドを巻いた長方形のブロックとして示すことができる。二つのバンドのひとつは経理部で、他は役員室である（第7図を見よ）。この構造図の前面では、編集部と販売部が著者および読者という外部環境と直接接触をもっている。また製作部と経理部もそれぞれに特別の外部関係をもっている。構造図の背面では、各ブロックは（点線で示されるように）、部長が経営者と共に管理機能に加わることによって一体となっている。経営者自身はすべての活動、すべての機能と関係をもっているが、日常業務には参加しないのがふつうである。

もちろん第7図は、これまでの議論で語られた以上の何物をも示すものではない。それは出版社内の各部門間の関係を図式的に描いただけのものである。しかしこれを実際の出版社が組織上の問題点を検討する際に、モデルとして用いることはできるであろう。ただし、いくつもの出版事業部門をかかえた大きな出版社の場合には、第8図に示されるいづれかの形がとられると思う。

大変象徴的なことだが、大きな出版社においては各部間の密接な連絡を維持することは、例えば8b図と8c図における編集部と販売部の連絡のように図の上でも実際上でも、よりいっそう困難である。連絡は、

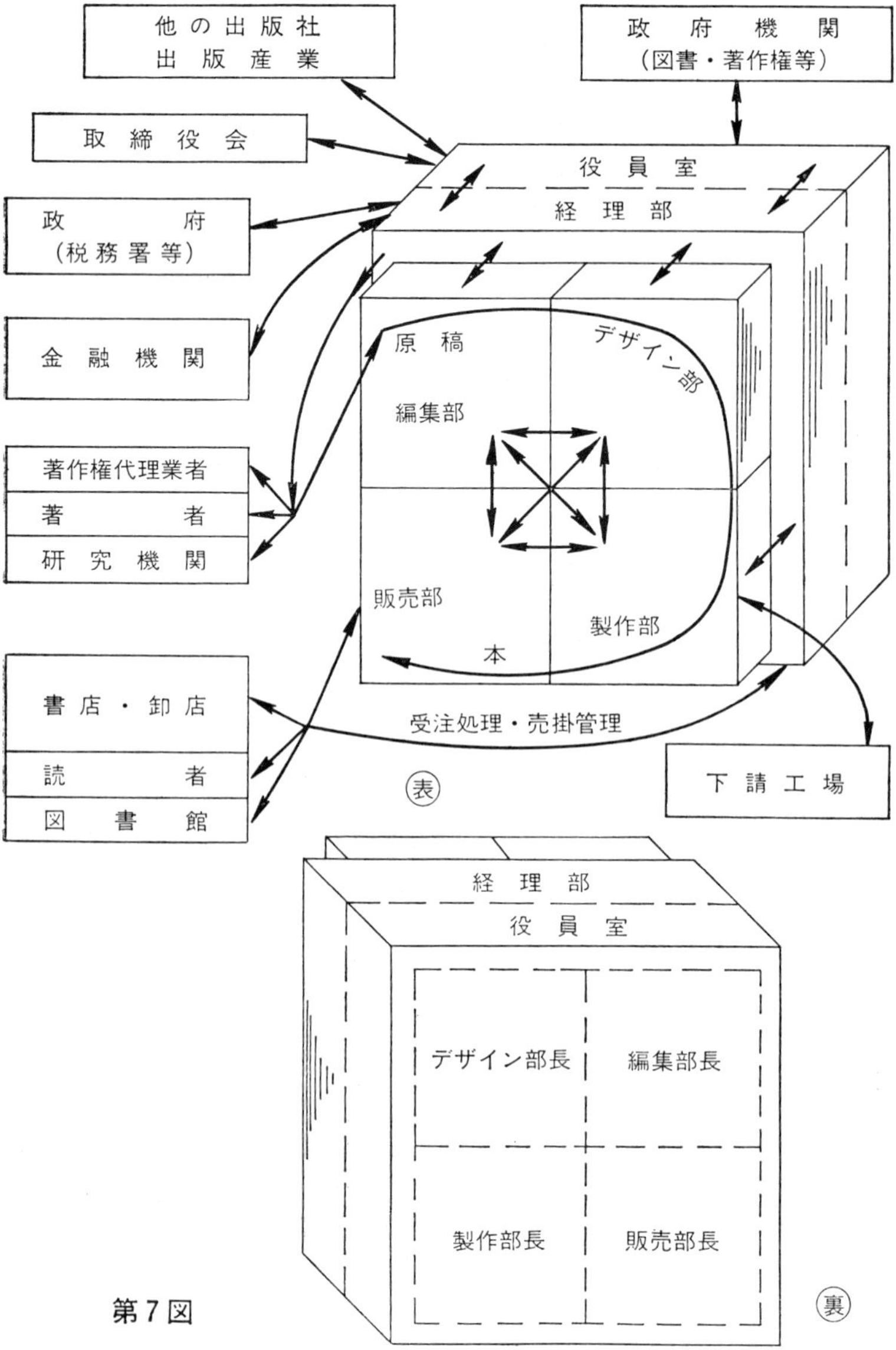
他の出版社
出版産業
政府機関
(図書・著作権等)
取締役会
政府
(税務署等)
金融機関
著作権代理業者
著者
研究機関
書店・卸店
読者
図書館
役員室
経理部
原稿
デザイン部
編集部
販売部
製作部
本
受注処理・売掛管理
下請工場
表
経理部
役員室
デザイン部長
編集部長
製作部長
販売部長
裏

第7図

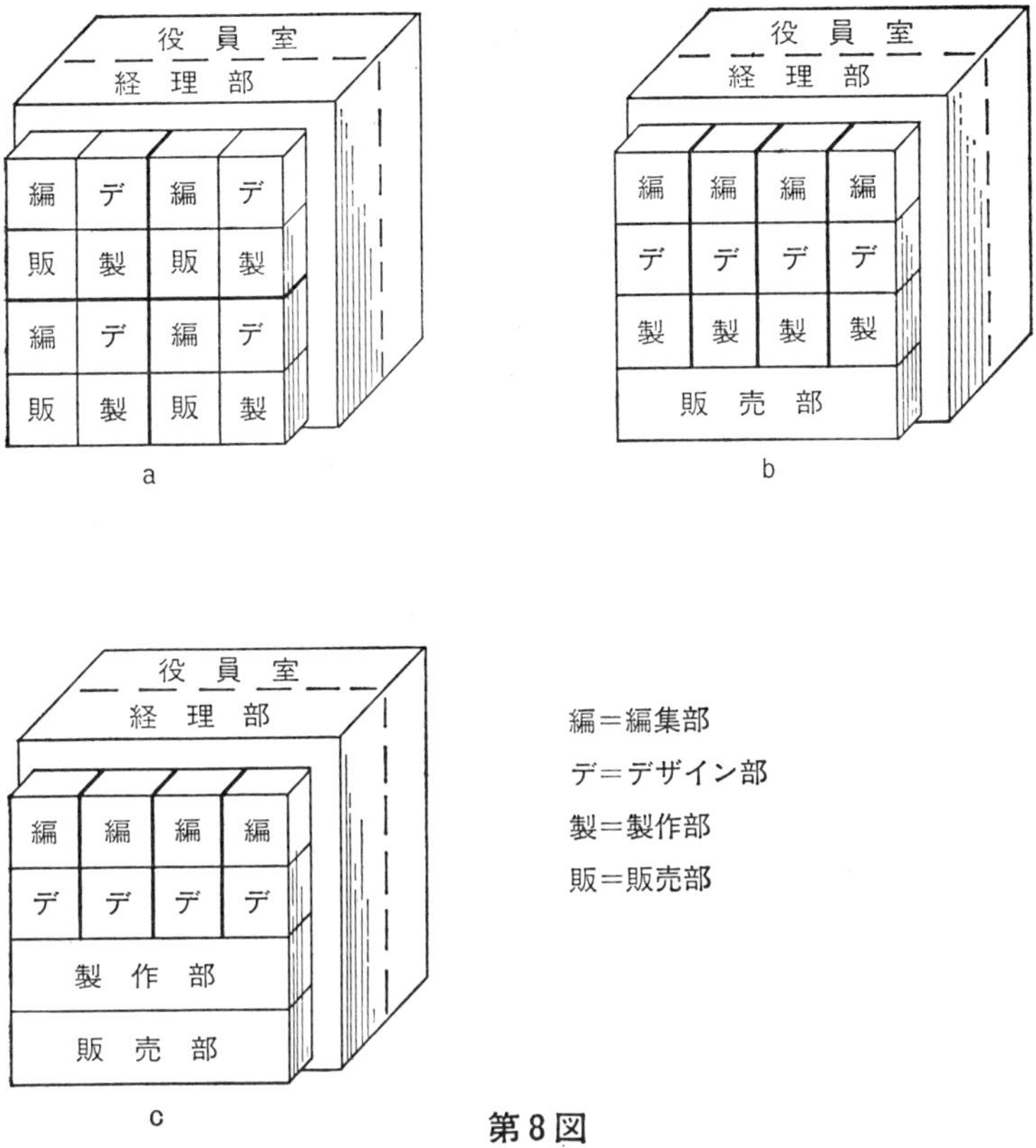

第8図

図の背面において経営者と合体している部長に、ますます依存するようになる。また各事業部門がそれぞれに担当重役をもっており、そのことが各部門を共通サービス部門からますます疎隔させることになる。そこで8ａ図の方がよいと考える人もあるであろう。たしかにそれはいくつかの利点を持っている。しかし各事業部内の調整がとり易いという利点と、製作および販売を大規模に扱うことから得られる能率や経済性とが比較考量されねばならない。大きな出版社は、一方で組織の調和を保ちながら、規模の経済をも達成しうる独特な方法をそれぞれにあみ出しているのである。

模式図7および8は、おそらく波線で描くべきかもしれない。たしかに組織は固定的であるべきでないし、実際にも固定的でないのがふつうなのである。ひとつの出版社の中で専門化とか組織化はたしかに必要である。しかし環境条件の変化に対応し、内部情況の変化に適応するための柔軟性もまた必要なのである。その間の事情は、環境の中におかれた生物にたとえることができる。出版社は多分に高等生物に似ている。変りやすく、時に苛酷な環境の中で、くらげのような単純な生物はそれが単純であるからこそ生存できるのである。くらげは、波にただよい環境に身を任せながら、最も大事な活動だけを営んでいる。これに対し哺乳類のような高等生物になると、はげしく変る環境の中で、極めて多様な活動を営まなければならないのであって、環境自体をより受け入れ易いものに作り変えることさえ、しばしばである。いずれにせよ高度に複雑な組織をもつ内部環境が、外部環境に対してうまくコントロールされた対応を示しつつ、安定を維持しているわけである。脳に中枢をおく神経系統は、生体のあらゆる部分に制御機構を届け、環境を知覚したり適当な反応を刺激したりしている。しかし神経系統自身はいかなる行動も実践することがないのであって、行動を行うのは筋肉エネルギーを受けた四肢によってである。その上、高等生物では反射能力を育てたり、脳に過去の情報を貯えることによって、経験から学ぶことも可能である。そして過去の経験を新しい状況に対して応用したり、適応させることができるわけである。

しかしこうしたたとえ話をあまり深追いしすぎるのはよくない。出版社というものは、単にひとつの有機体であるだけではない。それは共通の目的のために組織された個人の集合であるけれども、人々はそれぞれに自己の個性と能力を抱いた人間であり、出版社の目的とは別個の目的をもった人間である。出版社の経営陣、ことに社長の基本的任務のひとつは、先ずしかるべき社員を採用することであり、次に採用した社員をして、継続的に能力を発揮させることである。

出版社に働く人々

我々は出版社を構成する種々の部門について、その任務と相互関係を見てきた。そして経営者が社員の士気を高め、成果を高めるためのスタイルとか手法とか態度といったものを、各部長の助けをかりながら伝達していく、そうした役割を検討してきた。この任務が、実際にどんな風に営まれるかを語ることは極めてむづかしい。たとえば経営者が朝、会社に入るときどんな顔をしていたか、彼が幹部や若い社員に話したり、返事するしかた、彼の書く手紙やメモの調子、彼の会議の取り仕切り方、重要な決定に社員がどの程度発言を許されるか、どんな風に成果が認められるか等々といったことすべてによって、社の業績は影響されるのである。結局のところそれは、経営者が自分の仕事をどう考えているか、また個人として同僚（社員たち）にどのような態度で接しているかにかかっているといえよう。出版の仕事が彼の生活の最も大事な部分であることは疑いないが、彼が自分の仕事に打ち込めば打ち込むほど、社員を組織の単なる歯車と見るのではなく、人間として考えなければならないのである。社員たちに最高の成果をあげさせ、彼らのいやがること、得意でないことをさせたりしないためには、人間でなく組織の方を動かして調整することさえ、しばしばありうるのである。もちろん経営者の寛容にも限度がある。業務は遂行されねばならないし、しかもよりよく遂行されねばならない。そして経営者がもし、自分の設定した目標とか態度を社員にうまく伝達することに成功し、また能力と個性が見事に組み合わされた人材を採用することに成功しているならば、彼の仕事はうまくいくにちがいない。

出版社にはじめて入ろうとする新人は、社内でどんな仕事をさせられるかよりも、自分がどんな種類の出版社に入ろうとしているかの方に関心をもつべきである。なぜならば、同じ出版社の中でひとつの業務から他の業務に移ることは可能であり、とくに経営者や部長たちが新人の育成に関心を抱いている出版社の場合には特にそうだからである。またそうした関心をもつことは、経営者や部長の地位にある者として当然であり、それが彼等の任務の重要な部分をなしているのである。賢明な出版経営者や部長は、部下に出版のいろいろな業務の経験を与えるよう最大の努力を傾け、彼等の好みや能力に従って可能な限り次々と違う仕事に配置転換をするであろう。今年の新人は、翌年はもう専門家である。彼等は他社に移ったり、定年になった経験者と入れかえる可能性をもった人々であり、また社が拡大したり、新たに開発して生ずるであろう新しい業務を担当する可能性をもった人々なのである。

さて大部分の出版社の人的構成は、次のようになっている。

(1) なにかひとつの専門業務を習得しつつある新人若干名
(2) それぞれの業務の専門家若干名、および、ある業務の専門家であり、その他の業務の知識をもっているベテランのプロ若干名
(3) 自分の専門領域についてよく知っているとともに、出版事業全体についてもひろく知識をもっている部長たち
(4) 経営者およびその直接補助者たち

一見してわかるように、専門性は(1)から(4)に進むにつれて減少する。社の業務の大部分は、第(2)グループの専門家たちが担当しているといってよい。もし彼等の選択を誤らず、よい訓練を与えるならば、彼等がその専門分野について、部長よりもよく知っていることは大いにありうるところである。まして彼等が専門的な知識において経営者より詳しいのは当然のことと言わなければならない。経営者は出版社のどれかひとつの部門での勤務を経てその地位につくことが多いであろう、編集部、販売部、時には経理部など。しかし経営者が出版のすべての業務に専門家であることは不可能である。経営者はそれぞれの専門家たちを信頼し、

それに頼るべきなのである。経営者の役割は、彼のもっているひろい視野および特殊な状況への対処のしかたとか、社の目標についての知識を活かして、専門家たちの活動に方向づけを与えることにあるのである。

近年、出版職員の訓練に多大の関心がはらわれてきたが、これは主として書籍出版産業が急激に拡大し、あらゆるレベルでの優秀な人材をより多く必要としていることがわかったためであった。勿論、問題はある程度までサラリーの問題であるということができよう。職業としての出版は人々にとってつねに魅力あるものと思われてきたが、それは本に対する関心が一般に高いためであり、また出版というものにまつわる威信のためでもあった。そのひとつの結果として、他産業の同等の地位に比べて、出版産業における給与レベルは若干下廻っていたわけである。しかしいまや出版は大企業化し——少くとも若干の出版社は——優秀な各種の出版専門家に対する求人競争は熾烈なものがあるのである。

出版職務に関する教育、研修計画は人材の供給を増加し、おそらくは求人競争の圧力を減少させるであろう。そして教育研修を受けた上で採用された人々が、より能率的であることは当然可能だし、また費用がかかり、多忙な先輩の時間を奪う社内訓練の必要を減ずることもたしかである。アメリカ書籍出版協会とアメリカ大学出版部協会は、これまでこの問題に多くの関心を払ってきたし、イギリスの出版協会も同様である。英国では全国小売書店連盟にそのような職業訓練の先例がある。毎夏ラドクリフ大学で催されるような出版教育短期講習で、出版について学べることは沢山あると思うが、しかしいろいろなところで計画されている、より詳細かつ野心的な研修が実際に役に立つとは私にはどうしても思えない。出版は数学とか政治学とか古典学のような知的な学問そのものではない。それは活動であり、過程なのである。出版というものを、その本来の意味を失うことなくどこまで抽象化して型通りの講義形式で提供できるかといえば、大変限定されざるをえないであろう。たとえばテニスやゴルフの練習を考えてみればよい。本や講義によってわれわれはある程度の知識を得ることができる。しかしいずれは外に出てボールを打たなければならない。その時にも、よいコーチがわれわれを助けてくれるであろう。しかしとにかく、自分の打球を改善しうるのは自分自身でしかないのである。

したがって、すぐれた人材が、他の産業に迎え入れられるように、出版の世界にも迎え入れられなければならない。魅力ある機会が与えられなければならぬし、そうした機会のあることが知られる必要もある。知的で、動機づけがしっかりし、十分な学歴をもった有能な士を選び、全力投球にふさわしい仕事を与え、給与と権限を向上させることが必要である。これは出版協会の仕事であり、各出版社の仕事であり、またとくに社内の採用とか昇進を扱う管理者の仕事なのである。

給料や附帯給与のことは別として、職務を魅力あるものにするために、出版社が社内でできることが沢山ある。そして社内のそうした利点というものは、入社希望者のあいだに意外とよく知れ渡るものなのである。その上、社内の訓練計画や昇進計画がよくできていれば、全社員の態度や動作に影響を与え、士気が高まり、プロとしての自覚が強まる結果となるのである。ここではいくつかの可能性を示してみよう。

1 新人のために〝訓練生〟という職務を設け、専門家の指導の下でいろいろな経験を与えるよう特別の努力をする。

2 各部ごと、またはいくつかの部の協力で、出版の各種業務について一連のセミナーを勤務時間内に組織する。そのようなセミナーは訓練のためだけでなく、各部間の意志疎通のためにも大変有益であって、経験豊かなベテランも、比較的若い層もともにそれから利益を得るであろう。さらに、セミナーの講師になるために素材の準備をする社員にとっては、自分の日常業務を再検討し、組織立てて考えてみる機会になるわけで、その結果は業務の改善につながる可能性が大きいのである。

3 公私さまざまな形で存在する出版社のグループ活動、たとえば出版広告クラブ、著作権担当者懇談会、編集者昼食会、児童書協議会といったようなものに社員ができるだけ参加するよう奨励する。

4 書籍出版協会の大会（とくに関係ある事柄について討論会や講演会があるとき）および経理、市場分析、製作技術等々特定の話題に関する集りに社員を送ること。また書籍出版協会の各種委員会の会合に参加することを奨励し、できれば委員に選ばれるよう働きかけること。

5　部内の会合やセミナーなどで、若い社員に自分の考えを発表する機会を与えること。先輩たちは必ずしもあらゆることを考えつくしたわけではないのである。

6　業界誌に論文を書くよう社員に勧めること。

以上のような項目を数え立てるなら、もっとあげることも可能であろう。しかし右に示した諸項目で最も大事なことは、そうした諸活動が経営者の社員に対する態度そのものを示しているということである。そのような雰囲気の中で働く社員はいつでも自分の業務を改善しようと努力するし、やった仕事に誇りをもつであろう。そして言われた通りにやることだけで満足し、目先の仕事の細かいことにだけかかずらっている社員よりも、より多くのエネルギーと想像力を発揮するであろう。そうした社員たちであれば、たえず自己を啓発して行くから、誰かが辞めた時でも代ってその仕事を担当する者が容易に社員の中からみつかるにちがいない。できるだけ部内から昇進させるのが望ましいなどとことさら言わなくても、自然にそうなる。社内に正しい社員開発計画があってはじめて、社内昇進はいつでも可能になるのである。

管理者たる者は、部下社員がよその社にとられるのを恐れて、協会の会合にも出席させないようなことであってはならない。すぐれた人材を確保するために努力するのは正しいが、そうした人材を世間からかくそうとするのはナンセンスである。すぐれた人材は、自分がかくされたままであることを許さないし、もし彼をかくそうとする腹でも見せれば、遠からずやめてしまうであろう。またかりに社員の誰かが、他の社のよい地位にありついて転出したとすれば、それは残った人々に機会と励ましを与えることにもなるのである。事実、時にはすぐれた人材を失うことが社のためになることもある。一方で損失をこうむるけれど、業務の再編成をしたり、社員の昇進をはかる機会を得るという意味においてである。小さな出版社の質を測定するには、その社の出身者が他の出版社の高い地位にどれだけ沢山転出したかを見ればよいとよくいわれる。トップが固定している小さな出版社のばあい、まさにトップがつまっているというだけの理由から、ミドルおよび下級社員が一定の転出をすることが予定されねばならないからである。そしてこのようなばあい、〝あそこで修業するといいぞ〟という評判を獲得することは、その小さい出版社にとっても有利なことであるといえよう。すなわち、若い人々が、先輩の指導を受けて、知識と経験を積むことができ、他の出版社が重要なポストの適任者を探すときに目を向ける、そうした場所になることである。そのような評判が立つと、優秀な人材が絶えずひきつけられてくるので、管理者は一方で社員の流出や新人の訓練に悩まされはするものの、新人がもちこんでくれる新しいエネルギー、新しいアイデアを手に入れるという見返りの利点をもつことができるのである。

さてわれわれは本章の最初で出版社をとりまく外部環境を見、つづいて標準的な出版社の内部組織をその業務運営と管理の両機能に照して検討してきた。そして最後に、各種出版業務に従事する個人としての人間について考察してきたわけである。こうしてわれわれは一般から特殊へと進んできたのだが、この章を終るにあたって、次の考えでしめくくるのが適当と思われる。すなわち出版社というものは、それがどのようにうまく組織されていようとも、社員団を構成しているひとりひとりの人間、その活動が社の生命を産み出している社員ひとりひとりの能力以上の存在にはなりえないということである。私は単に社員の出版技術の質を言っているのではない——そうした技術も大事にはちがいないが——社員ひとりひとりの人間としての質を言っているのである。出版は彼等の人生の重要な部分であり、出版社とその刊行書籍は、彼等の労働の表現そのものである。技術のことは全く別にして、彼等の人間としての質は、出版社がわれわれの全社会生活の中でその役割を果すとき、社全体のあり方に反映しないではいないのである。

訳者コメント

本章で説かれているところは洋の東西を問わず、出版事業に共通した問題であり、読者はおそらく、アメリカ出版人の考えるところが、あまりにわれわれのそれに近いのに驚くことであろう。

ただ個々の点で仕事のすすめ方に多少差があるので、読者の理解に資するため説明しておこう。第一は、デザイナーの守備範囲である。欧米の出版社では、デザイナーは本文のレイアウトまで担当するのであって、カバーだけ作っている日本のデザイナーより範囲がひろく、結局物理的な本造りのデザイン的なものは、すべて責任を負っているということである。これに対し編集者の方は、内容（印刷の視覚的なものは抜きにして）についてだけ責任を負っているのである。

第二に、販売の方法である。日本の取次に当るものがないため、どの出版社も何千軒という小売書店を直接に得意先とし、郵便注文、郵便発送が主体となる。販売促進のためには、広告・書評用献本・パブリシテイ献本・ＤＭ・展示等に大変なエネルギーをかけざるをえない。取次→小売店のいわゆる正常ルートを自動的に流れる物流化した日本の送品が問題になっているが、全くそうした自動的流れをもたない欧米の流通方式もまた大変非能率である。

第三に、日本では取次制のこともあって、商品の取扱いは営業部でなされることが多いが、欧米ではここで説かれるように、経理部で扱われることがある。これは何千軒という得意先の信用状態を管理し、送品すべき相手と、断らねばいけない相手とを鑑別する得意先チェックが必ず一段階はいるため、むしろ売掛金を扱う経理部の方が便利だからであろう。取次が、支払いについてすべての責任を負う日本は、彼等からすれば夢のようであろう。

以上の三点を除けば、大体はあまりの相似性に驚くくらいである。組織が大きくなった場合の部門別組織などの記述も、大体においてわれわれが実践しているところと同じである。たとえば東大出版会においても、いくつかの専門編集部が、あたかも事業部の如く独自に活動し、デザインを含む製作部、販売部、経理部等が共通サービス部門をなしている。製作ないしは経理の部門が共通サービスであるために、生産点である編集部門とのコミュニケーションが、とかく円滑を欠き、不満の出ることが多い。とくに製作部については、生産過程が複雑であるだけに、編集、製作双方から苦情が多いが、ともあれ、本章の記述のとおり、大量発注の利便と統一コントロールを考えれば、製作段階から以下の共同化は中規模の出版社までは避けられないと思う。

ただひとつ、極端にちがうのは、対職員関係であろう。日本では、出版労連のリードのもとに、企業内組合を設けることが多く、しかも労連の指導によってかなり強力な労働運動が続いている。欧米では、出版社の社員のように知的な仕事においては組合という考え方はなく、全く事情を異にしている。印刷工などは、職業別に細かく組合が出来ていて、産別賃金が州単位で決ってくるから、むしろ州内では平等競争で気持がよいが、出版社では、組合運動というのは余り聞かない。去年、アメリカの大出版社、ハーパーで、下級社員の賃上闘争がはじめてストの形をとって注目されたが、まだ一般化するに至ってはいない。日本の場合は企業内組合として、全体的賃金レベルの向上に大いに貢献したが、その結果、会社側が大いに追込まれており、量産出版に向う契機を助長している点、組合運動としてもむづかしい所にきていると思われる。また出版社労賃の非常な急騰に対し、下請関係や、著者からの反ぱつが現れているのである。

ともあれ、出版社を担う経営者の個性、力倆は、結局出版社の成果に現れずにおかない、という点は東も西も同じであろう。出版社のトップに要求されるのは、あらゆる人間的要素、能力、気力であり、全人間的キャパシティが試されるという点で、面白くもあり、恐ろしくもある立場であろう。洋の東西を問わず、所詮経営は人なのである。

第三章　業務の流れ・つながり・決定

われわれはこれまで、ひとつの出版社をめぐる外的・内的環境について、たとえば著者、読者など、もろもろの外からくる影響、および社内の組織とその調整等、あたかも出版社を一個の有機体のように、描いてきた。そしてそのばあい、有機体が外的、内的環境との一種の平衡状態の中で生存しているものとして描いてきたわけである。しかし、出版社というものが全く静的な平衡状態にいるのでないことは明らかである。環境の方がたえず変化しているために、その機能を常に調整しなければならない。そうしなければ、死滅するほかない。また出版社が生命を維持していくためには、継続的なエネルギーの流れ(新刊書とか資金とか)が不可欠であり、その流れを制御するための諸決定が必要である。

時の流れにつれて出版社は変化する。それは外的環境の変化に応えるためのばあいもあり（著者の新しいアイデア、教育体系の変更、新しい技術、競争、読者の好み等々）、また内部の変化に応えるためのばあいもある（人事の異動、編集理念の変化、経営方針の変更、新しい資金管理法等々）。出版経営者の本来的な任務は、こうした変化をコントロールすることであって、変化を抑止することではない。なぜならば、変化こそ存続のために必要なのであって、むしろ経営者が変化を起させるために刺激を与えなければならないことさえ、しばしばあるからである。ともあれ、短期、長期の経験に照し、また目指す目標との関係において絶えず行動を調整しながら、大小さまざまの決定によって変化を制御し、方向づけることが必要なのである。

最終的な目標が、投資に対して一定の利益をあげることであれ、好ましいスピードで事業を成長させることであれ、なんらかの思想を普及することであれ、教育・研究活動を出版によって助けることであれ、またこれらの目標や目的のいくつかが組み合わさった場合であれ、ともかく最終目標は、より具体的で短期的性格の多くの決定によって表現されることにならざるをえない。今年新刊を何点出版するか、在庫をどのレベルに抑えるか、どの程度まで販売実績を上げなければいけないか、どの本、あるいは、どんな種類の本を出版するかなどである。こうした決定は、おそらく年間予算との関係もあって、一定の時までになされなければならず、そのあとでも再び検討されて変更が加えられるであろう。個々の原稿に対する採否の決定は、年間採択計画全体をにらみながら、一年中定期的になされるのがふつうである。また、広告予算に関する重要な決定は、おそらく年に二回、二つの出版シーズンごとに（春と秋。出版はこれら二つの販売シーズンしかもっていない）* 年間予算との関係において下され、年間予算は必要に応じて調整を受けることになる。さらに、一点一点の本について、数えきれないほどの細かい決定がなされなければならない。原稿の採否、契約条件、編集上の問題、判型、定価、印刷部数、販売戦略等々。個々の本についてのこれらすべての細かい決定がより集って、全体としての出版の成果、出版社の歴史を作り上げることになるのであるから、個々の決定が、しっかりした全体的出版方針にもとづいて、一貫性をもって与えられることが必要なのである。

会社全体としての出版事業と一点ごとの出版

出版社の経営は、かなりの程度まで一般の事業経営と似ており、他の事業で用いられる法則とか慣習は、出版経営の場合にもあてはめることができる。たとえば資本投資、在庫管理、資金ぐり、掛売り、人事管理、経営管理組織等々といった問題についてはである。だから出版経営者は、経営学の教科書から学ぶことが多いし、成功した出版経営者の中には、他の商売から出版の世界に移ってきた人もかなりあるわけだが、一方

*（原注）　春、夏、秋の三つの出版シーズンをもつ出版社も少数ながら存在する。

でこうした類似性を認めることに対するためらいも存在している。というのは〝本というものは特殊な商品であって、出版業は他の商売とはちがうのだ〟という感じがあるからである。なにか特定の問題について助言を求めるために招かれた会計士や経営コンサルタントが、いつでもまず聞かされることは〝出版は他の商売とはちがう〟ということであり、これは彼等のふり廻す標準的な法則とか手続きといったものが、必ずしも出版にはあてはまらないぞという、一種の警告のつもりなのである。たしかにもっともな節もある。出版は他の商売と同様、一種の事業にはちがいないが、ほかの大部分の事業と大いに異ったところをもっていることも事実なのである。

第一に、出版はその文化的な性質のために異っている。たいていの出版経営者は、いかなる種類の本であれ、本というものの文化的役割を強く意識しており、彼等が下す決定は、商売上の判断と同じていどに文芸上、またはその他何らかの文化的意味あいにもとづいてなされることが多いのである。また商売の立場で考えても、編集者として最もすぐれているのは、変にビジネス的関心をもった人間ではなくて、時代の動向に敏感であったり、世間の傾向に対しフィーリングをもった人間である。出版経営者の社会的役割は、事業経営の手法を用いて、書籍を通じて文化を支え、伝達することと定義しうるであろうが、実際には、事業経営の手法は、しばしば軽視され、無視されるのである。勿論、出版の目的を論じた章で述べたように、あきらかに商売としての意識の強い出版経営者や出版社はあるけれども、金だけが目的という出版経営者は少いのである。

しかし〝出版が別物である〟第二の理由がある。それは一点一点（あるいはひとつひとつのシリーズ）が、新しい冒険だということである。それはある意味では新しい事業をはじめるようなものであって、会社全体から見れば同じパターンで考えることのできる問題も多いが、全く別の考慮を必要とする問題も多くふくまれているのである。出版社は一連の刊行物によって、その社の刊行内容を形成していくが、その一点一点のために、特別に企画を立てたり、原稿審査をしたり、出版契約を結んだり、編集したり、デザインしたり、印刷造本したり、販売したりしなければならないのである。そうした各段階における作業の進みはまた、一点一点がもっている多くの個性によって影響を受けざるをえない。一点一点が異なる著者と異なる読者（異なったマーケット）をもっている。それを出版するためには、一点ごとにひとつひとつちがった決定を、個々に下さなければならない。しかも与えられたわずかな情報、たとえば何人かの編集者の判断とか好みとか、大衆に歓迎されるであろうという、頼りにもならぬ予感といったものにもとづいて決定を下さねばならないのである。とにかく、出版すると決めた根拠が何であれ、出版することになった以上、その後の一連の決定が必要になる。すなわち、準備作業（印刷原稿の完成）、パッケージング（デザイン）、製作（部数決定をふくむ）およびマーケティングなどについての決定であり、一点一点の出版がまるで別々の事業でもあるかのようである。

さてここで、私は若干の新しい用語を用いたいと思うのだが、それは便宜のためであって、科学的な恰好をつけようという魂胆からではない。それはマクロ出版とミクロ出版という言葉である。マクロ出版は、出版社およびその刊行物全体に関連するすべての問題をさしており、ミクロ出版は、個々の本についてのもろもろの決定に関連する問題を意味している。これらが用語として熟していないのはわかっているが、それでも意味がよく表わされているし、ふつう用いられている用語はどれも正しくないように私には思われる。たとえば、マクロ出版という代りに総出版《ゼネラル》という用語が使われるが、ゼネラル出版という言葉は、一般書の出版、あるいは専門的出版（学術書や教科書など）以外の出版という意味で用いられることが多い。ミクロ出版に対してわれわれは、一点出版《タイトル》ということもできるが、この言葉も熟していないことは同じであるし、マクロ出版のような反対語をもっていない。それに、マクロ出版、ミクロ出版を用いれば、すでに定着した用語であるマクロ経済（経済全体をふくむ）と、ミクロの経済（全体経済の中の特定のマーケットだけを意味する）という言葉からその意味を連想することもできるのである。さてどの出版社も、これらマクロ出版とミクロ出版の双方にかかわっているわけであって、出版経営者の主たる任務のひとつはこれら二つの、たがいに密接に関連しあう、興味深い事業活動を調整することなのである。

ところで読者は、出版社がミクロ出版に努力を集中し、個々の出版企画を次々と成功させさえすれば、それで十分であって、そうした企画の集合が出版社を成功させるのだと考えるかもしれないが、残念ながらそうした考えは正しいとはいえない。むしろ多くの場合、それは全く不可能なのである。なぜならば、個々の企画が成功するためには、ふつうそれを実行するために、よく組織され、巧みに運営されるマクロ出版面での活動が必要なのであり、一点一点が他の本の成功という基礎の上にのって作られていくのであり、また全体的な刊行計画の一環として、各部門のプロたちの手によって注意深く扱われてこそ、はじめて能率よく、効果的な制作・販売が可能になるからである。もちろん例外もある。私家版として出版した本がベストセラーになったり、教授が謄与版で作った講義ノートが定評を得たりといった具合に。しかしほとんどすべての本が、マクロ出版とミクロ出版のよく調和のとれた努力を必要としているのであって、またそれから利点をこうむらない本は事実上ありえないのである。第一表には、マクロ出版とミクロ出版のそれぞれの関係事項を一部表示した。

第一表

マクロ出版	ミクロ出版
企画編集方針	個々の原稿についての編集的判断
原稿整理基準	実際の原稿整理
デザインについての基準または方針	個々の本のデザイン
製作原価と品質の管理	個々の本の制作のための手配
広告宣伝の予算と方針	個々の本のための広告宣伝計画
全刊行物の販売に関する分析と計画	個々の本の販売のための背景あるいは計画

定価方針	個々の本の定価
在庫方針	個々の本の印刷発注
人事に関する方針と管理	
印税方針	印税率
組織機構	
割引基準	割引率適用
予算と資金管理	
著作権・その他諸権利	副次権（例ブッククラブへの販売可能性）

第一表から明らかなとおり、マクロ出版は主として出版社のトップマネージメントの責任である。取締役会とか理事会とか株主総会は、決算報告、ことに貸借対照表と損益計算書に非常な関心をもっているが、これらの報告書は大体においてマクロ出版の側面を代表しているのである。これらの機関は、その社が新しい分野で仕事をはじめる（たとえば少年少女ものをはじめて出版する）とか、新しく重要なシリーズものをはじめるといったような、編集企画方針にかかわる全般的問題については審理することを要求するであろう。しかし個々の企画については、特別な場合（ベストセラー本とか受賞した本など）以外には関心をもたないのがふつうである。このように、マクロ出版に多くの注意を払うのは、これらの問題について窮極の責任を負っているトップマネージメントであるということができよう。

しかし出版社の成功が、刊行する本を選択し、能率よく制作し、一定の読者を対象にうまく宣伝するといったミクロ出版の成功に相当部分、依存していることもまた事実である。日々の仕事が進む中で、ミクロ出版に関する無数の決定がなされている。たとえばある原稿について、編集者が閲読報告書を書くとき、原稿の採用が決り、出版契約書が準備されるとき、デザインが決められるとき、印刷所と契約が結ばれ、広告・

販売の計画がたてられるときなどの諸決定である。出版経営者は、ミクロ出版におけるこのような数多い決定や活動を、そのマクロ出版に与える影響を常に意識しながらコントロールしていかなければならないのである。

ところで、ミクロ出版の決定がマクロ出版の枠組からはみ出さないよう、マクロ出版的考慮の影響をうけるからといって、マクロ出版とミクロ出版とのあいだに、本来的な対立が存在するわけでないのはいうまでもない。しかしこれらのどちらの領域も非常に込み入っていて、不断の注意を必要とするから、出版社がいかなる大きさのものであれ、一人の人間が両方の領域をうまくこなすなどということは不可能ではないとしても大変むづかしいことである。マクロ出版とは、第一表のマクロ出版の欄でたびたびその言葉が用いられたように、方針の樹立であるといえるかもしれない。しかし単に方針を樹立し、その範囲の中で仕事をするというだけでは十分ではないのである。方針はマクロ出版的考慮とミクロ出版活動からの必要に照して常に再検討されなければならない。だからマクロ出版それ自体がひとつの活動であり、行動であって、静態的な監督とか方針決定といったものではないのである。二つの領域のいずれにも、常に注視しコントロールしなければならない一種の流れがあって、それらはまた、たがいに大きな影響を与え合っているのである。ミクロ出版では、編集・デザイン・製作・宣伝販売という各段階を通る個々の本の流れがある。これに対してマクロ出版では、現金の流れ、在庫の調節、事業費のかけかたおよび新刊重版の比率など、結局、人材確保のための投資をふくめて、全投下資本のコントロールを多くの局面について行わねばならないのである。

このようにマクロ出版の管理者は、ミクロ出版にも深くかかわってこなければならないけれども、あまりそれにかかわりすぎて、マクロの機能を無視するようであってはならない。彼は一点一点の出版について、その質と量、それに進行状況を常に監視し、再検討しなければならない。そしてその際、諸方針を改訂し、各種の予算を決め、人の増減や配置転換を行い、全般的な指示を与え、また時に必要があれば、ミクロ出版の領域に干渉する形で決定を下すことによって、ミクロ出版活動を調整するのである。したがって、出版経営者が全体管理者として、彼の主要任務であるマクロ出版を効果的に運営するためには、必要な場合、ミクロ出版のいかなる部署にも代って処理しうるだけの能力をそなえていなければならないのである。

出版経営者が、たとえ小さな出版社であっても、権限の委任をし、日常の出版活動のほとんどすべての実践を部下に委せなければならないことは明らかである。しかし権限の委任ということにさえ、マクロ出版とミクロ出版の問題が出てくるのである。経営者は、編集長と編集部員、デザイン部長とその部下、製作部長とその部下、宣伝販売部長と部下の販売および広告の専門家、また経理部に所属する注文処理担当者等に、ミクロ出版の諸問題を権限委任するであろう。これに対しマクロの出版においては、経営者は出版社全体に対する最高責任者としての責任をとるであろうし、とらなければならないわけだが、彼は全く自分一人の判断に頼って行動するよりは、マクロ出版のある部分を他の人々に委せる方を選ぶであろう。

そのような権限委譲の例として、最初にくる最も明りような仕事は資金管理であって、これは財務(経理)部長あるいは経理担当副社長の主要任務とされるのがふつうである。この分野については、経営者はまた監査役とかその他の専門家、たとえば銀行家などからも助言を得るであろう。また人事管理のようなマクロ出版の仕事においては、経営者はその実際の運用を誰かに委任するかもしれない。そして大きな出版社の場合には、スタッフ的機能をもった個人またはグループを設けることが望ましい。すなわち、マクロとミクロいずれの面でもいかなる個別実務をも担当することなく、もっぱら全社的立場で調査し助言する、そうした機能である。そのような正式のスタッフがいるいないにかかわらず、出版経営者は傘下の実戦部門あるいはライン部門の長たちと、密接な接触を保つよう努めるであろう。彼らはミクロ出版の仕事を効果的に遂行するために、マクロの諸問題をよく理解していなければならぬし、また担当部門について調査したり、マクロの問題について助言するなどスタッフとしての機能を高度に果しているからである。

マクロ出版の成果は、おおむねミクロ出版における無数の決定の結果であるといってよい。そこでわれわれはまず、個々の本に関してなされる一連の決定と、それらの決定の基礎となる情報について見ることにしよう。この手順は、いくらでも変型がありうるわけだが、大体次のとおりに概括することができよう。

(1) **執筆依頼**　これはふつう手紙や、内容説明書によって著者が書いてくる企画の説明をもとに、編集長が執筆を依頼するか否かを決定する。依頼する場合には、印税前払額を明示した出版契約書を同封することが多い。

(2) **原稿の採択**　非常に高名な著者の場合を除いて、原稿の最終的採択は、編集部が完成原稿、またはほぼ完成した原稿を読んだ上で、閲読報告書を提出するのをまって決定されるのがほとんどである。用心深い出版経営者なら、出版契約書を書く前に、通常は製作原価の見積りと、類書の販売経験にもとづく販売予測の提出を求めるであろう。この時点で、部数、定価、正味、印税率、広告予算、および諸経費の見積りなど仮の出版計画を立てておくことが望ましい。しかしこのことについては、第四章で詳しく論ずることにしよう。

(3) **副次権**　原稿採択の時点（あるいはそれ以前）から、副次権（ブック・クラブ権、一次および二次雑誌掲載権、映画化権、テレビ放映権、ペーパーバック権、その他特別版等の諸権利）の販売活動をはじめても早すぎることはない。副次権収入の見込みがあれば、その本の出版計画はより魅力あるものとなるが、これら副次権のどれか（例えばペーパーバック権）をあまりに早く売ったりすると、上製本の売れ行きを妨害したり、もっとあとで売った場合よりも低い条件で売る結果にもなりかねない。

(4) **デザイン**　造本については、出版計画が立てられた時点で、かりに決められているはずである。デザインの決定は美的センスと、製作能率および販売効果に対する考慮の総合である。多くの本は、さし絵や表紙などについて、特別のデザイン上の要求事項をもっている。著者の好みもしばしば計算に入れなければならない。

(5) **製作**　製作上の諸決定は、下請業者の提出した見積り、進行計画および仕事の質からくる要請、それに下請業者との過去の実績といったものを基礎に決められる。

⑹　**マーケティング**　広告やダイレクト・メール、弘報、販売業者への卸売等について詳細な計画が一点ごとに作り上げられる。販売部は、ゲラを読んだり、編集部の閲読報告書、類似の本についての過去の経験、またマーケットに対する勘などをもとにそれを作るわけである。

⑺　**出版部数・定価・正味の最終決定**　これらの点については、本が印刷される直前にもう一度検討するのが賢明であろう。そうすれば、書店側からの事前反応を参考にしたり、部内の（ことに販売部の）最終的判断を取り入れることができるからである。

⑻　**広告の追加あるいは削減**　書評の状況や出版した後、書店での販売実績にもとずいて。

⑼　**重版の可否**　現在の売れかたおよび将来の販売予測にもとづいて。これについては第四章で詳細に取り扱おう。

⑽　**定価および正味の変更**　マーケットの変化あるいは販売実績の分析をもとに。

最も基本的な決定が、出版するか否かの決定であることは言うまでもない。もしこの決定が編集的にも販売的にも正しければ、その他の決定の中にはそれほど問題でなくなるものもあるのである。逆にもしこの決定が間違っていれば、どんなにデザインをこらし、製作上に骨を折り、能率よく精力的な販売活動をしてみても、その出版企画を救うことはできないかもしれない。

ある本を出版すると決めることが、編集的判断としては正しいが、商売としては誤りである場合もあるであろう。その本が、知的あるいは文学的立場からはすぐれているとしても、もし出版経営者が販売見込みを過大評価したり、製作原価を少なく見積りすぎていたら、厄介な問題を招くことは明らかなのである。あるいは、よい本だし、大衆うけもするにちがいないとふんだために、印税条件のせり合いとなり、あまりに多額の前払印税を支払ったりすれば、かなりよく売れたとしても損をすることになるかもしれない。とは言っても、出版経営者が常に利益を生むであろう本だけを出版せよと言っているのではない。損をしても出版する理由は沢山ある。著者をひきつけておくためとか、出版経営者あるいはそのスポンサーの哲学を宣伝するためとか、学術の振興のためなど。しかし、もしその本の出版で損をすると思われるならば、出版経営者はできるだけそれを前もって予測し、適切な対策を講じるべきである。その本を出版することからくる利点が、予測される損失に値するものであることを、彼は判断できなければならない。またそのための資金をどこから手に入れるかが決っていなければならない。大学出版部その他の公益的出版団体は、しばしばこのような決定をしているのである。

ある原稿を採用したことが、編集的には正しかったが営業的には誤りであったという第二の場合は、マクロ出版の側面が無視されたときに発生する。たとえば、ある地質学の学術書はそれ自体としてはすぐれた本であるかもしれないが、その出版社がもしほかに地質学の学術書を出していないならば、恐らくそれをうまく販売することはできないであろう。他方もしその出版社が、地質学の分野で有名になろうとか、地質学に関する一連の出版をしようと考えているならば、地質学の重要な本を一、二点出すことは、将来の発展のために貴重な核となるであろう。また売れ足はおそいが、永い年月のあいだにはかなりの利益を生むと思われるよい本があったとしても、もしそれを出版することによって、運転資金があまりに多く食われてしまうなら、マクロ出版的にあまりプラスの結果は出ないかもしれないのである。

反対に、出版にふみ切ったことが商売としては正しいが、編集的にはどうもという場合もある。ただしこうした例は、そうたびたびは発生しないというべきかも知れない。というのは、ほとんどの出版社にとって、儲かりさえすれば、よい企画とみなされるからである。しかしどの出版社も、自社のよい評判は維持していかなければならない。そしていかがわしいしろものを供給する、あやしげな出版社になろうというのでないかぎり、損得だけで原稿を選び、公正な批判に耐えられない本ばかり出しつづけることは、結局は破滅につながるものと知るべきである。社員はやる気を失って辞めて行き、よい著者は、あんな出版社から出すものかとそっぽを向くであろう。一方、何でもかまわないから出版するという出版社もある。いわゆる〃虚栄《ヴァニティ》出版社〃で、最悪の部類というべきであろう。彼等の唯一の条件は、著者が金を出すことであり、しかもその額がとてつもなく高いのがふつうなのである。またポルノまがいの本を専門とする出版社もある。いうまでもなく、セックスや暴力記事にはけ口を求めようとする大衆におもねるものである。またいうまでもないことだが、大変に尊敬されている出版社でさえ、判断の誤りや趣味の悪さを犯すことはあるし、すぐ金になるという誘惑に負けることもあるのである。要するに、一冊の本を出版する上でのよい決定とは、ミクロとマクロ両レベルにおいて、編集上、営業上のもろもろの問題に関する十分な考慮を払った決定であるということができよう。

マクロのレベルで発生する最もありきたりの問題は、拡張のしすぎである。出版事業を営むには一定の運転資金がいる。そして事業が大きければ大きいほど、必要な資金量も大きい。事業をいついかなる時で切ってみても、資金は手もちの在庫書籍、著者への前払印税、売掛金（未回収の売上代金）、当座の支出にそなえる手持現金等に投下されているはずである。出版事業が拡大するにつれて、これら日常活動のためにより多くの資金が必要になる。もしこうした必要資金を自社の利益の中から十分な速さで生み出すことができないならば、どこか外から探してこなければならない、銀行から借りるなり、増資や社債の発行を通じて大衆から集めるなり。あるいはまた、会社それ自体を、資金力をもった大企業に売り渡すことによって、必要な運転資金を調達することもあろう。最近多くの出版社が、資金力をもち、彼らのいわゆる〃知識産業〃に興味をもつエレクトロニクス関係の大会社によって合併あるいは買収された。エレクトロニクス会社は、出版社を単に利潤源として見ているのではなく、将来、彼等のエレクトロニクス・チャネルで利用できる教育番組等の供給源として見ているのである。しかし一方、出版社の側にすれば、資金はのどから手が出るくらいほしいけれど、さりとて単なる番組のネタ提供者になり下りたくないと考えているのである。新しい技術と出版の関係については、後の章でさらに述べることにしよう。

編集作業の流れとマクロ出版の決定

われわれがすでに見てきたように、原稿ないし出版企画の採択ということが、ミクロ出版レベルにおける基本的な意志決定をなしている。後に第四章で見るとおり、そのためにはまた多くの営業的判断が加えられなければならないのだが、ふつうそれは編集上の決定と考えられている。しかし、ある特定の原稿を出版するか否かは、マクロ出版の文脈の中においてこそ決定されなければならないものなのである。この原稿採択というミクロ出版上の決定とマクロ出版の状況との関係を取り扱うのが、この節の目的である。

出版社に原稿をひきつけるのは編集部の責任であって、その社の将来にとって最も重要なことである。編集者たちは、社の必要としている本になりそうな原稿を探し求めたり、企画を開発するであろう。毎朝届く郵便物は、有望な原稿でも送りつけられていはしないかと熱心に吟味されるし、有望な著者による原稿の持込みもあとを絶たないであろう。出版社ごとに、また編集者ごとに独特の技術や習慣が形成されるにちがいない。たとえば一般書出版社は、著作権代理業者に依存する度合いが高いが、その他の出版社ではそういうことはない。教育出版社とか大学出版部では、大学の学部や研究機関と特別の関係を形成し、原稿の安定的な供給を得ているものもある。どこの出版社でも、生産性の高い著者との関係を維持することには熱心であって、とくに以前にその著者の本を出版していればなおさらである。

ここで大事なのは、出版社が一定水準の生産と、したがってまた最後には一定水準の売上げを実現しつつ、出版事業を維持していくために十分な量の出版可能な原稿が流入してこなければならないということである。出版社の各部門は、一定水準の活動をつづけるよう人員が配置され、組織されており、給与その他各部門の経費は黙っていても支出されていくのであるから、もし新しい原稿の流入がある期間をこえてそうした水準を下廻るならば、すべてが元のもくあみになるおそれが多分にある。そこで起り易いのは、出版社が流入する原稿の量に見合って採択基準の方を調節し、おおよそ生産能力を充すと思われる数字まで原稿を採用するということである。もしある出版社が一年に百点の新刊を出版するよう組織されているとすれば、どれだけの原稿が提出されたかにかかわりなく、ほぼ百点の原稿を採択するであろう。その際、原稿の質（どういう基準で評価するにもせよ）がどのようになるかは、自社の必要とする、よい原稿を引きよせ、また選び抜く編集者の能力次第ということになるのである。

提案される原稿（あるいは企画）が多ければ多いほど、また社の基準を適用して採択しうる率が高ければ高いほど、その社は選択の可能性をより多くもつことになるし、もし有効に選択機能が働くならば、その社の刊行リストの質は向上するであろう。他方、もしある社が出版計画を拡大しようと思うなら、選択の基礎になる採択可能な原稿の流入が拡大するよう刺激を与えなければならない。そうでなければ、以前には断ったような原稿をむざむざ採択するはめにおちいるであろう。拡大の時期には、質は下りがちである。賢明な経営者が、出版点数の拡大をあまり急激にしないのはこのためであって、より多く採択するよう要求する編集部の圧力に対して、彼は少しづつ譲歩するのである。出版社が内心では出版したいと考えている原稿を少しぐらい断ったとしても、それがその社の傷になることはない。そのような原稿なら、やがてどこかの出版社が採用して出版するであろうことを信じていればよいのである。これに反して、刊行リストを早く大きくしたいというあせりから採択された基準すれすれの企画が、出版社の名声や健全な財政をいちじるしく傷つけることは大いにありうることなのである。そうした企画は、出版されたあとで見るといっそう魅力に乏しく見えるのがふつうである。

というわけで、原稿の採択数に若干の余裕をもたせるために、出版社は少し人員不足の状態にあった方がよい。そして必要な仕事を達成するために、いつも圧力が感じられ、大いそがしといった状態の方がよいのである。ただしそれもバランスの問題であり、判断の問題である。不可能なことを要求してはならないし、無理な圧力があまり永く続けば社員のやる気をなくさせるし、仕事がだらしなくなるであろう。しかし大部分の人は、多少とも仕事の量的圧力を感じる方が最善の仕事ができるし、自分の能力を信用して下駄を預けられた社員は、それを達成することに誇りを抱くであろう。もしそうした圧力ないし仕事の負担があまりに大きいときは、臨時のフリーランスを手助けに用いることで、ピーク時の緊張を緩めることができるであろう。その上、原稿の選択に厳格性を要求することは、結果として刊行物の質を高めることになるばかりでなく、それ自体、社員の志気を高めるための活力たりうるであろう。なぜならば、全社員がその社の刊行物の質に誇りを抱くようになるからである。

選択を効果的に実施するのは容易なことではない。それは継続的に発生するひとつのプロセス——流れのごときもの——である。われわれは一年間に提案される原稿や企画、五百点とか千点を一度に集めて、その中から出版するものを選ぶことはできない。提案は流れのごとく絶えず行われ、それに対し決定がなされねばならないのである。定期的な会合をひらき、討議材料の準備をすませた原稿について検討した上、いずれを採択するかを決めるのが、ふつう最善の方法とされている。そして選にもれたものについては、いま採択できないとしたら、あとになってもおそらく採択される見込みはないから、はっきり断るべきである。原稿の中には、書き直して将来再び申し込むよう送り返されるものもある。ただしその際は、事実上新しい提案としてはじめから審査し直すのであるから、書き直された場合には必ず採択できるという、強い自信がある場合のほかは、著者に対する信義からいって、みだりに書き直しの依頼はすべきでない。

原稿の採択を決める定期的な編集会議の前に、非常に多くの仕事がなされなければならない。先ず第一に、提案された原稿の大部分はあらかじめ編集部員自身が検討し、断るものは断るのであって、会議には採択原稿の候補としてふさわしいものだけが提出されるのである。次いで編集委員会（その構成についてはここで問わないとして）または社長個人が企画採択予定とにらみ合わせながら、最終的選択をするであろう。ここで企画採択予定というのは、一年間に達成すべき一定の採択原稿数を意味している。そしてその採択は、採択する原稿の総数や、要求される迅速性にしたがって、毎月とか毎週ひらかれる一連の会議によってなされるわけである。それらの会議は、毎回適当な数の原稿が考慮の対象となり、互いにせり合った上で選択されるよう、十分な間隔をおいて催されるべきである。おそらく九〇パーセントは採択を期待できる原稿を、十から十五点といったところが望ましいであろう（前もって大部分の原稿がふるい落された上で）。そして会議は、決定が不当におくれないよう、十分な回数がもたれるべきである。しかし正規の手続きがどのようにきめられているとしても、緊急の場合に、事実上そうした手続きを破って作業を進める道もまた講じられていなければならない。最高の著者による最高の原稿は、待ったなしのことが多く、即座に決定しなければ、他の出版社にとられてしまうのがおちであろう。そのような例外がやたらにあっては困るし、よほど重要で緊急の場合にのみ限定されるべきだが、時にはそうした例外的取扱いがどうしても必要なのである。

編集委員会には、会議が招集される以前に、討議される原稿についてできるだけ情報が与えられていることが望ましい。その際、原稿の性質によって、報告書の種類も異ってくるであろう。たとえば批評家や技術上の助言者（とくに技術的内容をもった原稿について）の意見、原稿を支持する編集者からの報告書、販売対象に関する情報（とくに大きな企画や危険のともなう企画の場合には販売部からの情報がほしい）および出版プランという形でまとめられた製作原価と収入の見積りなどである。時間の節約のためにも、意志決定のための会議で核心をついた議論をするためにも、編集委員会は前もって、これらの情報を検討し、質問事項を準備し、あるいは結論に達しているべきである。しかし予定した会議までに、あるいは著者や著作権代理業者からの圧力で即座に決定するというときまでに、そうした情報のすべてを入手するのはむづかしく、時には全く不可能でさえあることはいうまでもない。そういう場合には、もし決定を次回まで延期できないのであるならば、出版人としての過去の経験や判断、熟達した即断力といったものを頼りに、不十分な証言だけで決定を下さなければならないであろう。

ところで、社長のほかに誰が企画採択の決定に参加すべきであろうか。大きな出版社の場合には、社長はこの原稿採択、企画決定の機能をさえ各出版事業部門の長に委せてしまうことがある。したがって、たとえば少年少女物出版部門とか、一般書出版部門の長は、事実上その部門で社長の役割を果すわけである。編集長が参加すべきであるのはいうまでもない。商業出版社の場合には、販売部長がこの会議で大きな役割を果すであろう。デザイン部門や製作部門は、特別に彼等に関係する問題がない限り、出席する必要はない。彼等は委員会に提出した製作原価の見積書によって会議に協力しているわけである。個々の原稿を支持し、採択を申請した編集部員は、自分の担当原稿が審査される場には参加すべきである。そして最終決定が下される過程のあいだ、担当者以外でその原稿を支持する編集者が、オブザーバーとしてでもよいから、同席することは大変役に立つであろう。そのようにして審査に参加したり、オブザーバーとして観察することは、彼等が将来、採択の可能性をもった企画を開発するために、とても有効なのである。とくに大きな企画や金のかかる企画を審査する場合に、経理部長あるいはその代理に参加を求めることは賢明といえよう。しかし予算からくる限界（資金量および刊行点数という形での）がよく認識されているならば、必ずしもその必要はない。ただし会議に出席することによって、経理部長は、たとえみずからミクロ出版の決定に直接発言しないとしても、そこから情報をえたり、ミクロ出版の実務に対する深い理解をえたりすることができるのであって、それは彼が資金運用というマクロ出版の仕事を遂行する上で大いに役立つにちがいない。

原稿編集・デザイン・製作までの流れ

原稿の採択がきまると、次にくるのは原稿編集の段階――一字一字、字句を編集し、印刷に廻すための完全原稿を準備するプロセス――である。そして原稿編集活動の管理とは、編集部員やフリーランス編集者の作業能力と特殊技能、デザイン部、製作部からの要求、また大変重要な進行計画といったものとの関係の中で、原稿の流れをたえずコントロールすることである。原稿編集部門の長は、一点ごとにこれらの諸条件を考慮し、個々の原稿編集者に割当てるのだが、その際、割当てられる編集者は、著者とのよき関係を維持しつつ、その原稿がひき起すいかなる問題をも処理できるのでなければならず、またクリスマスの販売シーズンとか、教科書採用シーズンに合せたり、ブック・クラブ版の出版時期と調節するなど、計画された刊行時期にうまく出版できるよう、デザイン・製作部門に原稿を引渡す能力をもっていなければならない。

原稿編集は極めてバラエティに富んだ重要な仕事である。その理由は、一冊一冊の本がその本独自の問題点をもっているからである。知的で、注意深く、弾力性があり、かつ敏感であるといった、すぐれた原稿編集機能は、出版社と著者との関係を良好にするために大変役に立つが、反対に悪い原稿編集の結果は、悲惨なことにもなりうるのである。社によっては、社内限りの編集基準を設けており、大いに役に立っているが、必ずしもいつも守られているとは限らない。その本に要求される技術上の知識と、著者のパーソナリティに対する敏感さを併せもつことこそが、原稿編集者には必要なのであって、それらに代用しうるいかなる公式も、一本調子の機械的作業もありはしないのである。

デザイン部門もまた流れの問題をもっている。そして原稿編集者と同じように、デザイナーも、出版社と著者の関係をよくも悪くもしうるのである。著者は自分の本について何らかのイメージを抱いているものである——少くとも緑色にしたいとか、緑だけはいやだとか。だからデザイナーは著者の希望をできるだけ充すようにつとめるべきである。そこで、原稿がまだ編集過程にあるあいだに、担当のデザイナーを決めるのが望ましい。そうすれば編集者は早い段階で挿絵、表、見出し、小見出し等についてデザイナーと相談し、著者の希望を伝えることができるであろう。時には著者みずから相談にくることもあろう。とくに図の扱いが問題になる場合には。しかしデザイナーは、著者以外にも喜ばせたい相手をもっている。とりわけ自分自身である。もし彼が芸術家であるならば——そして芸術家であるべきだが——訓練された彼の美的センスから考えて、その本を表現する〝そのものズバリ〟の姿というものが心に浮んでいるであろう。ただ読み易い本をデザインすることは容易だが、美しい本を作るには多大の苦痛としん吟が必要なのである。すぐれたデザイナーの想像力は、その本について著者が抱いているイメージと同じ部分もあるかもしれないが、おそらくそれを超えているであろう。それは一冊一冊の本に、その性格を表現し、その効用を高めるような個性を与えながら、書籍製作の偉大な伝統をそこに再現し、援用するであろう。そういう仕事を果しながら、デザイナーは印刷所からくる技術的要求と、製作原価を予算以内で抑える必要とをいつも考慮しなければならないのである。最後に、彼は販売部が満足するような本、とくにカバーをデザインしなければならない。本は一定の定価をつけて売るものであるから、デザイナーはたとえば三百頁くらいの本にするとか、図が入るので判型を大きくしなければならない等々といった概括的な指示をおそらく受けているであろう。しかしそうした要求は、デザイナーの抱く理想的な本作りのビジョンとくいちがうかもしれない。そのばあいデザイナーは要求を受入れて、その範囲内でデザインすることもできるし、あるいは社長や販売部長を、なにも三百頁でなくてもよいではないかと説得することも可能である。いずれにしても、製作の過程が進み、出版がタイミングよくいくためには、こうした芸術的かつ実際的問題が進行計画におくれないよう解決されていかねばならないのである。

原稿編集部の長が、原稿編集者への仕事の流れを管理し、デザイン部長（しばしばアート・ディレクターと呼ばれる）がデザイン活動の流れを管理すると同様に、製作部長は印刷所、製本所に対する仕事や資材の流れ、著者への校正の授受、および完成した本の倉庫への流れを管理する。すでに説明したとおり、製作部長の仕事くらい、他への注文の多いものはない。というのは、彼が進行計画の焦点に立っているからである。どんな大きさの出版社でも、製作部長には最低一人の補助者が必要で、その補助者が主として進行計画の維持を担当し、遅延や期限切れの追跡、計画の修正、関係部門への変更の通知などを果している。それによって著者に変更を知らせたり、広告の予定を組み直すことができるのである。すぐれた製作部長は、製作部の外で起きる問題に対しても決して油断していない。うるさい著者とか、ブック・クラブ権を公開する予定日とか、主要な広告・販売キャンペーンなど。そして進行予定を守るために、彼は大変な努力をするであろう。一方、著者の方は校正の返しをおくらせるかもしれないし（まことにもっともな理由のくっついてくることが多い）編集者やデザイナーが病気になって校正の処置がおくれることもあろう。そのようなおくれ（予定より早く進んだなどということは滅多にないのだが）は、印刷の各段階を通じて、予定した作業の流れを著しく混乱させるものである。このような流れを経て、ともかく最後に、出版社がその年の間に出版し、販売しようとしている何十万冊もの本がトラックによって、倉庫に運びこまれることになるのである。

販売部における流れと決定

販売部は、出版社が出版している本の流れ出す流出口である。すでに見てきたように、出版社の機能が、著者と読者を取り結ぶことであるとするならば、販売部の機能はその中の読者と本を結びつける方にある。このことは、販売部が売ろうとしている一点一点の本について、それを必要とする個々の読者に送り届けるためには、一点一点をよく知っていなければならないことを意味している。〝一般読者大衆〟、いいかえれば本来教育レベルが高く中層階級の上に属する人たちに売ることをねらった一般書（とくに小説）という大きなジャンルもあるにはあるが、大部分の本に対しては、かなりはっきりした予定読者が考えられている。たとえば釣の本は釣趣味の人に売るといった具合に。いやその〝一般読者大衆〟でさえ、ひとつのマーケットとして特定できないことはない。たとえばそれを知的レベルとか職業では区別できないにせよ、少くとも地理的な区分はできる。ワシントンからボストンに至る地域およびその周辺、ニューヨークとシカゴの中間および周辺、シアトルからロスアンゼルスに至る地区およびその周辺、その他、若干の主要都市の周辺に集中している都市およびその郊外といったように。

一冊一冊の本がそれ自身のマーケットをもっている。そして一点一点が新しい商品みたいなものだから、出版は特殊なのだと前に言ったわけである。しかし本は、そのマーケットにしたがって分類することができる。そしてこれが出版社に、専門分野ができる理由である。そこで専門書出版社は、医学・科学・技術および経営などの本のそれぞれのマーケットに売りこもうとして専門化するのである。彼ら専門書出版社は、すでにこうした本を流すためのチャネル、またこの種の本を必要とする専門家や、企業が設ける専門図書館へ情報を流すチャネルを確立しているのである。専門書出版社は、広告宣伝において何冊もの専門書を一括して扱うことができるし、特定のマーケットに対し、特別な販売努力をしても採算がとれるだけの新刊点数をもっているわけである。特定のマーケットを専門としている社は、他の社よりもその分野の特殊な専門書を余計に売ることができるであろう。同じことがその他の特殊分野についてもいえる。宗教書、少年少女もの、高度な学術研究書、教科書（各教育レベルごとに専門化して）、予約出版もの、百科事典等々。成年向け一般書の出版社でさえ、一種の専門家といえるであろう。〃一般大衆〃に売りこむことに専門化しているという意味で。

販売部はその本にふさわしい読者がいると思われるところには、どこへでもその本を周知させるよう努めなければならないし、書店、図書館、郵送販売など、読者が便利な方法でその本に接近できるよう取り計らわねばならないのである。本は主として書籍販売業者を経由して流れなければならないのであって、そうした流れを促すために、販売部は広告とか直接販売訪問によって販売業者に情報を与えているのである。このように、販売部が行う販売のための努力は、予定読者と販売業者という、二つの領域に分れることになる。大体書店というものは読者を誘引するための特別の努力などほとんどやっていないのがふつうであって、わずかに例外として本を店頭にディスプレイするとか、出版社と共同で広告を出すぐらいのことがあげられるにすぎない。そこで販売部としては、主として直接読者をめざした広告プランと、卸書店をふくむ販売業者を目ざした販売計画の両方を行っているわけである。

卸書店に触れたついでに、〃読者〃という言葉からちょっとはみ出るが、それと別の重要なマーケットをここで見ておこう。すなわち公私立図書館および学校システム、学校図書館をふくむ行政機関である。図書館は連邦政府と同様、大部分の本を卸書店から購入している。学校は教科書に関しては直接出版社から、図書館用図書に関しては卸書店からそれぞれ購入している。それらいずれの場合でも、購入者に対して出版社から情報を提供しなければならないし、教科書の場合、もし採用の結果、大量販売につながるとなれば、教官のために説明会を開くとか、特に用意したフィルムを見せるとか、多量の審査用献本を配るなど、大変、独特で大がかりな努力がなされるのである。

さらに第三の重要かつ興味深い領域が、外国販売である。イギリスは昔からアメリカの本にとって、よいマーケットであったが、第二次大戦以来、英語が科学・技術・医学の分野で世界語となったために、これら分野のアメリカの本は世界のいたる所で求められるようになった。その上、アメリカが世界の最強国になったものだから、あらゆる種類のアメリカの本の販売がひとしく重要性を帯びるようになったのである。それにはアメリカ文化交換局（ＵＳＩＳ）や国際開発局（ＡＩＤ）などの政府計画が貢献したともいえるし、一部はアメリカ合衆国についての関心、アメリカを知ることへの熱意が全般的に拡大したことが貢献したともいえるであろう。

これまでアメリカの英語の本をテキストに使うことがあまりなかった外国の教育市場もまた、アメリカの出版社に対して関心をもつに至っている。アメリカの教科書はますます利用されるようになっており、とくに大学と大学院レベルで、そしてとくにオランダとかデンマークのように教育程度の高い人たちがすべて英語を話し、自国語で出版するマーケットとしては相対的に小さい国々においてそうである。アメリカの教育方法に対して強い関心がもたれているので、いろいろな出版副次権を売ることができるのである。またアメリカの出版社のなかには、外国の出版社と合弁会社を作ったり、翻案した外国語版をみずから出版しているものもある（例えばラテン・アメリカ市場に向けてスペイン語で）。また特別廉価版が日本、韓国、インドその他アジア諸国で出版されている。これは台湾における海賊版に対抗するためでもあり、また外貨不足に悩む発展途上国における特別な需要に応えるためでもある。

外国への販売で興趣つきないのは、国際的諸事情との関係である。アメリカの本が外国で逢着する運命は、国際的通貨事情が変動するにつれて、またアメリカの政策が変るにつれて上ったり下ったりするのである。だから外国販売を担当する販売管理者は、国際的諸事情やアメリカ政府の計画の変化に即して対応するよう努力している。また世界のあらゆる都市で、書店やその他の人々と直接、接触を維持するために、旅行して廻るのである。

出版社から潜在的読者および国内・国外の書籍商たちに送るこれらの情報をうまく流すために、販売部では一定の仕事が定期的にくり返されている。すなわち、年二回の販売会議で、編集者たちから新刊書について販売部員のために、説明を求める。半年ごとにダイレクト・メールおよび広告計画を準備する。書店、大学、学校システムを訪問し、売り込む計画を立てる。各種政府機関を定期的に訪問する。印刷媒体、テレビ、ラジオに対するパブリシティ計画を作製する。図書館筋へ特別情報を送る。適当な会議で図書展示をするための手配をする。外国向け特別カタログを配布する。国際的図書展に出品する等々である。

さてわれわれの仕事の流れは、販売部活動の最後のひとつで完全にサイクルを完成することになる。それは出版社の名前を現在および未来の著者に印象づけることを意図した広告活動である。中央紙の書評頁というような一般的媒体に出す極めて華麗で金のかかる広告は、しばしばこのような意味あいにおいて重要なのである。著者のためにテレビやラジオへの出演をアレンジしたり書店のサイン・パーティを計画するなどのことも、同じねらいからであるといえよう。ひとつひとつの広告が販売のために本当に効果的であろうがなかろうが、著者というものはとにかく自分の本が広告されることを喜ぶものである。著者というものは広告を上手に使う出版社、さらには広告をふんだんに使う出版社に、自分の原稿を持込もうとする傾向がある。そこで販売部の活動の中には、一見、本を売ることをねらっているように見えるが、実際は著者をひきつけるためになされているものがあるわけである。勿論そうした広告が実売につながることを望んでいることもまたいうまでもないが。

最後に、このような販売部から書籍販売業者や読者への情報の流れ、販売部内での仕事の流れは決してすべて一定不変ではないということである。新しい本、違った種類の本が出版されるたびに、また市場それ自体が変るたびに、いうならば河床がいつも変化しつづけているわけであって、たとえばそのような市場の変化の例としては、読者の好みの変化、教育方法の変化、政府の補助するいろいろな事業計画の変化（教育・図書館・スラム街の再建等の計画）、人口分布や教育程度の変化、産業の発展や移動、大学の拡大、国際情勢の変化等々をあげることができよう。こうした理由から、販売部は出版業の中でも最もダイナミックで興味ある領域のひとつとなっているのである。

進行計画

一点一点の本について仕事の流れを計画することは、技術的には簡単である。すなわち、原稿から初校・再校を経て完成本に至るまでの製作諸段階が、一歩一歩前進する手順になっていて、複雑で手のこんだ生産計画の技法を応用する余地がないからである。しかしそうはいっても、進行計画が出版の中で最も煩わしい問題のひとつであることは事実であって、それは予定、とくに経営のコントロールのきかないところにいる著者（主として校正読みに関して）とからんだ部分における予定の不確かさに起因するのである。印刷所は見積りの提出と同時に、いつ組みはじめたらどのように仕事が進行するかという製作予定を提出するのがふつうである。あるいはまた、一定の日時までに完成させるために、逆算して進行計画を立てるよう要求されることもある。そのような予定計画においては、著者が初校・再校を校正するための時間が当然与えられている（同様に出版社内の編集者やデザイナーが、もし何かのために時間を必要とするならば、そのための時間も）。そしてその際与えられる時間は、製作部長が過去の経験と、編集者から得た知識（著者はすぐに校正にかかれるかとか、この著者にはどれだけの時間が校正のために必要かとか、校正はしっかりやれる人か、など）によって設定するのがふつうである。

大ていの印刷所は、もし校正がキチンと予定通り返されるならば、進行計画をかなりよく守るものである。しかしもし校正の戻りがおくれれば、印刷所内の計画がメチャクチャになり、本の完成は非常におくれることになるかもしれないのである。そうなるとこんどは、著者とのあいだがまずくなる。なにしろ著者は、彼の校正の戻しがたった三日おくれたために、本の完成が一ヶ月おくれることなど理解できないからである。さらにそれは、広告部門その他いたるところに問題をひき起す。だから事の最初から、校正段階でどれだけの時間が必要かを、著者との校正の授受に要する郵送日数や、社内で編集・デザインに要する日数もふくめて注意深く見積り、現実的かつ実際的なスケジュールを立てることが大事である。ここでは、スケジュールを守ることの重要さを強調し、スケジュールを破った場合にどれだけ遅延するかを指摘しつつ、著者と直接話し合う以外にいかなる便法もないのである。

しかし、かりに著者が予定どおりに校正を戻したとしても——この点に関して本当に著者にはピンからキリまである——こんどは社内でそれを取扱う編集者やデザイナーが、十分な時間をそれらの仕事にさけないということがしばしば発生する。そこで、著者や編集者が必要とする時間の見積りについては、過去の経験に照して検討することが必要であって、そのためには製作部長（あるいは部下の進行係）は、多くの本について製作の各段階に要した時間を記録しておくことが望ましい。このような記録から、一定の仕事に対する頁当り平均所要時間、とくに原稿編集と校正のための所要時間を算出することができるからである。そうした経験値をもとに、各段階の作業に対する適正な所要時間の見積りができるようになるであろう。

ところで基本的なむずかしさは、どの本も非常に急いで作らなければならないということにあるのであって、例外は滅多にない。ひとたび原稿が完成すると、著者はタイミングのよしあしも考えず、直ちに本にしたがるものである。もっともその本を書くために十年も費してきたという場合もあるのだから、当然ともいえる。出版社員、とくに編集者の方も同様にその本にすっかりのめりこんでいるから、できるだけ早く本の姿を見たいと望んでいる。これもそれ自体は大変結構なことだ。一般的にいって、本の製作段階はより早く、よりスムーズに進むほど費用のかかり方が少いのであって、進行がおくれると、校正段階での書き直しという金のかかる事態をひきおこす。しかしだからといって、どの本も特急列車で予定を組むわけにはいかない。そして速度の早い予定ほど崩れ易いものである。どれを優先するかが決められなければならないし、特急列車の数は適正な範囲、おそらく全体の五パーセントくらいにとどめられるべきである。

どのような形で進行が予定されるにせよ、他に優先して進められる急ぎの本が出てくることが考えられる。一定の出版タイミングをもっているとか、大事な著者からの圧力に答えるためとかの理由で。クリスマスのシーズンまでに準備しなければならない本とか、ブック・クラブの選択に間に合わせる本とか、新学期に間に合わせるための本など、時期の制約のある本の場合、しばしばスケジュールを逆算して立てることがある。すなわち、望ましい刊行日から逆算して、それぞれの段階に必要な日数を割当てるのである。このやり方は、時々厄介な問題をひき起すし、時には間道を抜けることが必要になったりする。たとえば著者と編集者が印刷所に出向いて、校正刷りが出来たところで片っぱしからチェックし、断片的にふたたび植字に返すようなことをするかもしれない。そのような間道づたいは危険だが、時にはやむをえない。しかし特急スケジュールの下では間違いが起りやすく、その訂正には多大の金と時間がかかり、または全く訂正不可能なこともある。そのように急ぎのスケジュールでは、質が犠牲になり易いが、質を犠牲にすることはできるだけ避けなければならないのである。最善のスケジュールとは、本作りの各段階で働くすべての人々に過大な圧力を課することなく、さりとて時間の浪費にならぬよう、うまく進行させるようなものを指しているといえよう。

前節においてわれわれは各部門における業務の予定計画を立てることがいかに重要であるかを見てきたが、これはいうまでもなく部長たちの責任である。原稿編集部長は、どんな原稿が入稿してくるか、その枚数はどのくらいか、編集上どんな厄介な問題が予想されるか、また進行計画についてどんな要求があるかなどを知っていなければならない。現在の仕事のこみ方と、各編集者の能力についての彼の知識に対して、これらの情報が対置されねばならないのである。こうして編集の仕事は、微妙に管理されるわけである。デザイン部門においても大同小異であるが、デザイン部長の場合には、計画設定のために、もう少し時間的余裕をもっている。というのは、編集部および製作進行予定表から、それぞれの本について、いつ作業が必要になるか知ることができるからである。また、販売部門についていうならば、すでに見てきたように、販売活動に関する限り、主として季節的な予定計画にしたがって作業が進められている。しかし個々の本の広告については、それぞれの刊行予定日に対応して、タイミングを合せることが必要なのである。

さてこれまでわれわれは、すべての仕事が出版社の正規社員によってなされているかのように語ってきたが、大部分の出版社は少くとも時おりはフリーランスの編集者やデザイナーを使っているのである。これは進行維持にとって重要な利点をもっている。フリーランスは社員の過重な仕事を軽減し、刊行を促進するために、必要に応じて召集することができるからである。しかしまた欠点もある。仕事、ことにその質について部長の管理が行き届かないし、フリーランスはその社固有の方法や基準を必ずしも知らないし、著者や販売部その他と相談したり会議をもちたい時にも、参加してもらうことが容易でないのである。とにかく、もしフリーランスを利用しようとするならば、彼等の仕事を監督し、それが通常の社内活動として遂行された時には当然必要とする種類の情報を提供するために、社員の誰かが連絡係の役割を果さねばならない。この監督の仕事は時間がかかるし、むづかしくもある。だからフリーランスを使うことが有利か、社員の方が有利かを比較する場合には、監督のためのコストをふくめて考えなければならない。しかしともあれ、フリーランスを使うことは、仕事が混んでいる時期に進行計画を立案し、維持する上で有効なことが多いのである。

さてここで編集・デザイン・製作・販売・経理の各部門を貫く仕事の流れを概観してみる必要がある。本は単純に部から部へと仕事が進められるのでないことが一見してわかる。仕事は各部門のあいだを、種々の段階で行ったり来たりするのであって、最初の三つの部門は主として本の生産に関係し、販売部門と経理部門は流通に関係しているのである。折込図表（**前頁参照**）は、本が種々の段階を進むにしたがって発生する標準的な活動のいろいろを示している。この図はウィスコンシン大学出版部のエズラ・S・ダイマンの作ったもので、一般出版社の場合には合致しないところが若干はあるであろう（販売活動のタイミング、特殊な活字に対する関心など）。

一般的に言って、進行計画は不断の注意を必要とする。そしてすべての社員が進行計画を意識していなければならない。進行計画の変更は迅速にキャッチされねばならず、調整が直ちになされて、改訂された情報が関係者に知らされねばならないのである。どんな大きさの出版社にせよ、社長たるものが個々の進行を監視することはできないであろう。彼は手順を決めるだけで、その実行は社員にまかせなければならない。しかし経営者は、全体としての生産状況は監視をするし、とくに重要な本の進行について注意を払うにちがいない。彼は部長たちと共に進行計画を検討し、もし矛盾が発生した場合は、必要な措置を講ずるであろう、ある本を他に優先して作るよう指示したりなど。しかし経営者の最も関心を払うべきは、進行のこまかい点ではなく、原稿流入の流れと、完成された本の流出の流れでなければならない。なぜならば、流入の流れは将来の産出を決定づけるし、産出はきわめて迅速に、販売結果に影響するからである。そしてその結果は、損益計算書に現れ、また貸借対照表の内容に影響を与えるわけである。出版社の経営のためには、継続的に経費がかかるから、一年あるいは一ヶ月についていくらという安定した本の産出が必要である。そしてもし進行がおくれれば（あるいは早まれば）、現金資金の需要に変化を生じ、また計画した利益の稼得に変化を生じることになる。そういうわけだから、進行についての議論をおし進めていくと、いやでも出版の資金問題につながらざるをえないのである。

資金計画

この章の残りの部分では、出版社の財務管理を取扱うことになるが、これはこの本の限られた紙数では十分に扱い切れない困難かつ技術的な問題である。また会計とか財務管理については、すぐれた教科書が沢山ある。だからここではとくに出版の場合にふれながら、基本的な会計報告文書、すなわち貸借対照表と損益計算書、および資金分析表について簡単に論ずることにとどめよう。さてこれらたがいに関連する三つの書類によって、出版社の経営者は、過去に起きたこと、および現在の実態を知ることができるのだが、残念ながら将来起るかもしれないことについて教えてもらうことはできないのである。ところが決定というものは、常に未来のためになされるものであることを記憶しておく必要がある。過去はもうすんでしまったことであり、彼は今いる地点から出発するのである。しかし過去はすんでしまったにしても、自分がいまどこにいるのか、現状はどうであるのかを彼は知っていなければならないのであって、そのことは貸借対照表が教えてくれるであろう。また彼は、自分の過去から学ばねばならないが、これは損益計算書が示してくれるのである。さらに彼は、いま手許にある現金を、将来の現金を生み出すために用いなければならない。資金分析表は現金がまず資産に代り、やがて再び現金になって還流する過程を通して、資金がどのように流れているかを示してくれるのである。

そこでこれら三つの**報告書**は、第一に未来を予見し、予知する方法として有益である。これらの報告書にもりこまれた経験とか知識は、未来を規定するであろういろいろな決定のための基礎として利用されねばならない。このような未来を指向した資金面での決定・財務計画がすなわち予算と呼ばれるものである。本来、予算は一連の〝実現しうる目標〟と考えられるべきである。予算は社内の各部各課に支出の割当てをするので、管理の手段として有効であり、またそのためにこそ、〝制限〟であるとも考えられやすい。しかし賢明な経営者は、予算を制限とは考えず、むしろ計画と考えるであろう。そして彼は事態が発展するにつれてその計画を修正し、将来、最善の効果を生むと思われるところに資金を使うようにするであろう。しかし長期効果を目ざす予算制度については、計画の章で論ずることにしたい。ここではわれわれの関心は、より短期的な効果の点にある。

事業予算とよばれる全体予算は、ふつうはこれから先、一年間の損益計算をあらかじめ予測したものである。これと同様に大事なのが、未来の資金の流れを予測し、必要な時に十分な現金を確保することであって、このためには現金が在庫本その他の資産にどのように変っていくか、それからどれだけの現金収入が生み出されるかを予測しなければならない。その結果は、未来の貸借対照表、いいかえればその社がおそらく将来当面するであろう資金状況についての絵を設定することと結びつくわけである。

第二章において、われわれは経理部を他のすべての部門と関係し、管理者が事業をコントロールするために必要な、財務その他の情報を提供するサービス・グループであるとした。三種類の基本的財務報告書、貸借対照表、損益計算書、資金分析表は、そのための手段なのである。またこれらの報告書を将来について予測することは予算とよばれ、出版社の未来に対する全体計画の財務的側面を表現するものであるのである。

貸借対照表　貸借対照表は、出版社のある一時点における財政状態の瞬間写真のようなものである。だから、ある期間についていくつかの貸借対照表を並べると、その社の財務的な歴史が、おそどり映画のような映像となって見られるわけである。たとえ一期分だけでも、貸借対照表を検討すれば、その社が財務的に健全であるかないかがわかるであろう。しかし、一期分だけでは変化の方向はわからない。もっとも貸借対照表は少くとも二年分並べて示し、変化がわかるようにするのがふつうである。貸借対照表は、以下で述べる損益計算書と一緒になって、社の健康状態と前進の方向を示している。そしてそのいずれも、一点ごとの出版活動についての知識が背景にあれば、よりよくその意味あいが理解できるであろう。

代表的な貸借対照表には、次のような項目がふくまれている。

資産の部

流動資産
- 現金および手形
- 銀行証券および政府証券
- 売掛金（貸倒見込額を減額）
- 棚卸在庫（在庫評価減分を減額）

著者への印税前払額

固定資産
- 土地
- 建物
- 什器・備品
- 設備
- 借入家屋造作
- その他（長期投資・生命保険の現金価値等）

負債の部

流動負債
- 買掛金
- 発生（未払）給与
- 支払手形
- 未払印税
- 前受金
- 税金引当金
- 未払配当金
- 偶発引当金

長期負債
- 担保付社債
- 社債その他長期借入
- 減価償却引当金
- 優先株
- 一般株
- 未処分剰余金（利益）

流動資産と流動負債の差額は、一日一日の出版活動を遂行するために利用することのできる運転資本である。この数字に対しては、いつも注意を払わなければならないのであって、在庫額とか短期借入金等は、これとの関係において考えなければならないのである。企業の財政的健全さを測定する共通のものさしのひとつは、しばしば〝流動比率〟とよばれる流動資産対流動負債の比率である。もし流動比率が二対一以上であれば、一般にその企業は健全であるとされている。しかしこれは、毎日変化するひとつの特定の比率をもとにしての一般論にすぎないことはいうまでもない。だからわれわれは、真の状況を正しく理解するためには、貸借対照表の他の点についても見なければならないのである。

たとえば、流動資産中に占める在庫の率は、とくに短期負債との関係において重要である。もし流動資産が、売れ足のおそい在庫の形にあまりに多くしばりつけられているならば、短期の負債に対し、予定通りの支払いをすることが不可能になるかもしれない。この事情をしらべるには、いわゆる〝当座比率〟が有効である。これは当座資産（流動資産から、在庫およびすぐに現金化しえない項目を除いたもの）と短期負債の比率である。当座比率が一対一であれば安心してよい。もしそれが一対一以下であるならば、在庫品がどんな早さで現金に転化するかをみるために、在庫回転率（在庫に対する年間売上の比率）の検討をすぐに試みるのが妥当といえよう。そしてこのことは直ちに、売掛金の回収速度とむすびつく。本が売れてから、平均どれだけの日数で支払われているかである。これは売掛金を毎月、分析することによって、しらべることができる。これは経理部が、売掛金管理の日常業務の中で当然に用意すべきものであるが、売掛金残高合計を年間売上に比較することによっても簡単につかむことができる。

貸借対照表を正しく理解するには、出版社の中で行われている実践を知らなければならないことは、誰でもすぐわかるとおりである。そして全くこの理由のために、流動比率二対一とか、当座比率一対一というような標準的な比率を決めることは、むづかしいのである。われわれは一方で、流動資産対流動負債の率をできるだけ高くしたいと望むと同時に、他方では一定量の事業を維持するのに必要な投資額を最少にするため、流動資産を最低に抑えたいと望んでいることを指摘しておきたい。要するに情況は、その社の過去の経験、変化の方向、出版物の種類、および出版業界全体の経験などとの関係で判断されるべきである。たとえば教科書出版社は、一般書出版社よりも比較的に大きい在庫をかかえている必要があるし、学校システムや政府機関は、売掛金の支払いがおくれる傾向がある。これら両方の影響から、教科書出版社では、多額の運転資金を必要とするのである。

さてすべてこれらのことは、社の短期的健康と関係あるのだが、われわれはまた、長期的な事情をも考慮しなければならない。運転資本と長期負債とはいかなる関係にあるであろうか？　もし長期負債が運転資本を超過するならば、その社は全く他人資本によって運営されていることを意味し、その金利負担に耐えないということになるかもしれない。固定資産と自己資本とのあいだにも、別の比較ができる。もし固定資産が自己資本の四分の三を超えるならば、おそらく社の資本があまりに多く固定資産にくぎづけにされているといってよいであろう。こんなことは、出版社では滅多にないことなのだが、大規模出版社の中には近年、土地や建物に大きな投資をしたものもあるのである。

だから、出版社の中で実際に起っていることを注意深く分析し、予測する以上の方法はないのだが、次に示す大まかな基準は、それなりに役に立たないわけでもない。

比較	率
流動資産対流動負債	最低二対一
当座資産対短期負債	最低一対一
年間純売上対在庫高	最低二・五対一
運転資本対在庫高	最低一・三対一
年間純売上対売掛金	最低三対一

これらの指標は基準点、あるいは危険信号として用いることができるが、それがなにを意味するかを知る

には、われわれはその背後に回って、実際に起りつつあること、そしてどの方向に変化が進んでいるかを見る必要があるのである。過去一年間あるいは数年のあいだに、どんな変化が発生したのか？　売上に対して在庫品はどのように変化したか？　長期負債は増えたか減ったか？　そしてそれは運転資本にどのように影響するか？　固定資産にどんな変化があったか？

出版経営者が財務を管理する上で、みちびきの糸ともなるこれらの比率を論ずるにあたって、われわれは会社の所有者とか株主は、それとは別のひとつの率、すなわち投資に対する利益の率に関心をもっていることを忘れてはならない。所有者は、出版社が一定レベルの利益を確保することを期待するが、彼等がその投資に対して実際に受け取るところは、その社の資本構成によって強い影響を受けるであろう。すなわち、資産の中のどれだけが報酬の限定された資金（長期負債、優先株等）によってまかなわれているかによって、どれだけが所有者の取り分として残るかが決るからである。資本構成比率とよばれるこのことの影響は、社によって大きく異るから、ここでわれわれが考察しうるのは、一般論としての出版社の収益性についてのみである。利益率または稼得力は、純利益対運用資産の率である。これは利益指向的出版経営者にとって、どこまでも大きくしたい数字である。彼は利益率（＝純利益／売上）を高めることを資産の回転（資産回転率＝売上／資産）を速くするという販売努力によって達成しようとするが、方程式

$$\text{稼得力}=\text{資産回転率}\times\text{利益率}=\frac{\text{純利益}}{\text{資産}}$$

において売上は相殺されてしまっている。多く売ることに一所懸命な出版経営者もあろうし、また売上が増加すれば、管理の行届いた出版社なら当然利益の増加につながるであろう。しかし出版経営者が、財務上任務とするところは、資産を管理して、より多くの利益を生み出すことであり、したがって資産に対する利益の率こそが、彼の最も注意を払うべき点なのである。

損益計算書　時の経過と共に何が起っているかを知るのに、もうひとつの方法がある。損益計算書を見ることである。それは収支計算書とよばれることもある。これは会計年度の一部または全期間のあいだに実践された事業成果の総計を示すもので、同じ期間に対する予算と比較した形で示されることが多い。ふくまれる項目としては売上収入、印税発生額、整版費（償却額）、売上書籍製造原価、副次権収入、細分された部門経費や一般管理費があり、これらはふつう売上に対する百分比で示される。かなり利益をあげていながら、拡張しすぎたために資金不足におちいる出版社があるから、損益計算書は貸借対照表とあわせて読まなければならない。しかし経理がまともに行われているならば、その社が利益をあげているかどうかは、損益計算書だけをみても直ちにわかることだし、予算の形で示されている期待値との比較によっても、結果は明らかなのである。

典型的な出版社の損益計算書は、第二表に示すような項目をふくんでいるであろう。そして大出版社の場合には、このほかにおそらく各事業部門（少年少女もの、技術書、一般書等）のための損益計算書をも作製するであろう。いくつかのタイプの出版社における標準的な百分比が例示*されている。

各種出版社ごとに百分比で示した標準損益計算書については、若干の説明が必要である。損益計算書の一番下の欄にみるように、税引後の純利益率が低いことは、出版業が平均的にみて決して儲けの大きい商売ではないことを示している。もっとも出版社の中には、平均よりはるかに高い利益をあげているものもあるし、たった一冊の教科書で大成功をおさめるとか、ベストセラーが出ただけで全くちがった数字が出るなどということもありうるのである。しかし一般的にいって、この表の百分率欄が示す差異よりも、類似性の方にわれわれは驚くし、また差異のほとんどは、それぞれの出版分野の性格から簡単に説明がつくのである。

＊（原注）　これらの数字はアメリカ書籍出版協会のためにE・E社〔会計調査会社〕が作製した報告書からとり出し、調整したものである。

第２表　標準的損益計算書

	一般書	少年少女	宗教	専門書	大学出版部
総売上	114%	106%	104%	112%	108%
返本および値引	14%	6%	4%	12%	8%
純売上	100%	100%	100%	100%	100%
減：売上書籍原価					
製作原価（用紙・印刷・製本）	32	40	49	32	42*
整版費（償却額）	6	4	3	4	
印税および前払印税の償却	16	10	6	12	11
在庫評価減	2	0.3	2	2	4
売上書籍原価	56	54.3	60	50	57
売上総利益	44	45.7	40	50	43
加：他の出版収入（副次権等）	8	2.3	1	2	3
総事業収益	52	48	41	52	46
減：営業費					
編集部費	4	3	2.5	4	8
製作部費（デザインをふくむ）	2	1	2	2	3
販売部費					
販売費	7	7	5	8	4
広告宣伝費	12	6	7	9	14
送品及び倉庫費	5	5	4.5	4	5
一般管理費	13	12	12	15	21
営業費計	43	34	33	42	55
営業純益	9	14	8	10	(9)
出版事業外収支	1	0	0	0	0
課税前利益	10	14	8	10	(9)
税金	5	7	4	5	0
税引後利益	5	7	4	5	(9)＋

＊（原注）　これは補助金を受ける前の製作原価である。個別書籍に対する補助金は約六パーセントに達しており，したがって補助金を差引いたあとの製作原価は三六パーセントである。

（　）はマイナスの数字を示す。

＋（原注）　個別書籍補助金（六パーセント）のおかげで，全体としての損失は三パーセントに引下げられている。この三パーセントは大学，あるいは外部寄附者からの一般的補助金によってカバーしなければならない。

たとえば、書店からの返本率が一般書出版で一番高いのは驚くにあたらない。一般書は、大衆の注意をその本の上にひきつけるために、集中的な宣伝努力がなされている比較的短期間に、書店の店頭で読者の眼に最も多く触れられなければならないからである。もしその本が評判をキャッチしそこなったら、山のような返本が送り返されねばならないのである。同じように宗教書出版社において、製造原価率が最も高く、整版費が最低なのも驚くには当らない。これは聖書ならびに祈禱書が全体の率に大きな影響を与えているためであって、聖書はひとたび整版されたあとは、長い期間にわたって大変な部数が印刷され、しかも値段は頁数のわりに、また印刷・用紙・製本のコストのわりには、安目につけられるのである。大学出版部においては、在庫評価減（償却）の率が高いが、これはおそらく大学出版部が専門的な学術書の販売見込みについて、常に楽観的に作りすぎるためであろう。しかしそれはまた、彼等の出版する学術書が長期間にわたって売れるものであり、大学出版部としては十年分の在庫を維持したいが、五年経過後には残った在庫を、用心のために評価減しておきたいと考えるためでもあるであろう。

経費欄ではとくに販売促進費において、その合計ならびに直接販売費と宣伝活動費への配分の両方に関して、分野別でいちじるしい差異がみられる。われわれの想像どおり、一般書出版社が販売促進費合計において最高の率（一九パーセント）を示しており、また二つの内訳項目のいずれにおいても、ほとんど最高に近い率を示している。大学出版部において、異常に広告宣伝費率が高い（一四パーセント）のは、虚勢をはっているというよりは、売上高が小さい本に対しても、最少限の広告をしなければならないという事情を反映したものであろう。同様に、大学出版部で一般管理費（二一パーセント）と編集経費（八パーセント）が高率なのも、売上高が少いくせに、基本的な組織の枠組を維持していかねばならないためである。

標準損益計算書を検討することによって、われわれはいろいろな出版分野の特性について、さらに別の結論をひき出すことができる。たとえば一般書出版社にとって、ブック・クラブ権その他副次権の販売がきわめて重要であることがわかる。そのような収入がなかったならば、その利益は大変低いことになるであろう。

またここに示されている数字の背景をしらべることによって、いろいろな出版分野における、新刊と既刊本の売上の比率を知ることができる。一般書では、上製本において、新刊から五七パーセント、既刊本から四三パーセントの純益をあげているが、少年少女ものでは、新刊からの純益は二〇パーセントにすぎず、既刊本から八〇パーセントを得ている。一般書出版が、少年少女もの出版にくらべて、大変安定性に欠けていることがこのことからわかる。

アメリカ書籍出版協会、**アメリカ教科書出版協会**、およびアメリカ大学出版部協会は、毎年共同で損益計算書各項目の対売上平均率を事業平均率報告書として発行し、会員に配っている。これは大変な注意の下に作られる報告書であって、多数の出版社がそのために、社外秘の決算報告書を提供しており、その際、決算報告書は、比較を可能にするために、用語の定義を一定にした上で作られているのである。これは予算作製や、進行中の事業成果を分析するために指標として役立っている。しかしいかなる損益計算書も、それが信頼できるものであるためには、多くの評価（減価償却とか在庫評価とか）が、正確になされていなければならないことを認識すべきである。そして注意深い出版経営者は、自分の実践している会計処理が健全なものであるかどうかをいつもたしかめ、また出版産業が全般的にどんな状況にあるかよく知っているであろう。彼は自問するにちがいない。自社の数字は、出版産業全体の平均に比べてどうか、予算に比較してどうか、差異が出た理由はなにかと。これらの質問は、損益計算書の各項目ごとに可能であって、事実、事業平均率報告書では、各項目ごとの平均率を示している。だからどの出版社も、すべての項目に平均的であることは不可能である。各項目の平均率の合計は、百にならないのである。第二表において、平均率の代りに標準率を提示したのもそのためである。

出版産業全体平均は、有用な測定基準で、比較のために用いることができるが、平均値からの差異は、必ずしも欠陥を意味するわけではない。たとえば、専門書出版にとって、宣伝広告費は、平均九パーセントであるが、個々の本のために費される広告宣伝費は一冊ごとにはげしく差異を示すであろう。ダイレクト・メールと、専門雑誌にあっさり公表するだけという、ささやかな宣伝計画で十分うまくいく本もあるし、骨の折れる宣伝キャンペーンをし、驚くほど高い広告を出さなければならない本もあるのである。その社の刊行する本の組合せ次第で、広告宣伝の成果や平均率は異るのであって、だから広告にどれだけ金をかけるかは、もっぱら判断の問題なのである。

広告予算についての決定は、全刊行書籍についてであれ、一点ごとであれ、それ以上いくら経費をかけても、それに見合うだけの売上げを増やすことがなくなる、極限の点を見出そうとする努力の連続である。追加広告費一ドルを支出するごとに、どれだけの売上げを生まなければいけないか？　その額は、一冊ごとに異るはずである。少くとも、製作原価と広告費と送品費用だけは回収したいと考えるであろうからである。

もし広告の効率がよければ、売上げは広告費が増えるにつれて急激に増加するはずである。しかしやがてある点を超えると、広告費を増やしても売上げがそれほど急に増えなくなる。これは刊行物全体でとっても、一点ごとで考えても、同じにあらわれる標準的なパターンである。われわれは、追加広告支出に対する追加売上げの関係に、注意を集中しなければならない。この率が一定レベルから下廻ったら、もういくら追加広告をしても、それに見合った売上げをもたらしてはくれないであろう。

いうまでもなく、問題なのは、われわれが個々の広告努力に対する結果を、正確に予知することがほとんどできないということである。だから予算の設定に際しては、適切な判断や経験に、ものをいわせなければならない。そして実際の売上げが販売・広告経費に見合って出るよう、継続的な努力をしなければならないのである。この点に関して、同業の平均率を参照するのは有効であるし、また他の出版経営者と個々の本についての経験を話し合うことも有益であろう。一定の広告予算で、最大の効果をうるためには、広告代理店を用いるのも結構だが、使った経費に見合うだけの成果をあげる点で、彼等は出版経営者に匹敵する能力をもっていないわけだし、またいずれにせよ広告予算は、結局は出版経営者自身が決めなければならないのである。

事業予算　損益計算書は、ある会計年度のあいだに発生した事実を明らかにするとともに、将来に対する予測、すなわち事業予算のための基礎を提供する。事業予算は、次の会計年度の終りおよびその中間の諸時点（おそらくは四半期ごと）において、損益計算書がどうなるかを予測した数値から成り立っている。そのような予算を作成するのは、なかなかの作業だが、出版社の健康維持のためには有効である。というのは、それによって出版経営者は、いやでも将来のことを考えさせられ、早い段階でマクロ出版上の問題点を明らかにすることができるからである。

事業予算は、来るべき年の事業計画の財政面を表示するものであるから、それを作成すべきは、社のトップ・マネージメント、すなわち、重役および部長である。各社がどのようなやり方で予算作りにとりくむかは、その社の性格にもよるし、重役たちの個人的好みにも依存する。いくつもの事業部門をもった大出版社において、経営者がまず決定しなければならないのは、将来の発展のために、どの部門により大きな投資をしようと考えるかである。出版の中でもどの分野が景気がよいか、どの分野が困難な問題を迎えつつあるか、政府の事業計画は本の販売にどんな影響を与えるであろうか、どのタイプの出版が最も儲かるか、どうしたらわが社は所与の機会を、最もよく利用しうるか、そして社のどの事業部門が、強化または拡大さるべきか、そうした種類の決定がなされてはじめて、各事業部門の予算作りは、事業部門の長および幹部の手によって、また直接・間接的にその部門内の部長たちをまきこんだ形で、はじめられるのである。このように全社計画は、各部のための個々の計画および目標にまで、細分することができるわけである。

小さい出版社が、もし新しい出版分野、たとえば少年少女ものとか参考書出版などを、あらたにはじめたいと考える場合には、これと似たような問題にぶつかるであろう。しかし予算上の主要な問題点は、それが全く独立採算でなければならないということ以外は、大出版社の各事業部の場合と似たようなものであろう。すなわちこの場合、他の事業部の利益から資金をひき出すということができないし、新分野の資産と負債を、社全体のそれに合併して示すこともない、そして結果としての損益は、他の活動からの損益で埋め合されたりはしないのである。というわけで、小さい出版社は、活動分野の変更に、より敏感であって、それだけに予算はいっそう重要な意味をもっているのである。重役や部長たちは出版計画・販売広告計画・人事異動・製作計画その他諸活動のおそらくもたらすであろう財政的影響について、注意深く見ており、必要な場合、予測される変動に対して調整を行うのである。ともあれ大事なのは、予算は一種の計画であるから、時間の進行とともに実際の結果と比較し、必要な場合、新しい計画（そして新予算）を作成しなければならないということである。

財務管理の教科書には、予算作成のために役立つ各種の予測技術が示されている。例えば過去の実績を分析することは非常に大事である——得られた平均値とか百分率とかは将来の事業に応用することができる。しかし将来の事業計画について、想像力・先見の明と結びついた豊かな知識をもつことにまさるものはないのである。過去の実績から得られた平均値とか百分率を、馬鹿みたいに適用するだけでは、当然起るべき変化を予知しそこなうからである。だから予算作成技術は、個々の出版社における特定の環境に合うよう改変されなければならないが、ともあれ、小出版社における予算作成の例を検討してみることは無駄ではあるまい。したがって以下の説明は、こうでなければならないというのではなく、ひとつのサンプルを示すものと考えられたいのである。

予算作成にあたって、われわれは来るべき年に出版を予定する書目を、できる限りリストアップし、さらに年度末までに出版するであろう未確定の本について、見積りを作ることからはじめるであろう。中身は抜きで予算に見積られたこれらの本については、その確定を待って、四半期ごと、あるいは半年ごとの予算修正のときに、正確な数字におきかえるのである。刊行予定日、部数、整版費および製作費、定価、正味分類、および販売率を、一点ごとに出す必要がある。こうした情報によって、新刊からのおよその売上収入を計算しうるのである。これに、既刊の売上収入予測額が加えられるが、この方は、一点ごとに販売見込みを計算するか、過去の経験にもとづいて、全既刊販売収入を推計することによって算出するのである。このようにして総売上収入見込みが得られるが、これに副次権販売収入見込みを加えれば、総収入額が得られることになる。副次権販売収入は、個々の情報を集めるか、過去の平均値によるか、あるいはその両方を使って算出するのである。

新刊書籍の整版費見積額については、製作上のいろいろなデータから直接計算することができる。これにその年の既刊本の重版にあたって必要な改訂のための組版代と、重版用刷版代を加える必要がある。こうして得られた見積整版費の合計が、整版費予算額となるわけである。

売上書籍の製作原価は、すでに用意されてある新刊および既刊書籍の、販売予測部数を用いて計算することになる。もし一点ごとの製作原価（予定原価または実際原価）がわかっていれば、われわれは簡単に一点ごとの製作単価×販売予測部数として、計算することができるし、既刊本に関しては、平均値で計算することも可能である。ただその際、製作原価は、あくまでも在庫高計算で用いられた製作原価であることに注意しなければならない。もしその本がすでに評価減で完全に償却されていれば、会計目的でいう製作原価はゼロなのである。

印税額もまた、一冊ごとの印税額に販売見込部数を掛けることによって求めることができる。

さてここで注意しておくべきことは、予算上とくにそのような表示をするわけではないが、予算作成のプロセスから、その年度内に在庫に追加されるはずの本の部数と在庫価額があきらかになり、また販売によって在庫がどれだけ減少するかもわかるということである。これら二つの項目の間の差異が、在庫投資額の変化である。その変化をみれば、事業資金に余裕を生ずるか、あるいは在庫を維持するために、追加の運転資本を必要とするかがわかるのである。もし在庫額の変化が大きい場合、とくに急増するような場合には、新刊・重版の印刷部数決定の方針に関し、何らかの変更をする必要があるのかもしれない。刷部数を減らせば、整もちろん在庫額は減って、現金資金が多くなろう。しかしそれはまた、重版の回数を増やすことになり、整版費をわずかながら引上げることにつながるのである。これらのややこしい問題については、第四章および五章でさらに検討することにしよう。

話を予算に戻して、次に営業経費を見てみよう。ここでは各部がどのような活動を計画し、その経費はいくらかかるかを各部長に尋ねなければならない。そして部長は、ひとたび予算が設定されたら、各部予算の範囲で仕事を遂行するよう責任を負うのがふつうである。各部のミクロ出版活動が、全社経済の枠組に調和させせられるのは、この各部予算によってである。広告費のように、一点一点の本にかけられる経費は、一点ごとに詳細に計算されるか、またはトータルに適当な予算が設計される。給料や営業費が予算化しやすいことはいうまでもあるまい。

一般管理費は、常に大きな経費項目であって、その中で最大の部分は、経理および受注処理部門費である。役員室費（役員室とその職員）は、ふつうここにふくまれるが、区分して示されるであろう。とくに経理部の活動費と売上との関係を対応させることを望むならば、区別して示すべきである。

こうして収入および支出を総計した結果が、予定損益である。もし利益が不十分であるか、または（公益的出版機関の場合）損失があまりに大きすぎる場合、予算を再検討して、予算各項目の金額の変更、いいかえれば事業活動の変更が、事態を改善できるかどうか、考えなければならない。事実、どの予算編成でもそうだが、各部門予算を綜合し、売上等の成果を予測することによって、全体予算を作り上げたときは、各部門がバランスを保っているかどうか、それを改善することができないかどうかを、注意深くしらべる必要があるのである。例えば、広告を削ることができるかもしれない――あるいは売上をふやすために、広告を増やすべきかもしれない。編集部の出張旅費は売れる原稿をより多く入手するために増やすこともできるし、節約のために減少させることもできよう。人事の異動が必要かもしれない等々。要するに予算は、たんなる予測を立てるだけにとどまらず、よりよい結果をうるための手段として、また問題がシャープな形で迫ってくる前に予知してしまうための計画方法として、利用されるべきなのである。

資金分析および資金計画*　出版経営者にとって、貸借対照表と損益計算書の二つさえあれば、事業の財政状態について知りたいことは何でもわかると思うかもしれないが、そうではない。本来は単純なことなのだが、時に厄介きわまるひとつの問題があって、貸借対照表は健全、十分利益もあがって満足している出版経営者を悩ますことがあるのである。すなわち、現金資金の問題である。発生主義会計では、現金の移動を伴わない各種取引を記録するために、現金の流れがあいまいになってしまう可能性がある。しかし給料を支払い、印税や印刷代を支払い、また金利を支払い、株主に配当を支払うなどのためには、紙の上の利益だけでは足りないのであって、実際の現金が必要なのである。請求書の支払期限がきたときには、在庫や売掛金の形でしばりつけられている利益というものは、せいぜい銀行借入の担保になる以外、あまり助けにならないのである。利益を目的とする出版社に投資した人々は、いつかはそこから現金を取り出したいと考えている。また公益的な出版機関の場合でも、配当がないだけで、出版活動のためのあらゆる経費を支払うために、現金が必要なのである。

資金分析表は、資金の源泉とその使途を明らかにする。それは二つの時点の貸借対照表をその間をカバーする損益計算書によって結びつけるものといってもよい。それは利益や振替取引や、諸経費や各種資金回収取引がどのように関係し合って、期首の資金在高から期末手許資金が導き出されるかを示している。

過去一定期間の資金分析表は、時に〝資金の源泉および使途表〟ともよばれ、ふつう一年あるいは期首からその日までを対象に示される。この報告書は、たとえば次の例のような形で示される。

＊（原注）　この問題について一般的な見地から論じたものとしてすぐれている〝経営管理のための資金分析〟（全米会計士協会研究報告三八号、一九六一年）を参照のこと。以下の記述はこの報告に多く依拠している。

資金源泉および使途

19——年12月末日終了年度

資金の源泉	
税引前利益	$420,000
非支出経費（減価償却費，在庫評価損　未納法人税引当金等）	280,000
負債勘定差異（銀行以外の）	(35,000)
事業の結果生じた資金	665,000
銀行借入	57,000
増資	230,000
資金の入計	952,000
資金の使途	
不動産・設備の取得，建設，取換	486,000
法人税	115,000
配　当	163,000
投　資	15,000
利子および長期負債割引	42,000
売掛金の増（減）	(13,000)
在庫の増（減）	33,000
印税前払および前払費用	24,000
資金の出計	865,000
現金および可処分証券の増（減）	87,000
期首現金および可処分証券	312,000
期末　〃　〃	399,000

この例を見ればわかるとおり、この報告書は純利益からはじまり、減価償却費のように支出のともなわない経費を加え、さらに外部から供給された資金を加えるというように、逆さまに作られる。それから現金支出経費が引かれて、現金および可処分証券の純増減額が示され、これを期首の額に加える（あるいはそれから差引く）わけである。

同じように、ひとたび事業予算が作成されると〝資金の源泉および使途表〟の様式は予算期間の終りにおいて、手許にあるべき資金を予測するために用いることができる。われわれは、先ず簡単に予算純利益からはじめ、同じように逆向きに考えて、予想される現金収入と支出を加減すればよいのである。この方法は、対応する現金の流れをもたない社内会計取引（例、在庫評価の変化など）を捨象しているので、必ずしも正確ではないが、プランをたてるためにはそれで十分である。さて経営者は、その時々に必要になる現金を手許に確保しなければならないわけだが、一方で現金というものは、有利な投資に廻すことができるものであるから、必要以上に手許に寝かせないようにすることが望ましい。

この資金分析表と資金計画によって、出版活動を維持するに十分な資金が手に入ると確信できるかもしれないし、あるいは追加資金の必要が判明するかもしれない、また余った資金を、短期投資に廻す可能性がわかるかもしれないのである。しかしだからといって、経理部および経理部長が、現金の供給に影響を与える日々の出来事に、監視の眼を光らせなくてよいことにはならないのである。たとえば売掛金勘定の総額、その中身、その古さ、進行中の刊行計画の量、給料や支払期限のくる請求書にいくらいるか等々といったことに対してである。予算期間内におこる短期的変動は、必要な場合、短期的処置によって解決できることは、資金分析から自信がもてるとしても、例示したこれらの領域で発生する短期的変動がむづかしい問題を生ずることもありうるからである。

結局、貸借対照表と損益計算書、それに予算と資金計画は事業活動の流れを観察し、マクロ出版のレベルで一連の決定を下すために利用されるのである。マクロ出版の状況によって、ミクロ出版活動は規制を受けるし、そのマクロ出版の状況は、ミクロ出版活動によって、大体は作られるわけである。ミクロ出版の活動は、一点ごとの本（あるいは出版計画）について、一連の決定を下すことからはじまるが、その結果として生じたマクロ出版の状況によって、ふたたびミクロ出版活動に影響する諸決定が下されねばならなくなるであろう。このようにして、マクロ出版とミクロ出版のあいだには、不断の相互作用が存在するのである。さてそこで次章では、ミクロ出版活動について、より詳しい定量的な検討を試みることにしよう。

訳者コメント

第二章が、いわば静態的組織論として、均衡の中にある出版社を取り扱ったのに対し、第三章はそれらの機構が仕事の流れをこなしていく姿を動的にとらえ、そこでの経営者の任務を説いている。出版社の業務内容を解説する本はこれまでにもあるが、本書はそれを経営者の目という、一貫した立場で説くところに特色をもっている。それが、経営者の立場から考えられているために、本章で説く業務は、ひとつひとつ孤立したものとしてでなく、相互に深く関連し合った、からみ合いとして描かれている。その中を貫徹する経営者の視点こそ、それに一貫性を与えるものであり、われわれが日常、経営者として実践しているところと対応しているのである。

第一表は、マクロの出版とミクロの出版の意味を非常によく示している（ミクロ出版は、本来マイクロ出版というべきだが、現在マイクロ出版というと、マイクロ・フィルムによる出版を連想されるおそれが強いので、経済学に定着しているマクロの経済、ミクロの経済から、ミクロとよぶことにした）。マクロ出版の中身をなす諸方針については、各出版社でそれぞれに明文規定があり、また、なくても、自然に不文律として伝統、前例、了解などができていることであろう。

本章前半で、各部門の業務の流れとそこでの決定を論じた部分は、多くの読者にとってほとんど説明を要しないであろう。内容は東西軌を一にしているところが多いからである。そこで主として後半の財政的部分について補足を試みることにしよう。

予算　予算というと、官庁とか学校などの予算のように、きっちり決って余裕のないもののように誤解される恐れがあるが、企業の予算は、むしろ事業の予測というべきである。このことは予算を考える第一歩として意外に大事である。経費予算に組んであるから、費消してしまわないと、翌年の予算で減らされると考えるのは、官庁予算の典型的な発想であるが、出版社がそんなことを考え出したらアウトである。同様に、収入と経費は、常にバランスをはかりつつ考えられるべきもので、売上ないし利益が予定よりも伸びれば経費を増やしても安心だし、逆もまた真である。だから企業予算は、基本的に流動的である。しかし同時に、事業が安定していれば、収支の予測が、大変高い正確度で予測できることも事実である。ことに経費については、私の実践においてもわずか一～二パーセントの差でおさまることが多かった。これは予測の正確さを示すと共に、出版社の経費が次の第四章で論じられるように、固定費的性格を強くもっていることをも示すものである。販売活動の成果如何にかかわらず、人件費、広告費、その他固定的に支出されるものが多いからである。

予算をこのように一面では**流動的**と把握し、他面では正確度の高いものと見る、一見矛盾した見方こそ、経営者が維持すべき態度であるといえよう。物事は一面的に見るべきではないのである。

収支と資金　本章で損益と別の重要な問題として、資金のことが述べられている。現代経営にとって、より重要なのはむしろ資金であり、損益・収支はいわば絵に画いた餅、見せかけのものであるといわれる。勘定合って銭足らずといわれるように、資金が不足すればたとえ儲かっている企業でも潰れる。黒字倒産である。ただ出版企業のばあい、一般には大きな固定投資をもたないから、事業の収支と資金の動きが、より平行的であるといえよう。売れ行きが良ければ資金も自然に還流するし、悪ければ反対で、巨額資金のプール（土地・建物・機械）がないから、資金的に単純明快、商況と直結するわけである。第四章で製作原価の中の固定的部分、整版費が検討されており、これはかなり大きな固定投資と見なされるが、次章解説で述べるとおり、日本では一般には整版費も製作費もコミで製作原価と考えられており、初版で回収を考えることが多く、少くとも資金問題を考える上で、これを固定投資的に区分して考えるところまでには至っていないのである。

このように出版業においては、資金はどちらかといえば簡単明瞭なのであるが、その資金がとくに問題となる面が二つある。第一は在庫評価であり、第二はインフレである。現在のような急激なインフレの時代には、資金が一サイクルを終了して手許に戻った時、同じ事業量の再生産のために、投入資金の不足をきたすのである。この不足は、本来、インフレによって名目的に得られた超過名目利益によってカバーされなければならないが、書籍は定価販売で、在庫の定価つけかえをあまり行わないから、そうした超過名目利益は出る余地がない。そこで、通常利益の中から運転資金に留保する分を多くするか、そうした利益のないばあいには、外部から資金を導入するしかない。こうしたインフレからくる資金の不足は、在庫の回転率の悪い学術出版のような領域ほど強く感ずるであろう。だから資金問題は、むしろこのような背景から慎重に考えられなければならないのである。

在庫　出版社の経営成績の判定の上で、在庫評価の問題は極めて重要な地位を占めている。これは本能的にすべての出版人が知っていることである。誰でも返本の山を築いている出版社が儲かっているとは思わないであろう。しかしそれほど事が明瞭でない場合に、それは経営にとって重大なのである。すなわち、学術出版などのように、長い年月を要して事業が行われるばあい、在庫は緩慢に動くのであるが、それを忠実な原価主義で評価していたら、一方では税金の前払いを無限に続けることになるし、他方では資金管理が大いに幻惑されることになろう。儲かっているという結構な絵ばかり見せられて、資金は常に不足することになるからである。だから出版、ことに回転のおそい出版では、在庫の適正な評価が絶対必要である。この点に関しては、筆者の旧稿（〃在庫評価論〃出版学会「出版研究」第五号）がある。出版学会の御了承をいただいて、本書に付録として収録したので、それをごらん頂きたい。

日本における出版経営のデータ　本章では第二表のようなアメリカのデータが示されており、アメリカの出版社が協会を通じて科学的なデータの集計分析を定期的に行っていることが述べられている。日本についても同様なデータが得られたら、大変参考になると思うが、日本では企業の秘密主義からくる恐怖感が先に立って、ほとんど他社の実際のデータに触れることができない。最近、労務資料など賃金関係のデータが日本書籍出版協会（書協）によって集められており、有益なデータになっているが、業界として、経営データの集積・分析をぜひやってもらいたいものだ。第二表に関連して、いくつか気のつくことを述べると、第一に、日本では人件費として、編集も製作も販売も全部ひっくるめて考えられることが多いように思う。しかし生産原価の一部をなしている生産段階での人件費と、それ以外の人件費をごっちゃに考えるのは、経営戦略からも、税法上からもまずい。税法では、編集製作人件費は原価の一部であるので、そのように処理していない場合には、原価差額として調整申告することを要求される。しかしそれはともかくとして、日本の出版社における人件費の増加は目を見はるものがある。十年くらい前までは売上の九パーセントか一〇パーセントであったものが、いつしか一五パーセントをこえている。出版社によっては、退職金もふくめて二二パーセントも人件費を支出している例がある。こうした事態が、近年の出版労働運動の成果として出てきたことは明らかだ。しかし、人件費はどこまで上ってもかまわないが、人件費率には明らかに限界がある。それが経営の限界というものである。どんなに業績のよい会社でも、人件費が売上の百パーセントということはありえないし（霞を売っているのでないから）、常識的には二〇パーセントは限度をこえているといえよう。それだけに、日本の出版経営が追い込まれてきていることを痛感する。第二表の整版費に「償却額」と注を入れた。この点もし原書が、整版費を全額経費に入れることを意味するとすれば、それは日本の税法では許されないし、会計の常識からいっておかしい。やはり売れた分に配賦すべき整版費、すなわち、資産勘定としての整版費の償却分と考える方が妥当であろう。同じく印税の欄で、印税および前払印税償却額とあるのは、当期売れた分について支払った印税と、前払いした印税の中から、当期売れたので落すべき金額の意味である。日本では印税を発行部数ベースで支払うことが多いから、この方式にあまりなじみがないであろう。

第四章　ミクロ出版の経済学

われわれは前章では出版社全体の財政問題に焦点をおいて研究してきた。そこで本章においては、こんどは一冊一冊の本について「出版の経済」をより詳細に考えてみることにしよう。とくに部数、定価、正味、印税率およびその本にかかわる経費予算の決定に注意をはらうことにしたいと思う。われわれは、ある本の出版から、どのようにして損益を予測するかを考えよう。また上記の諸点を分析した上で、それらの考慮の上に立って、いかに〃出版計画〃を作り上げるかを検討しよう。一冊一冊の本についての出版計画とは、その本に関して出版経営者が下す、多くの決定を綜合したものにほかならないわけである。

ミクロ出版の経済学を論ずるにあたって、まず第一にわれわれは、新刊・重版の定価と刷部数を決定する際の諸関係と変数について、考察することにしよう。

ここでは初歩的な数学が少しばかり用いられるが、むしろ大事なのは判断であり、どうしても不正確にならざるをえない予測部分をふくむこうした場合に、あたかも大変正確な結論であるかのようなあやまった印象を与えるのは許されるべきではない。しかしそうはいっても、いろいろな相互関係を注意深く調べることが、判断を行使する上で役に立つこともまた、まちがいないのである。そしてもし問題を完全に公式化できれば、少くとも判断を行使する人が、いかなる点を考慮しなければならぬかが示されることになるであろう。また新たな決定を下そうとするとき、数量的な過去の経験値をどのように応用したらよいか、その方法もまたそれからわかるかもしれないのである。

さてこの問題を明らかにするためには、論理の展開上、一見逆とも見える順序で説明する必要がある。すなわちある一刷で儲かるか損するかを論ずる前に、最適印刷部数を論じ、考え易い重版を、新刊第一刷や新版より先に考えるのである。正味問題と印税はそのあとで最後に論ずることにしよう。

印刷部数の決定

完全な出版計画を作り上げるには、われわれは先ず、出版計画にまつわる種々の事項を検討することからはじめなければならない。それには出版計画を練り上げる際、考慮の対象となる以下の如き各種費用の考察からはじめるのがよいであろう。

1、印刷にかかる時までにかかった費用
a、編集費——企画開発・審査のための費用をふくむ
b、デザインの費用
c、製作部における見積りと印刷所選定のための費用
d、abcに関連した一般経費
e、整版費（組版費、製版費、その他印刷をはじめるまでにかかったすべての製作費）
2、印刷がはじめられてから以後にかかる費用
f、製作費（スリ代、用紙代、製本費）
g、販売費
h、在庫保管費
i、在庫価値に対する利子*

*（原注）　資金は在庫に投資されている限り、利子を生まないが、もし他に投資していたら利子を生んだはずであるから、それだけかかったとみなす経費［機会原価］を意味している。経営者がもしそのために運転資本を借りていれば、実際に利子を支払っているであろう。

j、ｆｇｈに関連する一般経費

さて用紙は、いつでも要るだけ手に入るとすれば、新刊にせよ重版にせよ、印刷《スリ》部数の決定は実際に印刷《スリ》がはじまる時点に決めればよい。事実、早い段階で決められた印刷部数は、この段階で、最新の販売情報にてらして改訂され、調整されることがしばしばである。またこの時までに、第一グループの諸経費はすでにすべて支出が済んでいる。それらはすでに死んだものであり、過去のものである。未来のための決定がそれらによって影響されてはならない。未来のための決定は、第二グループの諸経費をもとに、下されなければならないのである。もちろん、これら第一グループの経費の予測が、新刊または重版の刊行の可否を決定する際、十分に考慮されることはいうまでもない。それらは全原価の主要な部分を占めているけれども、印刷部数の決定に影響を与えることはできないのである。

印刷部数を決定しなければならないのは、書籍が刷《スリ》とよばれるひとかたまりの量で製作されるからである。すなわち第一刷、第二刷等々といった具合にである。これは現在の印刷技術からいってやむをえないのであって、こうしなければ経済的でないからである。いつの日かわれわれは、書籍を注文に応じて一度に一冊づつ作れるようになるかもしれない。そうなれば毎日の注文分をその日に製作し、次の日に発送することも可能になるであろう。そのような技術開発は決して不可能ではなく、後の章で論ずる予定であるが、それが実現すれば、全く理想的である。なぜなら、それによって部数決定などという厄介な問題と、その結果として起る在庫保管・在庫投資のための利子、過大または過少印刷の危険といった問題を避けることができるからである。しかし今日の印刷技術では、一時に一冊づつ作ることは許されない（但しある種の絶版本については、一冊づつ高い料金をとり、しかも質の悪い印刷で複製することがある）。そこでわれわれとしては、一度に印刷されるべき部数、すなわち刷り部数の決定という問題から逃れられないわけである。

幸いなことに、もっとも経済的な作業量を決めるという問題は、工業経営の分野で早くから考えられており、一般的に応用しうる形で答が出されている。ちょっと考えればわかることだが、書籍を在庫として保管するための費用が、あらたに印刷するための費用以上にかかるなら、その在庫は長く置きすぎたことになる。いいかえれば、在庫保管の費用が、あらたに作る費用と等しくなる時点までに必要な部数を印刷するのが、最も経済的だということになるのである。したがって、一刷り起すときの最適印刷部数は(a)在庫経費と(b)次の刷りを準備するための費用によって決められるであろう。在庫経費が、現在の版の製作原価（整版費ではない）によって、部分的に影響を受けることはいうまでもない。製作原価すなわち在庫額であり、利息はこの金額に対してかけられるからである。

くりかえすが、在庫として保管する経費が、重版の時の整版費に等しくなる場合、最も経済的な印刷部数の決定がなされたということになるのである。

かりにある本の単位製作コストが、六〇セントであるとしよう。もしこの本を在庫として保管する費用が年に一〇パーセントであるとすれば、一年後にはそのコストは六六セント、二年後には七二・六セント等々ということになる。この累積コストを算出する公式は、$P \times 1.10^y$ で、Pは製作原価、yは年数である。ところで（インフレを無視するとして）もし重版するのに整版費が全くかからないとするならば、この本はいつでも六〇セントで作ることができるわけである。一時に一冊づつ作り、在庫経費がかからないで済むようにできないのは、まさにこの重版の際の整版費のためである。

重版のための整版費を見積ることは困難ではない（この見積りには意志決定や重版依頼のための事務費もふくめて考えるべきである）。〔訳注　このように原書では整版費のみでなく、整版に至るまでの種々の費用をふくめて工場原価（プラント・コスト）とよんでいるが、工場原価では何のことかわからない。製作固定費とするのがよいかもしれないが、本書では一応整版費という言葉で示すことにした。これに対し製作費は、整版費を除いた比例費だけを意味している。本書全体を通じてこの定義を明瞭に認識しておかないと混乱するだろう〕この整版費をRとよぶことにしよう。一方、在庫保管経費率の決定はもっとむづかしい。それには在庫投資（すでに説明したとおり、在庫の製作費だけである）への利息、倉庫経費、滅失汚損による損失等、いくつかの項目がかかわってくるからである。各出版社はそれぞれに、自分のところの率を決めなければならない。いうまでもないが、ある年の在庫に対する在庫経費は、期首の在庫額にではなく、その年度中の実際在庫額にもとづいて計算しなければならないのである。

一定の率 r で売れている本について、それを y 年間在庫する時の経費は

$$\frac{Npcy}{2} \quad (1)$$

N＝期首在庫における部数
p＝単位製作費（整版費をふくまない）
c＝年間在庫保管費率
y＝r の率でその版を売り切るに要する年数
r＝年間販売率（ry＝N）

分母に2が出てくるのは、その本の平均在庫額は、はじめの在庫額（N）とおわりの在庫額（ゼロ）の和の二分の一であるからである。ここで y の代りに N/r で置換え、在庫経費を整版費に等しいと置くならば、

$$R=\frac{pc\,N_{opt}^{2}}{2r} \quad (2)$$

ここで N_{opt} は最適印刷部数である。N_{opt} を求めれば

$$N_{opt}=\sqrt{\frac{2Rr}{pc}} \quad (3)$$

となる。ためしに例[*]をあてはめてみよう。

R＝$400　次に印刷するときの整版費（オフセット・ネガと刷版代）
p＝$0.60　一部につき
r＝年に3000部
c＝在庫額に対し年率10％

$$N_{opt}=\sqrt{\frac{2\times400\times3000}{0.6\times0.1}}=6300部$$

そこでもし六三〇〇部以下の発注がなされたばあいには、必要以上に早く重版のための整版費が発生し、結局不必要な経費を支出することになる。またもし六三〇〇部以上発注されたとすると、累積在庫経費のために、六三〇〇部をこえる部分については、あらたに作るより余計なコストがかかることになる。あらたに印刷した方が安かったということである。すなわち六三〇〇部以上印刷されたばあい、六三〇〇部をこえる部分についてはそれが売れるまでにそれを新たに作って補充するより余計な費用がかかるのである。

最適印刷部数の決定を、より一般的な形で示しているのが第九図である。これは年間販売率 r が一〇〇〇部、年間在庫経費率が一〇パーセントとして、製作原価 p のいろいろな値に対する整版費Rと、最適出版部数 N_{opt} の関係を示したものである。第九図を用いて、おおよその答を図形的に求めることも可能である。

＊（原注）　ここでは（以後も同じ）、答は概算でかつ端下を丸めてある。将来の販売率予測といった概算にもとづいて考える場合に、正確な答を計算しても意味がないからである。計算尺や卓上計算機を用いることによって、経営者はここで考えているような問題を、迅速かつ容易に解くことができるであろう。それに、印刷発注は少くとも百部単位、または五百部とか千部という丸い数にまとめられることが多いと思われる。

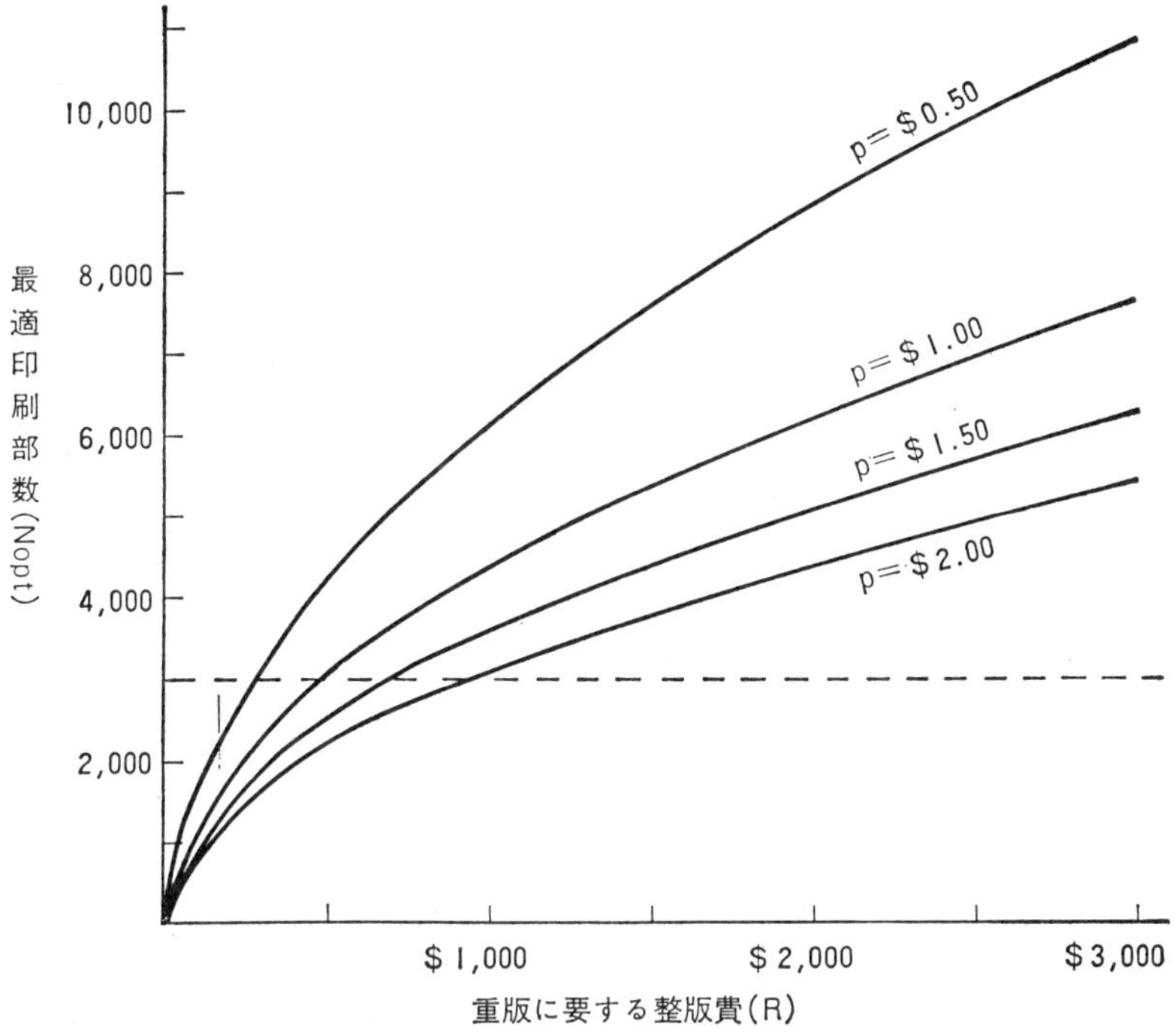

第9図

点線から上の値はふつうは応用できない。三年以上もかかって売るような重版をあえてしようとする出版社はあまりないであろうし、多くの出版社は、二年あるいはそれ以下を、最大の期間として重版をくりかえすからである。

さてここで、われわれがある本についての製作原価pを一定として取扱ってきたことに注意を払う必要がある。pは用紙代、印刷代および製本費の総計であって、頁数や用いられる資材によって差があることはいうまでもないが、ひとたびそうした内容が決ってしまえば、製作原価pは実際的な意志決定の行われる範囲では、不変数なのである。もしたとえば、平盤印刷から輪転機印刷に、あるいは中型機から大型機へと変るならば、製作原価pにわずかながら変化が生ずるであろう。しかしそのような製作技術上の決定は、予想される部数に対してどちらが能率がよいかという観点からなされると考えてよいのであって、印刷部数の決定（重版の場合も）自体は、ある一定の印刷機の能力の範囲でなされるのがふつうなのである。

ところで、変数pについて誤解を与えるもうひとつの要因がある。製本所が見積りを提出する時によくやるやり方がそれである。印刷所の方は出版社に見積りを出す場合、整版費と製作費を区分して出すことに馴れているが、製本所の方は、製本仕様や使用する資材にしたがって、いろいろな部数ごとにきめられた単位製本料金表をもとに見積りをすることが多いのである。製本のための固定費、すなわち段取り費は料金表に組み入れられており、出版社が頼んでも、固定費と比例費を分けて計算してくれることは、あまりやらないのである。しかしもしわれわれが、たとえば二千部と五千部の製本費の見積り、あるいは料金表そのものをもっているならば、真の製本比例費を算出することはさしてむずかしいことではない。もし二千部の製本代が一〇〇〇ドル、五千部のそれが二二五〇ドルであるとすれば、上のせの三千部に対する料金は一二五〇ドルであり、単位製本比例費は一二五〇ドルの三千分の一、すなわち〇・四一七ドルということになる。したがって製本固定費の方は、見積額から比例費を引いた額（一〇〇〇ドルから〇・四一七ドル×二〇〇〇を引く）、すなわち一六六ドルである。

要するに単位製作費pは、ひとたびデザインが決定したあとは、実務上の意志決定の範囲では固定額と見なしてよいのであって、単位製作費は、部数が増えるにつれて安くなるという受けとり方がひろまっているけれども、一般的には正しくないのである。こうした誤解は、整版費がより多くの部数によって負担されるため、単位コスト総額が低くなるために起るもので、後に見るように（一五四頁原注）、このために誤った決定をする可能性があるのである。

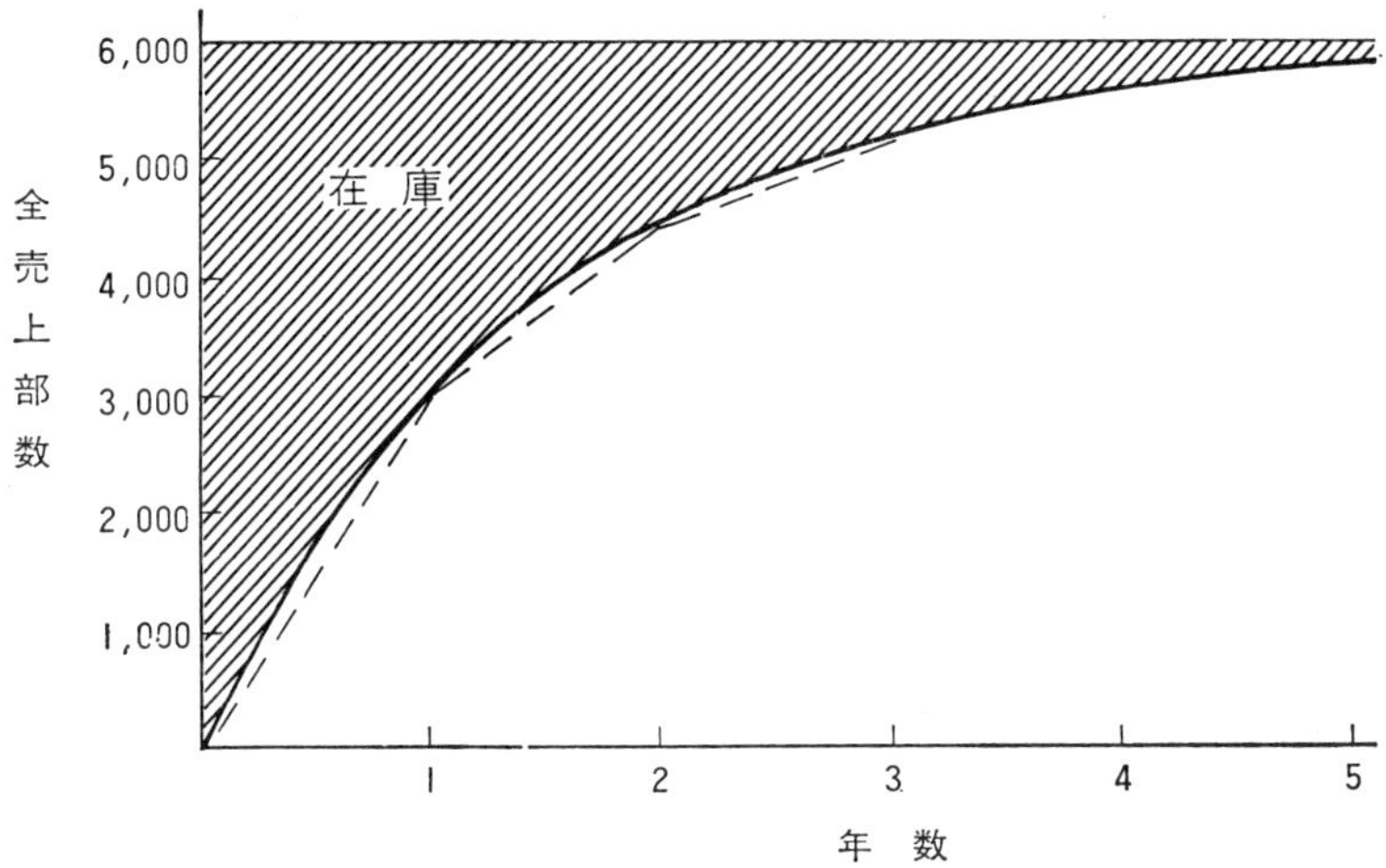

第10図

新刊

われわれは、一定の率で売れている本を重版するばあいに、$N_{opt}=\sqrt{2rR/pc}$の公式を応用した。これは最も単純な場合を示しているのであるが、この公式を導き出した時の議論は、もしこれまで使ってきた定数rの代りに変数rで置きかえるならば、販売スピードが一定でない新刊、あるいは重版の場合にも、同様に応用することができるであろう。たとえば、販売スピードが毎年半分に落ちる場合があるかもしれない。いいかえれば、第一年目に三〇〇〇部売れ、第二年目に一五〇〇部、三年目には七五〇部売れるといった具合にである。このような場合、問題を解くには、図を用いる方が便利であろう（コンピューターもまた、こうした場合の役に立つようになってはいるが）。

この例の場合の売上カーブは、第十図に示されている。カーブより上の斜線部分は、印刷部数と売上部数の差、いいかえれば在庫である。在庫経費はこの在庫に対してかかるのであるから、一定の印刷部数を考えれば（第一〇図では六千部と考えられている）、累積在庫経費は、簡単に求めることができる。この目的のためには、点線

第 1 表

			6,000部印刷			5,500部印刷			5,000部印刷		
年　度	年売上（部数）	売上累計（部数）	平均在庫（部数）	年間在庫経費	累計在庫経費	平均在庫（部数）	年間在庫経費	累計在庫経費	平均在庫（部数）	年間在庫経費	累計在庫経費
第 1 年度	3 000	3000	4500	270	270	4000	240	240	3500	210	210
第 2 年度	1500	4500	2250	135	405	1750	105	345	1250	75	285
第 3 年度	750	5250	1125	67.5	472.50	625	38	383	125	7.50	292.50
第 4 年度	375	5625	562	33.75	506.25	62	4	387			
第 5 年度	188	5813	281	16.87	523.12						

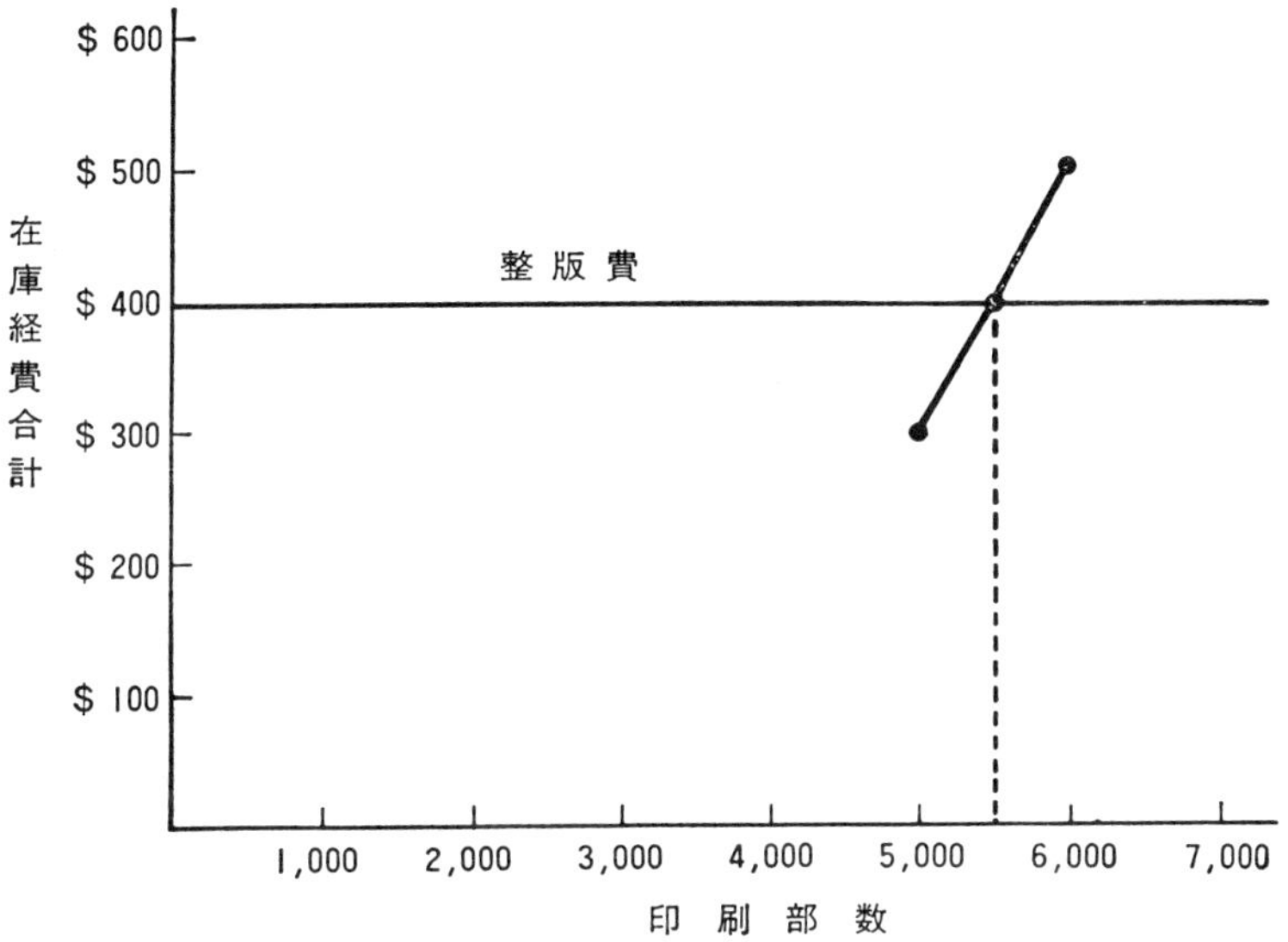

第11図

で示したように、売上カーブに対し、直線近似値を用いるのが簡単でもあり、またそれで十分に正確でもある（少くとも売上予想と同じ程度には正確である）。というわけで、第一年度中の平均在庫高は、印刷部数マイナス一五〇〇部であり、第二年度のそれは印刷部数マイナス三七五〇部であり、第三年度は印刷部数マイナス四八七五部等々である。

ところで在庫経費はNpcであったから、可能性のある種々の印刷部数を考えて、第一表を作ることができる。

第一表からわれわれは、種々の印刷部数のそれぞれの場合にかかる在庫経費合計を、第十一図の如く線に描くことができる。この線と、重版固定費を示す線との交点が、印刷すべき最適部数Nを示している。

この例における最適印刷部数は、売上予測が正確であるとして、約五五〇〇部である。この数（無料献本や書評献本のための余裕をプラスして）で、印刷が発注されるべきである。

同じ議論、同じ公式が、刷置き部数や、刷置きからの製本部数における最適部数決定にも応用できる。というのは、製本も印刷と同様、ひとかたまりの量でなされるからである。この場合、Rは刷置きを製本する際の段取り経費、pは製本の単位コストを示し、cおよびrは前と同様である。もしそのように、この公式を一刷の中で製本すべき部数を決定するのに用いるならば、印刷部数の決定はその場合、刷本（製本ぬき）までについて適用されなければならない。その場合pは、刷り本の単位製作費となるが、他の変数に変化はない。

敏感性

ところでかりに公式　$N_{opt}=\sqrt{2Rr/pc}$が理論的に正しいとしても、それが一体どう役に立つのだろうか？われわれにとって、Rやrやpやcの値を正確に決めることは、未来のことだけに不可能である。そしてもし、これらの値のどれかが正しくなかったとしたら、どれだけ大きい誤差が生ずるのであろうか？

第一に、この公式は、あくまでも判断を下すためのガイド役であることを、ふたたび強調しておかねばならない。出版経営者は一点ごとに、販売は一定のスピードで継続するだろうかとか、この本はすぐに古くさくなってしまうだろうかとか、いろいろな予測を立てようとするであろうが、それにしてもRやrやpやcはどの程度、正確に決められなければならないのだろうか？

公式からN_{opt}は$\sqrt{R}$および$\sqrt{r}$に比例することが明らかである。いいかえれば、次の式となる。

$$N_{opt}=K_1\sqrt{R}\text{;}\quad N_{opt}=K_2\sqrt{r}$$

もしR又はrが二倍になれば、Nは$\sqrt{2}$又は一・四の係数で増えることになる。R又はrが三倍になれば、Nは$\sqrt{3}$又は一・七の係数で増えるであろう。だからある本が、別の本の三倍早く売れているからといって、その本を三倍刷ったりすべきでないことは明らかである。第十二図はR又はrのN_{opt}に対する相関を示している。N_{opt}のR又はrに対する敏感性を示すこのカーブの傾斜は、次の式で表わされる。

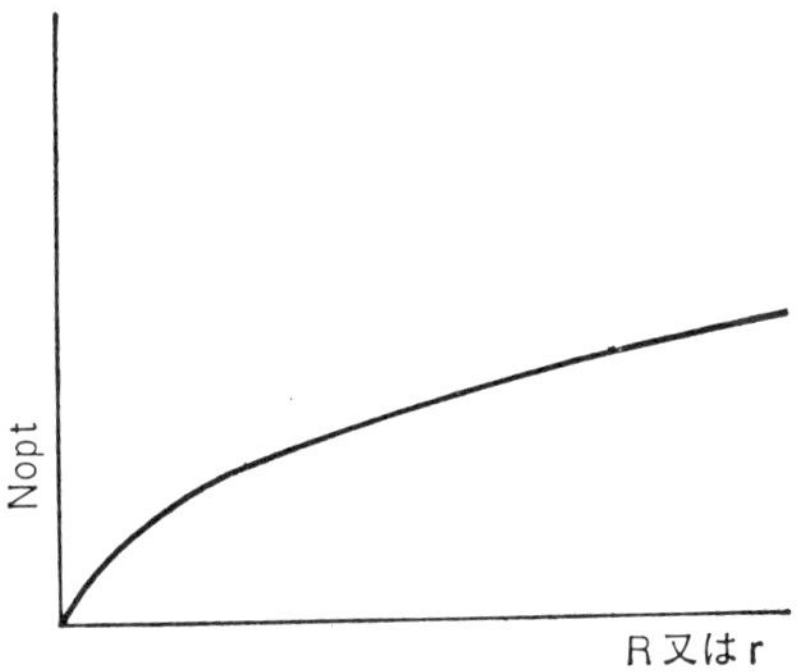

第12図

$$\frac{dN_{opt}}{dR}=\frac{K_1}{2}\sqrt{\frac{1}{R}}\ ;\quad \frac{dN_{opt}}{dr}=\frac{K_2}{2}\sqrt{\frac{1}{r}}$$

重版の整版費が高ければ高いほど、また販売スピードが早ければ早いほど、最適印刷部数の変化は急でなくなる。

しかしpとcについてはどうであろうか？　同じ論旨でわれわれはN_{opt}が$1/\sqrt{p}$および$1/\sqrt{c}$に比例す

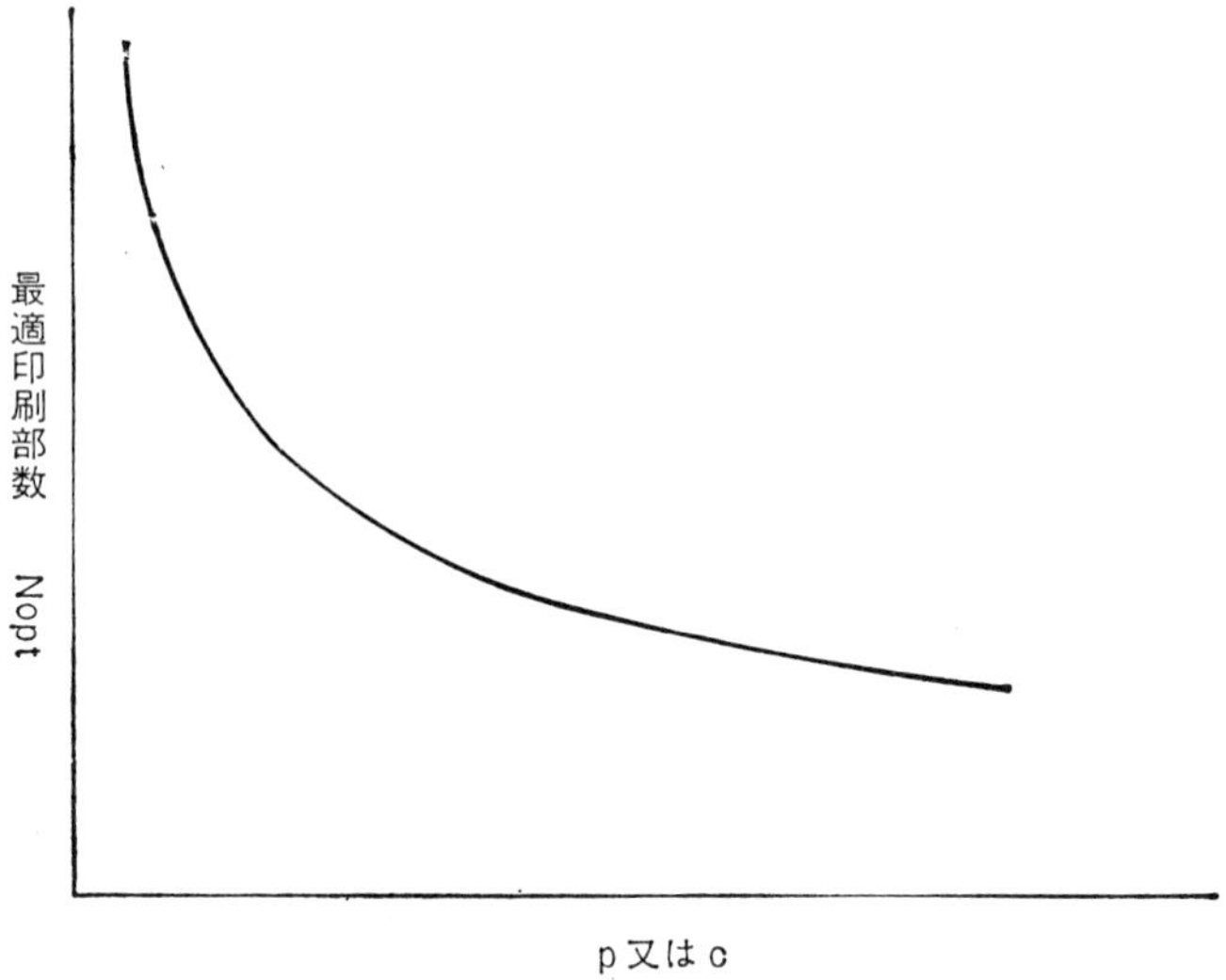

第13図

ること、すなわち

$$N_{opt}=\frac{K_3}{\sqrt{p}}\ ;\ N_{opt}=\frac{K_4}{\sqrt{c}}$$

であることを知る。もしpまたはcが二倍になれば、N_{opt}は$1/\sqrt{2}$または〇・七の係数で減少する。もしpまたはcが三倍になればN_{opt}は$1/\sqrt{3}$または〇・五八の係数で減少する。単位製作費が高いほど、また在庫経費率が高いほど、印刷部数を少くしたいと経営者が考えるのは、いうまでもないことである。その関係は第十三図に示されている。N_{opt}のpおよびcに対する敏感さを示すこのカーブの傾斜は

$$\frac{dN_{opt}}{dp}=\frac{-K_3}{2\sqrt{p^3}}\ ;\ \frac{dN_{opt}}{dc}=\frac{-K_4}{2\sqrt{c^3}}$$

で示される。すなわち、pおよびcが小さければ小さいほど、最適印刷部数は急激に変化する。但しこれはふつう、pについてはあまり問題にならない。なぜならば、単位製作費は印刷をはじめる以前に、かなり正確に決めることができるからで

ある。しかし在庫経費率については、定期的に注意深く決めることがいかに大事であるかを示しているし、また利子が高い時には、在庫をできるだけ減らす必要のあることを、強調してもいるのである。前出の重版の例（R＝四〇〇ドル、p＝一部〇・六ドル、r＝年間三〇〇〇部）で、もしcが一〇パーセントから八パーセントに変るならば、最適印刷部数は六三〇〇部から七一〇〇部に変るのである。cを構成する主な内容は

(1)　在庫投資に対する利子（ここでは製作費のみで、整版費はふくまれないことに注意）

(2)　倉庫経費率。これは整版費をふくまない在庫価額についての率であって、売上価額に対する率ではない。この場合、倉庫経費には倉出し、梱包、送品のための費用をふくまない。

応用――印刷部数の決定

前節に示した方法は、新刊および重版の最適印刷部数を決定する際、判断のためのガイドとして有効である。しかしある本が、ある部数刷られたときに、利益をあげるか否かをその公式から導き出すことはできない。その問題については、少しあとで定価と利益を論ずる際に考えることにしよう。しかしここで指摘しておくべきだと思うのは、かりに、重版の最適印刷部数N_{opt}が原価回収に十分でなく、利益を生まないとするならば、それ以上いくら余計刷っても、原価が回収されたり、利益のあがる気づかいはないということである。なぜなら、N_{opt}は最適印刷部数なのだからである。ただし、新刊や新版の場合は話が別である。重版からの利益で、初版最適印刷部数から出た損失を埋合せることができるからである。

われわれは問題を単純化して、第一年度の販売部数三千から、販売が毎年半減する本を例として用いた。これは専門的学術書としては典型的なケースであるが、他の種類の本では、全くちがったパターンを示すであろう。たとえば、大学出版部の刊行書籍の中でさえ、それぞれの本によって、販売部数のみならず、販売

のパターンについても大変な差異があるのである。そこで販売予測や印刷部数決定の際、計算に入れてよい何らかの傾向とかちがいといったものがあるかどうかを見るために、通常正味本と高正味本のパターン、高定価本と低定価本に対するパターン、上製本とペーパーバック本に対するパターン、各種専門分野の本に対するパターン（文芸批評、政治学、物理学、生物学等々）などを検討することは大変意味のあることである。事実現在では、多くの出版社が、コンピューターによる販売記録をもっているから、それぞれの領域での販売パターンを見出すために、月平均や年平均を分類・計算させることは比較的容易である。もしその必要があれば、コンピューターが販売カーブを打ち出すようにプログラムを組むことさえできるのである。ただ重要なのは、以上とり上げてきた公式や図表方式を利用すれば、出版経営者は彼が決定を下す際に考慮すべき諸問題について、注意を喚起されるようになるということであり、またその際用いる変数について研究し、理解するよう強制されるということである。おそらく経営者は、個々のケースについて詳細な解答をいちいち計算したりはしないだろうが、たとえそうであっても、やはり彼はそうした答のもつ意味あいや、それに関連する販売パターンについては心にとめているべきなのである。

最後に、そして非常に大事なことだが、出版経営者はこれまでの議論によって導き出された決定を、そこにふくまれていない他の要因についての判断によって、加減修正しなければならないということである。その本は、陳腐化しつつあるのではないか、競合する別の本が近く出版されるという情報はないか、重版のために使わなければ、その資金をどんな別の計画に利用できるか、追加の運転資本が必要なばあい、利息はどの程度まで、また総額いくらまで借りても安全か、販売予測はどの程度確実か、またそれに対しどれだけの歩留りを見こんでいるのか等々である。

N_{opt}の計算は、どんな数字が出るにせよ、それだけの部数が予期したスピードで実際に売れることを予定している。N_{opt}より多く印刷すべき理由はない。なぜなら定義によって明らかなとおり、N_{opt}の部数が全部売れた時点で重版するのが、最も経済的だからである。したがってN_{opt}は運転資金の調達可能性とか、将来の販売に対する自信といった外的要因によって加減さるべき最高限度を示すものとみなすべきである。N_{opt}が何部と出ようが、経営者はたとえば三年で売れる分以上は、印刷しないという方針をとるかもしれない。あまり遠い将来までリスクを引き延したくないからであり、それ以上の在庫をもつ資金的余裕がないためでもある。

さて重版のためのN_{opt}計算は、一定の販売スピードを予定している。しかしこれは、販売に季節性のある教科書とか、贈物用書籍など若干の他の書籍にはあてはまらない。このような場合には、次のシーズンまで、ほとんど全く動きのない一年分の在庫をかかえているより、一シーズンの需要に丁度ぴったりな分だけ印刷し、翌年また重版する方が経済的であるかもしれないし、次のシーズンまでに、マーケットの事情が変化するかもしれないのである。勿論だからといってN_{opt}の計算が無効になるわけではない。ただ、印刷部数の決定に修正を加えることが必要になるのである。

N_{opt}計算は、販売スピードが速く、かつかなり安定した率で売れる本の場合、とくに単位製作費が高い場合に適用して、最も効果を発揮する。たとえば、カラー写真の入ったポピュラーな美術本の単位製作費二ドル、重版の整版費二、〇〇〇ドル、販売スピード年に五、〇〇〇部であるとしよう。もし在庫経費が一〇パーセントであるとすると、N_{opt}は一万部、すなわち二年分の販売量である。

これに対して、単位製作費が低いペーパーバック出版社の場合でも、N_{opt}計算は役に立つかもしれない。ある高級ペーパーバックが単位製作費五〇セント、売上スピード年間二万五千部、重版の整版費八〇〇ドル、在庫経費率一〇パーセントとすると、N_{opt}は二八、二〇〇部、すなわち一年間の販売部数より少し多いだけとなる。もし販売スピードが、年間一五、〇〇〇部に落ちるならN_{opt}は二一、八〇〇部、一年半分にちょっと足りないくらいの部数に減るだろう。また販売スピードが年に二、〇〇〇部であればN_{opt}は七、九〇〇部、約四年間分の販売量となるが、その出版社はそんなに遠い将来までの分を一度に刷ろうとは思わないであろう。

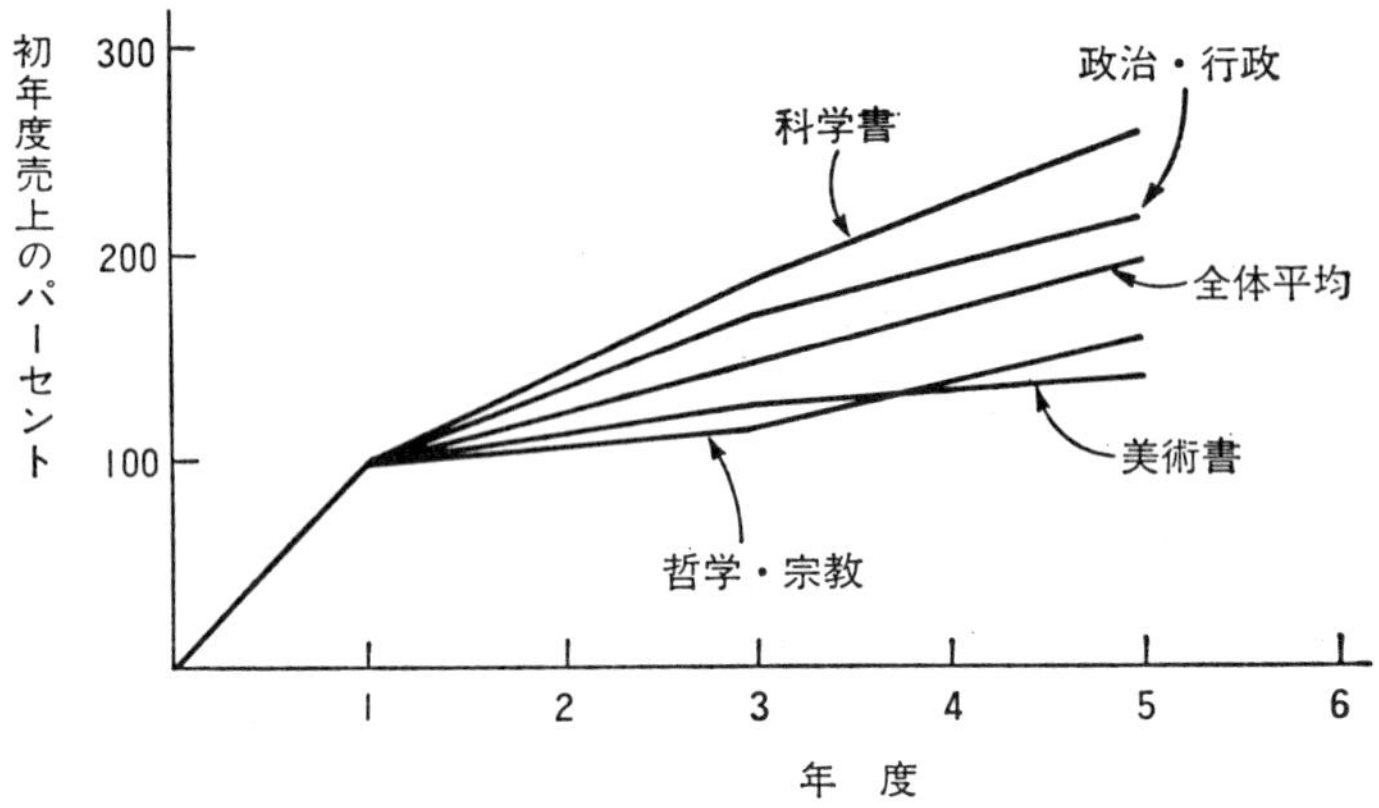

第14図

すでに見てきたように、新刊書については、事情はもっと複雑である。そしてここでは、販売パターンがより重要な役割を果すであろう。それぞれの学問領域ごとに、そうした販売パターンを考える場合、基準として第一年目の販売が採用されることが多いであろうが、それは第二年目以後について予測するよりも容易だからである。しかしこの第一年度の販売予測にしても、まだ不確実性をいっぱい背負っているのである。販売パターンをグラフに描けば、第一四図のようなことになるであろう。これはプリンストン大学出版部の刊行書籍で調べた、実際の結果をもとに作ったものである。このような調査からわれわれは、第二年度以降の販売を予測することができる。第一年度販売予測に適当な一〇〇分率をかけることによってである。この方法は、基礎になる第一年度の予測にふくまれる誤差を増幅させるという欠点をもっている。そこで、過去における同種の本に関する経験によってチェックする必要がある。もしたとえば、四年分以上は印刷しないという方針がきまっているならば、四年間の販売量を予測し、その数字から逆に第一年度を算出するやり方が選ばれるかもしれない。この場合、より長い期間の予測が必要になるが、誤差を増幅する代りに、誤差を分割して小さくする利点をもっているわけである。いずれの方法をとるにせよ、先づそれによって販売パターンが与えられ、それからN_{opt}

を決定することができるわけである。そしてもし年限に制限がおかれるなら、N_{opt}がそれ以下の場合を除き、印刷部数となるべき最大限（たとえば四年間の販売量）はその年限によって与えられるのである。販売パターンについては、後に論ずる定価および利益の議論の中で、さらに検討することにしよう。

在庫の維持

N_{opt}公式を出版に利用するのは、勿論なにも新しいことではない。ある大出版社の製作部長が何年か前にパブリッシャーズ・ウィークリー誌にそれについて書いたことがある。ところがそれに対して、ある書店主が編集部に投書を寄せ、「もし出版社がそういう方法で出版部数を決めているのなら、しょっ中、品切れ状態になるのも無理からぬことだ」と批判した。そこでその出版社の社長が、お詫びと訂正の手紙をパブリッシャーズ・ウィークリーにのせ、「別にそういう方法で、実際に出版部数を決めているわけではなく、在庫を切らさぬためには最善の努力をしている」と釈明したのであった。たまたまこの出版社は、すぐれた経営学のシリーズを出版しており、その中でN_{opt}公式についても詳しく説明しているのである。だから、もしその出版社で別のやり方をやっているとすれば、それはここで論じてきたようないくつかの別の条件、たとえば運転資金の不足とか、将来の市場の不確かさ等々といったことのためである。

この喜劇的な失敗談から、われわれは印刷部数が、品切れ本の点数と密接な関係をもっていることを強く感ずるのである。言うまでもなく、ある本を重版しなければならない回数が多ければ多いほど、増刷のタイミングを誤り、一時的に品切れ状態になる機会は多いであろう。在庫を切らさないための方策は、適時に重版を発注することに尽きている。そしてそのためには、製作部が訂正を施し、印刷や用紙の発注をし、製本の手配をつけるなどのために、十分な時間的余裕のある予告が必要なのである。これを実行するためにとられるいくつかの標準的な方法がある。今日では、多くの出版社がコンピューターによる販売および在庫報告を、毎月あるいは毎日入手しているのであるから、一点ごとに、手持ち在庫量と関連して販売スピードをしらべることは、いともたやすいことなのである。中には一点ごとに、最低在庫量を決めておくというシステムを用いる出版社もある。在庫がその量まで減ると、適当な管理者に通知がなされ、重版のための決定が下されるのである。

これよりちょっとばかり複雑なシステムで、在庫がもうすぐなくなるという予告を次々と知らせてくれる方法がある。販売スピードが在庫報告から計算され、重版管理者に対する予告が在庫品切れの一年前、九ヶ月前、半年前、三ヶ月前に発せられるのである。それによって、重版管理者が編集部と新版の可能性について協議したり、著者から訂正をとったり、印刷部数の決定や定価の変更を考え、そして最終的に、製作部に対し重版印刷依頼を出す時間的余裕を与えられるのである。

一方、製作部長の方は、次第に減少して行く在庫在高について、定期的な報告を受けているのだが、正式に重版依頼を受けとると、重版のためにどれだけの時間的余裕があるかをまず考える。特急猛急で急がなければならない場合もあろう。またもし在庫が、たとえばあと六ヶ月はもちそうであれば、重版発注を保留し、三ヶ月分しかなくなったという通知を受けるまで、発注しないかもしれない。三ヶ月は在庫が完全になくなる前に重版を仕上げるのに十分な（といって多すぎることもない）時間といえるからである。さらに磨きのかかったシステムでは、重版依頼を受け取ってから、三ヶ月予告を受け取るまでに、一定限度（たとえば四ヶ月）以上の時間が経過するような場合には、製作部長はその依頼について、重版管理者に問合せを発するよう指示されている場合がある。そのようなおくれは、おそらく販売スピードのダウンがあったことを意味しており、重版すべきか否か、またするとして何部刷るか、新しい決定がなされねばならないからである。

以上の議論から明らかなように、重版を早く作りすぎる危険がある。とくに売れ足が落ちている場合にその危険が多い。そしてその結果は、必要以上に早く資金を在庫に投下したことになり、重版部数もまたおそらく不必要に多かったということになるであろう。最後には在庫の評価を落したり、ゾッキに廻したりしなければならなくなるのである。

逆に重版発注が遅すぎると、これと反対のことが起る。必要とされるときに本がないため、売上が失われるのである。このことは、高校や大学の教科書使用の場合に、とくに重大である。その年の売上をフイにするばかりでなく、将来にわたってフイになるかもしれない。別の本が採用されてしまうからである。だから賢明な出版経営者は、教科書については、品切れにしないよう特別の注意を払っているのである。

しかしどの本もすべて、最後に絶版になるまでは常に在庫していなければならないと考えるのも間違いである。もしそんなことが実際に行われたとしたら、その出版社は、あまりに早く重版発注をしすぎたことになるのはたしかである。販売スピードには、予測できない要素があるし、重版作業の進み方にしてからが、ある程度までそうである。非常にうまく運営されていれば、ほとんどの重版本が、丁度必要になる寸前（たとえば一ヶ月）に倉庫に到着することになるであろうが、販売スピードが急に速まったり、重版製作がおくれたために、若干の本が一時品切れになることは、大いにありうるのである。勿論そうした一時的品切れは、妥当な最低点数に抑えられるべきであるが、最低点数は、出版社のタイプによって販売パターンが異るため、どこでも同じというわけにいかないのである。しかし各社としては、現に活きている刊行点数の規模、標準的な販売パターン、書店や著者に対する配慮、運転資金の具合等々を考えて、妥当と思われる点数を決めておかなければならない。出版経営者はまた、定期的に品切れ本報告書を提出させ、どの本がいつから品切れになったままであるか、いつ重版する予定かをチェックすべきである。もしその報告書によって、重版のひどいおくれが発見されるばあいには、さらに調査して何らかの行動をとる必要があるし、またあまりに多くの品切れ本が並ぶ場合にも、同様である。

定価と利益

われわれは、重版の最適印刷部数を、累計在庫経費（投下資本利子・倉庫保管費）が品切れになって再び重版する場合の整版費と等しくなるような部数である、と規定できることを見てきた。その量は、本章のはじめの方で見たとおり N_{opt} である。

重版　さてわれわれが重版について決定を下す場合、次に考えなければならないのは、もし最適出版部数 N_{opt} だけ重版したとき、果して採算がとれるかどうかという点である。その時の収入は原価を上廻るであろうか、またどれだけ一般経費に廻すことができるであろうか？

重版の製造原価は、整版費プラス製作費（R＋Np）である。これに対し、さらにその版が在庫として存在するあいだにかかる、在庫経費が加えられねばならないが、これは最高限で整版費Rに等しい。そこで、製造原価予測額プラス在庫経費は2R＋Npとなる。しかし、これらだけが重版にまつわるコストのすべてではない。経理部および倉庫における受注処理費、目録に掲載する経費、時には広告を継続するための費用、また重版が負担することを期待される、一部一般経費などがあるのである。

経理部および倉庫における受注処理の単位経費は、実例を分析することによって決定しうる。それは受注のパターンが異るにしたがって、一点ごとにかなりちがってくる。八月とか一月に、一日五〇冊あるいはそれ以上まとまって売れる教科書は、毎日数冊づつしか売れず、その大部分は一冊注文であるような本の場合とは全く異るわけである。しかしそうした変動値があるにせよ、単位経費を決めることは可能であるから、それをwとよぶことにしよう。すると重版のための総コストは

$$2R+Np+Nw+0 \qquad (4)$$

となる。ここで0は広告費、目録費等をふくむ一般経費を意味している。もしある本の重版経費を一般経費

までふくんで回収できるならば、それだけで重版にふみ切るという出版経営者もあるであろうが、ふつうはその上に、何らかの利益を求めるものである。この利益は総経費に対する百分比で示されるかもしれない。かくて出版経営者が重版するか否かを決める最低基準は

$$P〔2R+N(p+w)+0〕\qquad(5)$$

に等しい総収入ということになる。この際Pは一プラス必要な利益率である。たとえば、もし利益が総経費の九パーセントなければいけないとするなら、次のようになる。

$$1.09〔2R+N(p+w)+0〕\qquad(6)$$

重版からの総収入がこの点に達すれば、経費の九パーセント、いいかえれば、売上に対して、九パーセントより少し低い利益が得られることはいうまでもない。もし経営者が、一般経費の負担だけで満足するなら、P＝一・〇〇を用いることができよう。

さてある重版の販売から得られる収入は、NSDと表わすことができる。Sは定価、Dは定価に対して出版社が実際に受取る比率（百パーセント・マイナス割引率・マイナス印税率）である。もし割引率平均が三〇パーセント、印税が一〇パーセントとすればDは六〇パーセントである。

そこで重版が妥当なものであるためには、販売スピードrは次の式を満足する程度に速くなければならない。

$$N_{opt}SD \geqq P〔2R+N(p+w)+0〕\qquad(7)$$

ここでN_{opt}は公式(3)によって決められる。そこで方程式(3)で方程式(7)をおきかえ、重版を正当化する最低販売スピードを求めることができるが、それでは厄介である。むしろN_{opt}を別に計算し、$N_{opt}SD$が P〔2R＋N(p＋w)＋0〕と等しいか、あるいはより大きいかを見る方が便利である。もしそれが等しいか、大きくなかったら、ふつうその重版はとりやめにされるはずである。

新刊　重版のばあい、販売スピードがかなり一定していると考えられるので、ふつうは単純に考えることが可能である。その販売スピードは、おそらく定価によって影響を受けるから、経営者はこの点に彼の判断や経験を、援用しなければならないのである。彼は方程式(3)と(7)のSとrにいろいろな値をあてはめてみるにちがいない。

新刊、重版いずれの場合にもあてはまる、Sとrの関係（需要曲線とよばれる）を示す特徴的な曲線が、第十五図に示されている。それは、本の値段がばかばかしく高いときでも、購入者（あるいは図書館）がいくらかはあること、反対に、やたらに値段を下げても、マーケットは飽和状態を示しはじめ、それ以上定価を安くしても販売が増加しないようになるという、考え方にもとづいている。Sとrで囲まれる部分（斜線の部分）は、ある本が定価Sのとき、一定の期間に大衆がその本のために費すであろう金額を示している。この額にD（百パーセント・マイナス割引率および印税率）を掛ければ、出版社の受け取るべき金額が得られるわけである。出版社の利益は SDN から製作原価、在庫経費、および一般経費をふくむ総原価を差し引いた額である。

これらすべての方程式は、すでに見てきたとおり、新刊にも重版にも等しく適用できるのであるが、新刊の場合にむづかしいのは、販売スピードの予測がつけにくいためであり、また販売スピードが通常はじめの一年くらいの間にはげしく変化するためである。経営者は、類似の本についての過去の経験に照しつつ、それぞれの新刊に関するあらゆる情報を利用し、販売部数と販売スピードの予測に最善の努力を傾けなければ

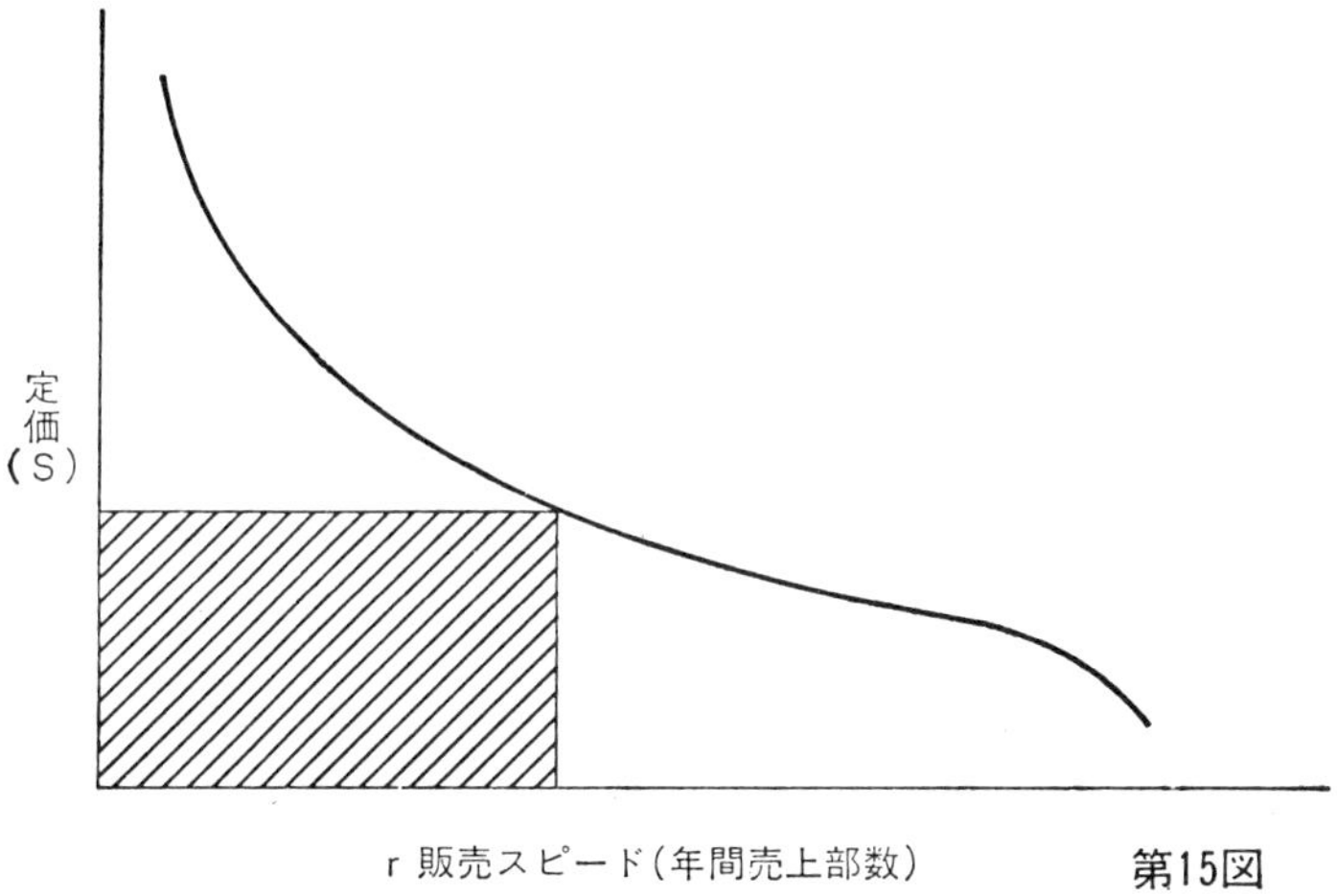

第15図

ならないのである。そのためには、各種書籍および書籍グループについて、第十図および第十四図に示す形で月次、年次の累積的な販売記録を作れば有効であろう。第十六図に示すような形で、販売スピード記録を示すのもまた役に立つにちがいない。

このようなデータから、出版経営者は需要曲線を推定あるいは算定することができる。その際役に立つのは、いろいろな定価と販売活動を想定しながら、刊行第一年目の販売がどうであろうかと、考えてみるやり方である。こうしたやり方で予測した、ある本の需要曲線は、たとえば第十七図のようになるであろう。

あきらかに需要曲線は、ひとつの推測にすぎない。しかしそれは、あくまでも情報にもとづいた推測であるべきであり、出版経営者は、これまでに獲得した別の本についての経験はいうまでもなく、その本のマーケットについて、編集者や販売部長がもっている判断についても、考慮しなければならないのである。だから、需要曲線は確率の連続であり、周辺がぼやけた一種の帯をなしている。そしてその中央部は、何らかの可能性に対して、より確からしさがあることを示して濃くなっている。これは第十八図に描かれているとおりで、カーブの右側の稀薄な部分は、われわ

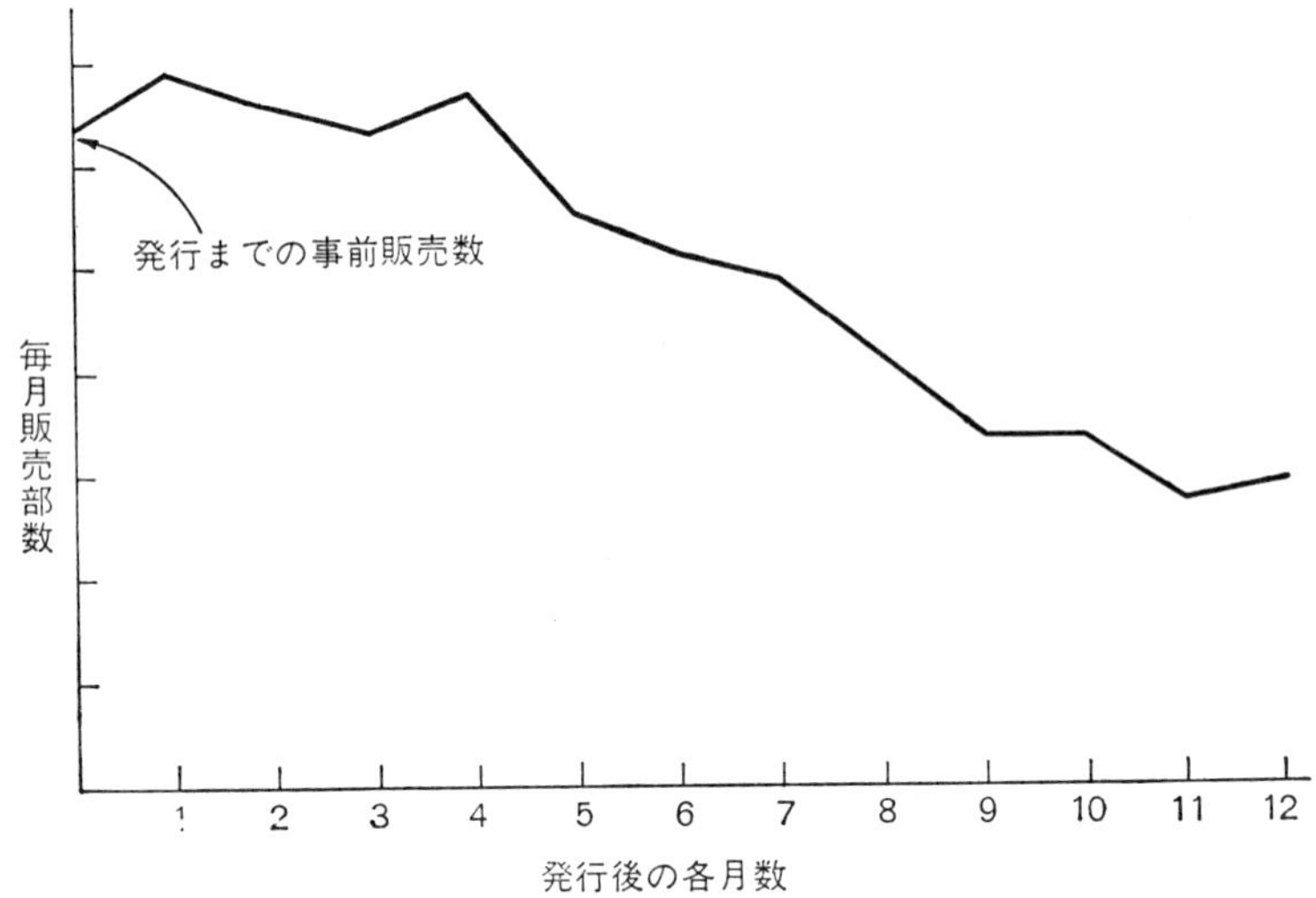

第16図

れにとって魅惑的な可能性の部分を示しているし、濃い部分から下の方は、損失の危険を暗示しているのである。

本のタイプが異れば販売のパターンが異るように(第十四図で見たとおり)、需要曲線も本のタイプによって異るであろう。ただし、いかなるタイプの本でも、最初ははげしく速度が落ち、それからゆるやかな減少を示し、最後にふたたび、はげしく減少するというS字型をとることにおいては基本的に一致している。しかしこれについても、いささか修正の必要があるであろう。たとえば、同じ本に異った定価をつけたり、別の判型を採用することで、それまでとちがったマーケットに販売できるような場合である。そうした場合については、本章のあとの方で論ずることにしよう(第三十一図を見よ)。

本の定価について実験することは極めてむづかしく、一点一点がみなちがっているために、いかなる需要曲線についても、確固たる証拠はほとんど存在していないのである。しかし主としてブック・クラブによってだが、若干の実験が試みられたので、書店、学校およびその他のマーケットにおいて、本の

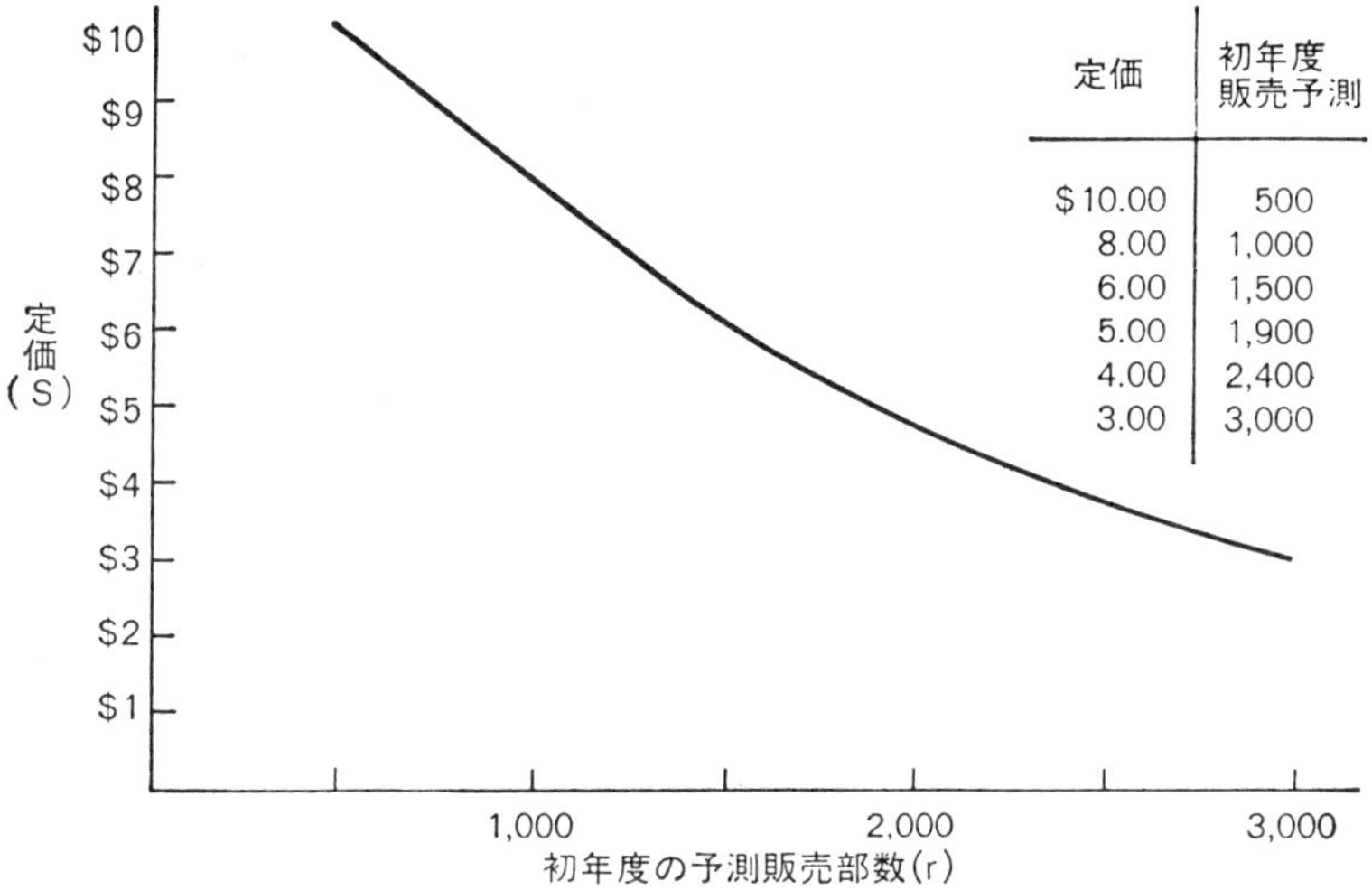

定価	初年度販売予測
$10.00	500
8.00	1,000
6.00	1,500
5.00	1,900
4.00	2,400
3.00	3,000

第17図

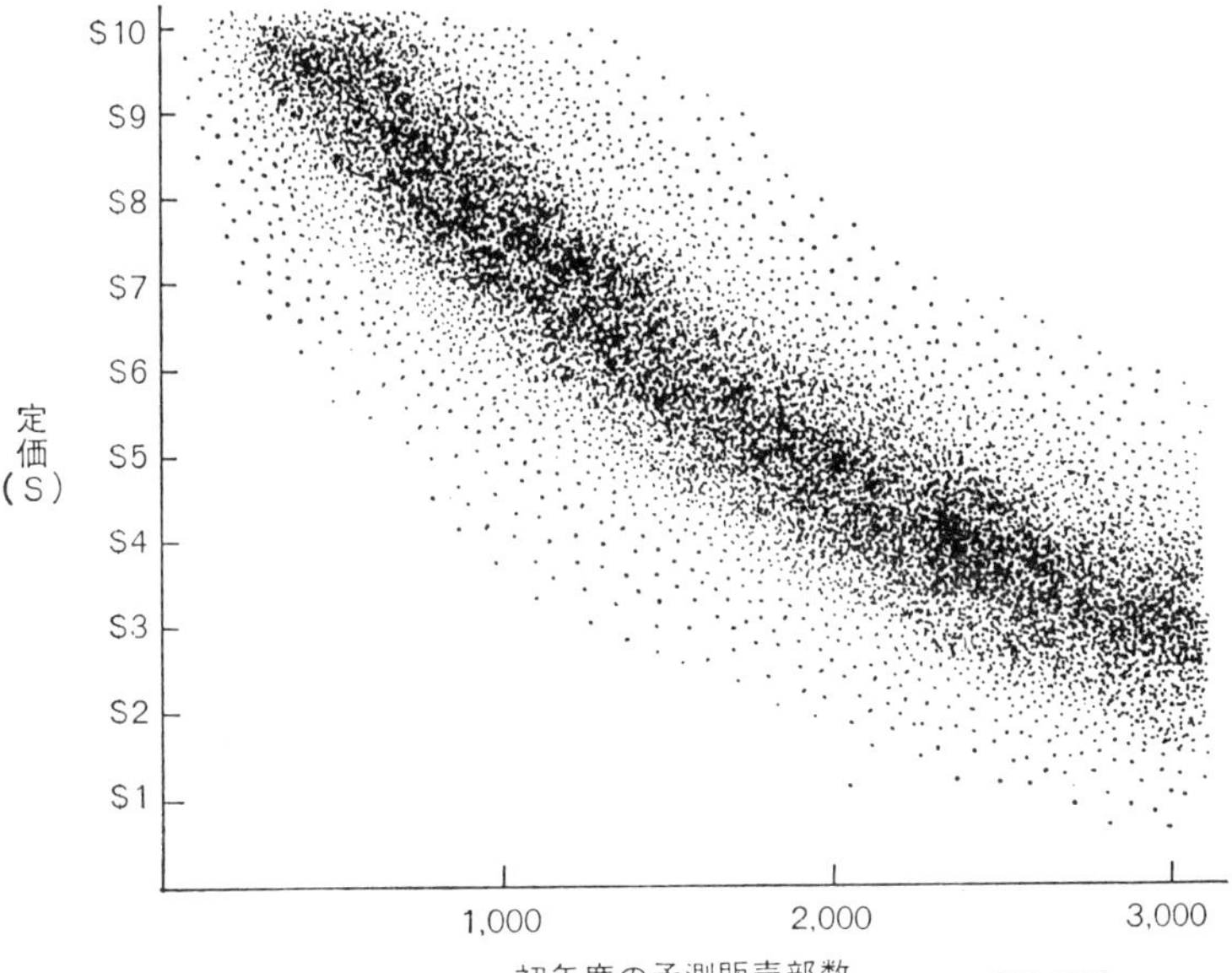

第18図

売れ行きが定価によって、どのような影響を受けるかをわれわれは知ることができるのである。一般的にいって、個人の買う本は、主として図書館や企業が買うような本（需要曲線が急である）に比べて、値段に対して敏感である（需要曲線はより平らである）。

需要曲線が、広告や販売活動に対する金のかけ方によって、影響を受けるという考え方には、反対があるかもしれないが、それは事実である。しかし第三章の広告および販売費予算の論議ですでに見たとおり、それ以上いくら経費をかけても、それに見合う売上げが上らないという、最適の予算額が存在する。このことは、一点一点の本について当てはまるのであって、出版経営者は、需要曲線上のそれぞれの点に見合う、最適な広告販売活動費を決定するために、彼の判断力をとぎすますことであろう。需要曲線は、このように最適広告・販売活動費が支出されるという前提の下に、いろいろな定価をつけた時の販売予測をなぞって、作図されるのである（同じ結果になるのだが、これとちがった方法は、固定費としてのマーケティング活動費をいろいろなレベルに設定し、需要曲線を描く方法である。この場合には、一群の需要曲線が、それぞれのマーケティング・レベルに対し一本づつ描かれることになる）。

すでに見てきたとおり（第十図および第十四図）、一点一点の本およびひとかたまりの本の平均について、販売パターンを図に描くことは有益であって、たとえば第十九図に示すようになる。但しグループの平均を用いるときには、結果として描かれたカーブの数値について、若干の注意が必要である。たとえば、何点の本から平均がとられたか、データのバラツキはどんなか、パターンをより標準的なものとするために、平均をとるときに除外して考えるべき本がなかったか（極端に売れ行きの良い本・悪い本）等々。この場合、数値について型通りのテストを行うことは勿論可能であるが、二つの理由から、それはあまり役に立つまい。第一に、かりにそのようなカーブを構成する数値があまり多くないとしても、既刊本についてもっているそうした経験以外に、将来の決定に役立たせうる何らの情報をももっていないからであり、第二に、たとえカーブが統計的に全く信用できるとしても、それでもなお経営者は、個々の本の販売を予測するためには、自

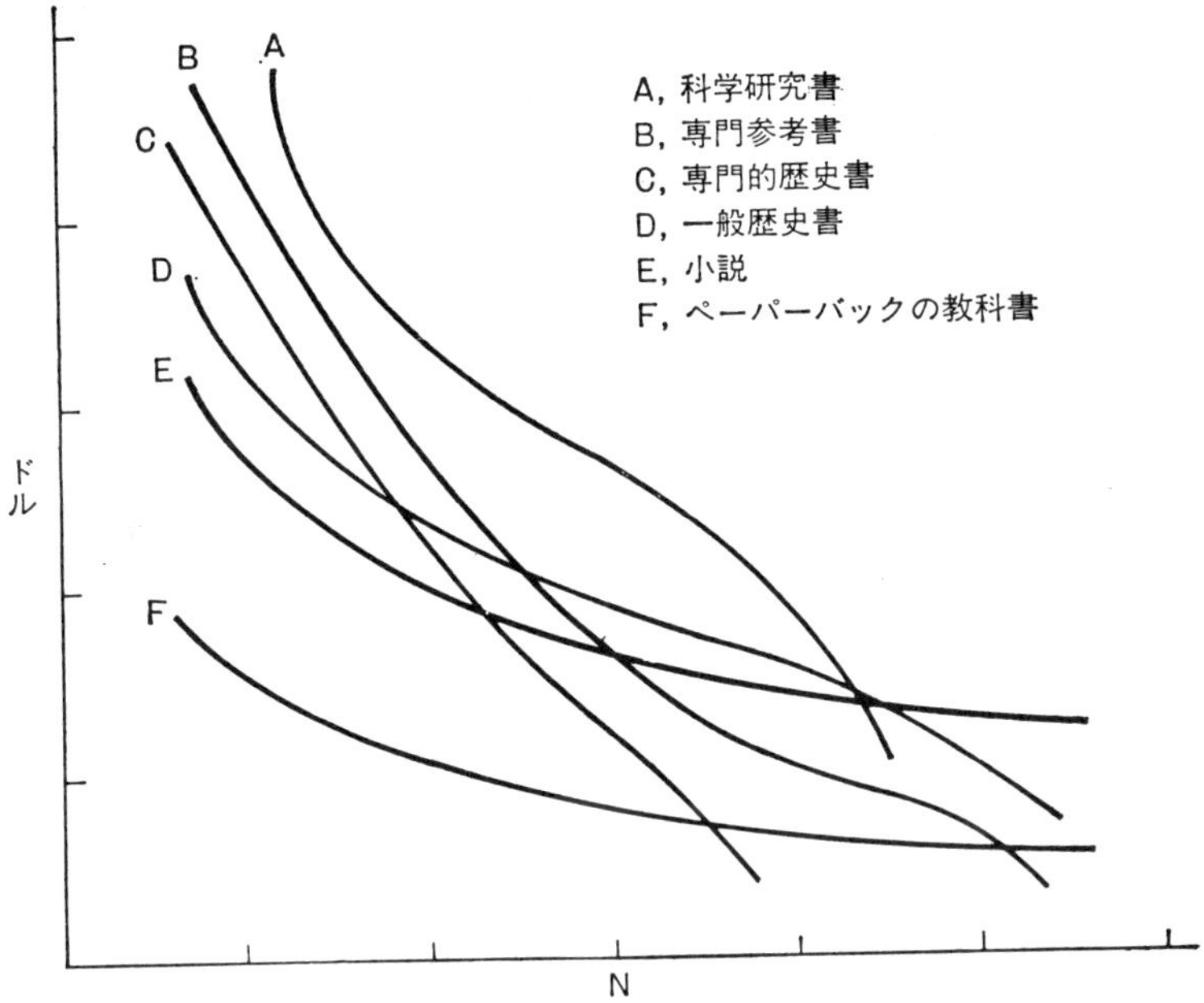

第19図

分自身の判断を用いなければならないからである。だから平均で見るよりも、一点一点の販売記録から、現在計画中の本と同種のものを選ぶ方が、より役に立つであろう。

要するに、出版経営者は、出版部数および定価を決定しなければならないのであるから、手に入る限りの情報を利用して、需要曲線を推定するべきである。少しでも多くの情報を手に入れ、利用するほど、彼の判断はおそらくより適切なものとなるであろう。実際には、経営者はそのような曲線を描いたりはしないし、意識的に需要曲線を考えてみることさえしないかもしれない。しかし、販売予測を立てたり、定価を考える時には、彼は事実上需要曲線を心に描いているのである。需要曲線は、ある本に対する需要を示すモデルであり、それを背景に経営者は、印刷部数・定価・販売計画等々をふくむ出版計画を組立てるわけである。

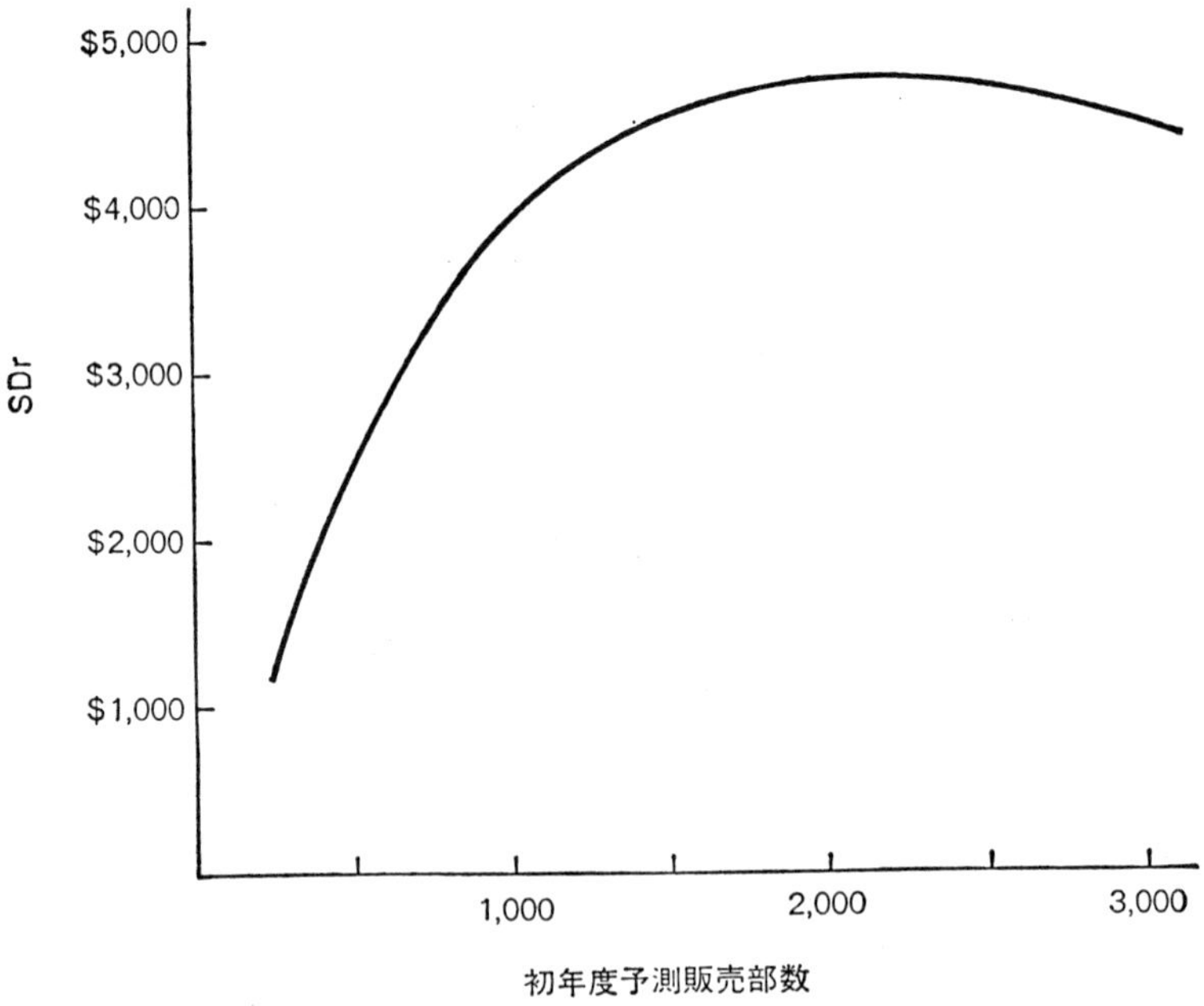

第20図

需要曲線を心に描きながら（意識的あるいは潜在意識的に）、出版経営者はいろいろな定価の場合のSDrを計算することができる。これは、すべての経費をそこから支払うもとになる収入である。たとえば、第十七図にもとづいてグラフを描けば（D＝五〇パーセントとして）、第二十図のような線になる。

ここで原価の方は、いくつかの部分に分けて考えることができる。第一に整版費と製作費（単位製作費掛ける部数）がある。これは第二十一図に示されるとおり、R_1+Npである。これに対し、営業費〔人件費、編集費、販売費、広告費、一般管理費等を総称している〕が加わるが、これもまた固定部分と変動部分をもっている。営業費の分析と、個々の本への配賦については、この章のあとの方でより詳細に論ずることにするが、ここでは、いかなる本の場合でも、編集費とか一般管理費の一部など一定の項目は固定的にき

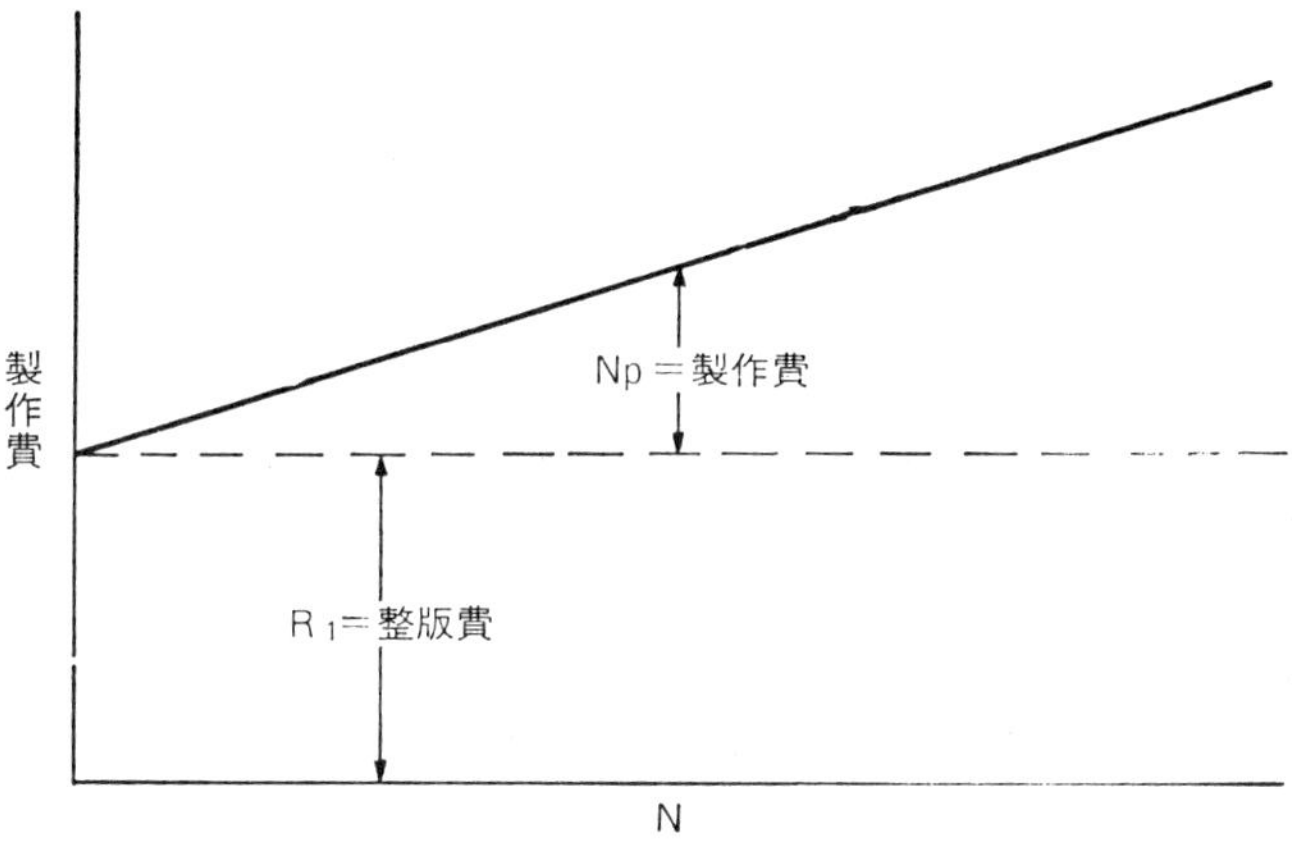

第21図

まってくるし、一方発送・倉庫・受注処理業務・広告・販売等の経費は、印刷部数あるいは販売部数に、おおむね比例するということを指摘しておけば十分であろう。そこで諸経費を一般的な形で示せばE＋QNということになる。ここでEは固定費、Qは単位変動営業費である。これを総合すると次のようになる。

$$\underbrace{R_1+Np}_{\text{製作費}}+\underbrace{E+QN}_{\text{営業費}} \quad \text{又は} \quad \underbrace{R_1+E}_{\text{固定費}}+\underbrace{(p+Q)N}_{\text{変動費}} \qquad (8)$$

さて、最後に、在庫経費を加えなければならない。そしてこれが各版の全在庫期間を通じて、重版の整版費に等しくなるべきことは、すでに見てきたとおりである（ふつう在庫経費は営業費の中にふくめて考えられるが、ここでは理論的な完璧を期して別に加えているのである。本章のこれから後の議論では、在庫経費は営業費の一部と考えられている）。在庫経費は固定費にふくまれる。そこで全経費は

$$(R_1+R_2+E)+(p+Q)N \qquad (9)$$

又はもっと単純化して

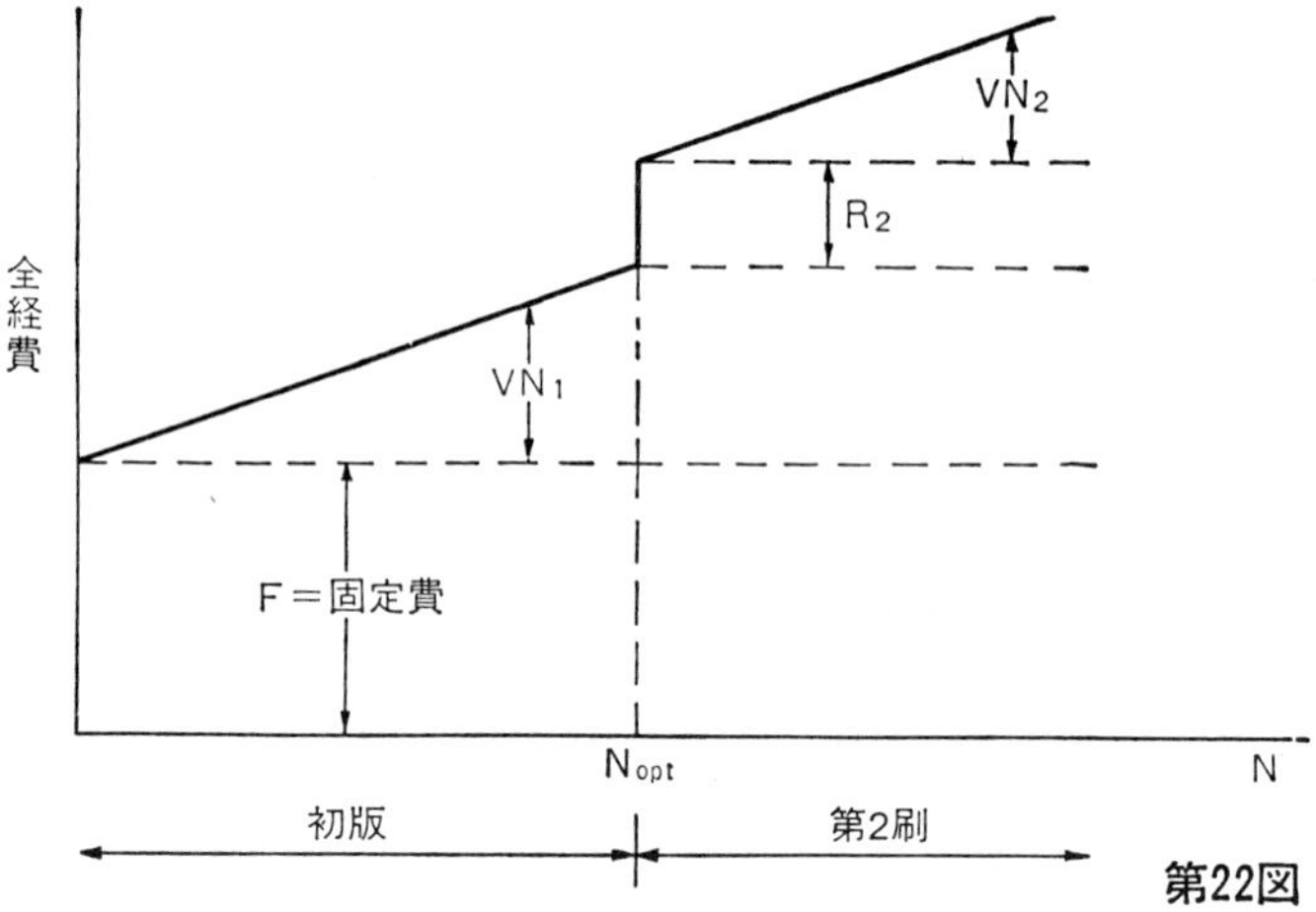

第22図

$$F + VN \qquad (10)$$

となる。ここでFは固定費総額、Vは合成された単位変動経費である。そこで一点の本を出版するための総経費は、第二十二図のように描くことができる。ここでN_{opt}（最適印刷部数）は、この章のはじめに論じた方法で決定されるのである。さて初版から得られる利益または損失は、公式⑽をN_{opt}のときのSDN（第二十図）と比較することによって発見できる。SDNはN冊売ったときの出版社の収入である。

さて次に、経営者が初版から利益をあげることを期待しているという、単純かつ標準的な場合を、もう少しつっこんで考えてみよう。そしてかりに、初版を二年以上かけずに売ることを希望しているとしよう。そのような期間を心にとめながら、彼は書籍Aについて第十七図でみたような需要曲線を算定することができる。この需要曲線から、さらに第二十図に見るように、いろいろな定価に対する売上収入（SDN）を予測することが可能である。もしこの予測値を経費（第二十二図）と比較するならば、たとえば第二十三図のような形になるであろう。この図からN_mのとき、

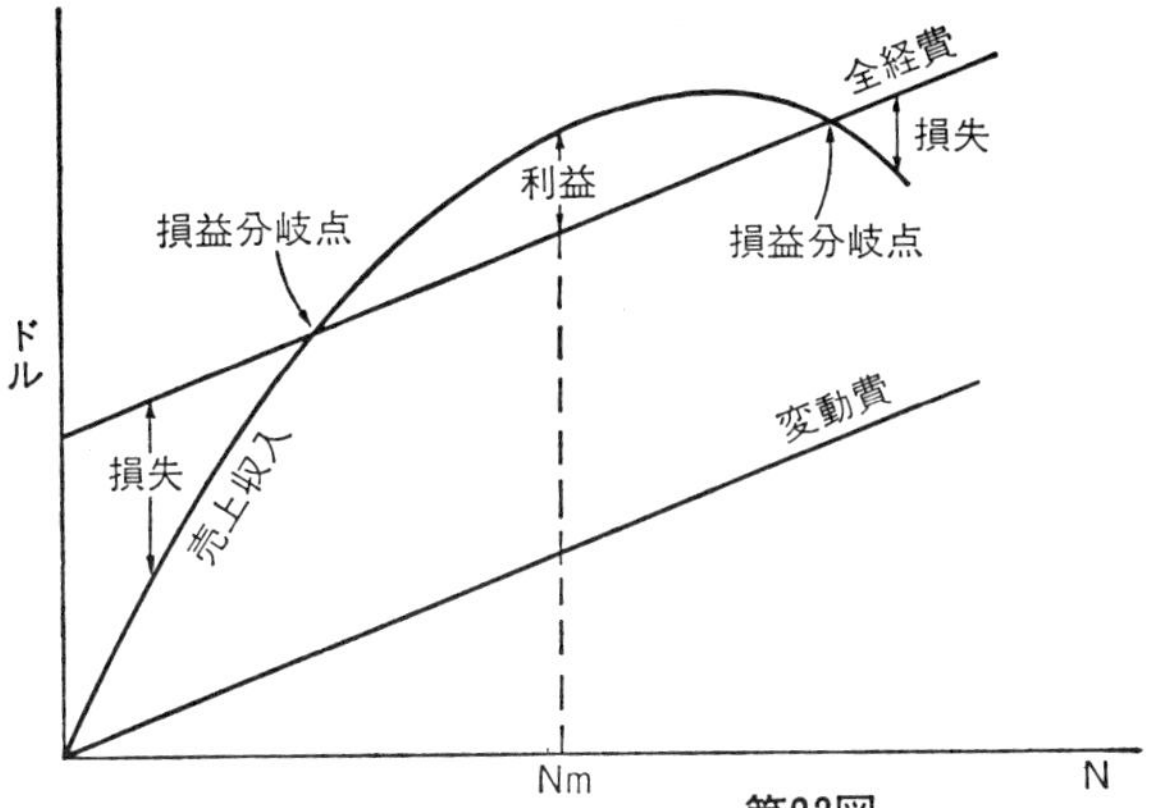

第23図

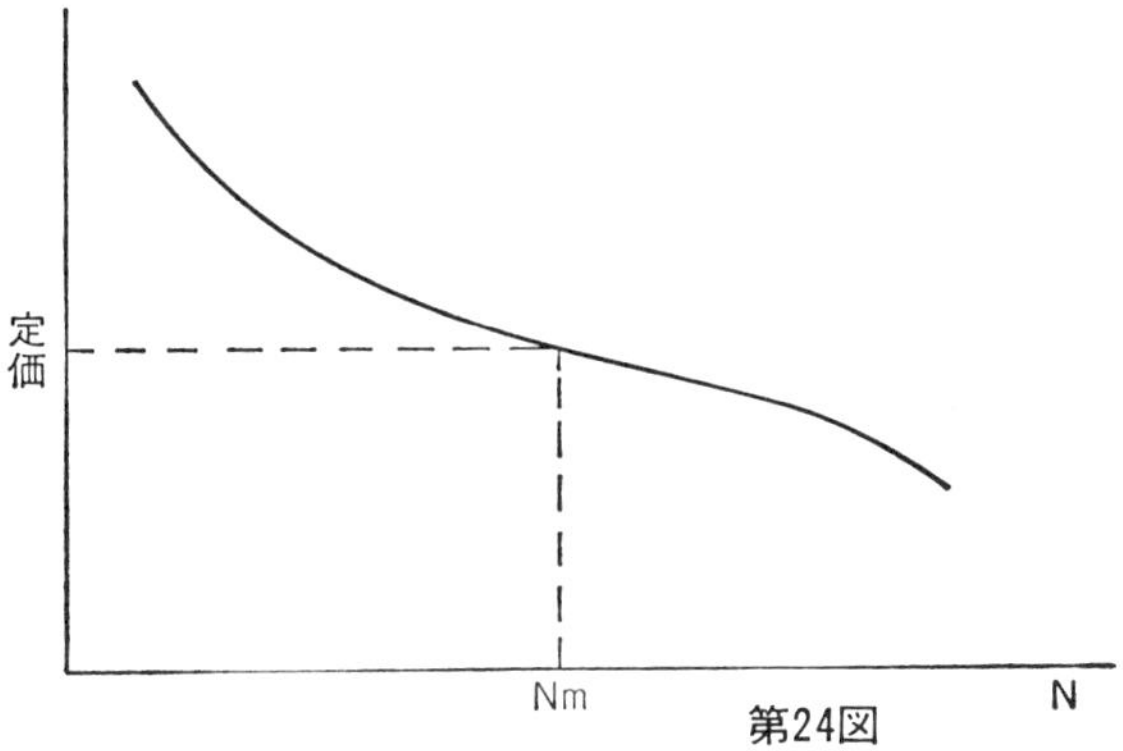

第24図

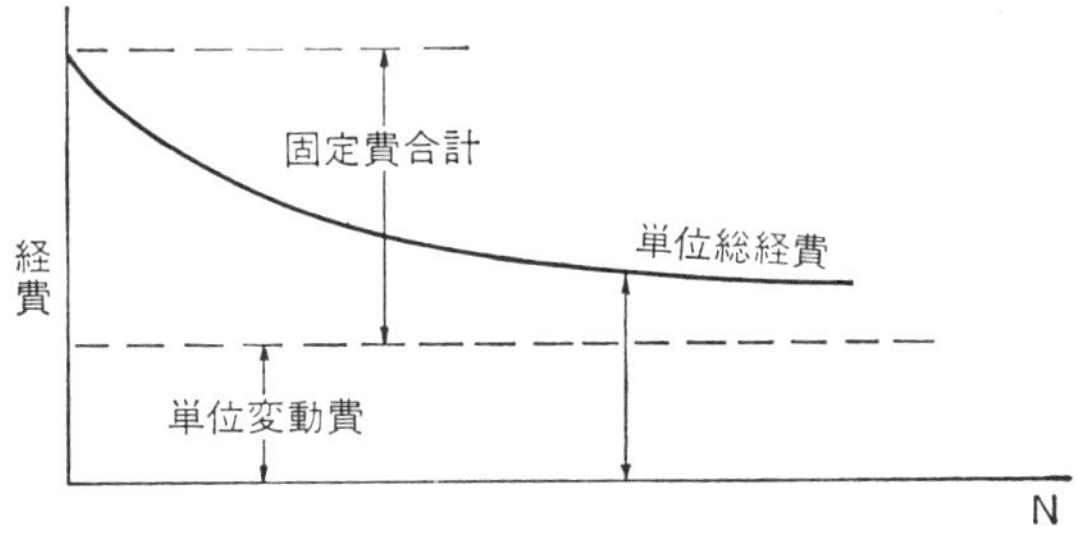

第25図

利益が最大になることがわかるので、彼は需要曲線をもういちど見直し、利益を最大にするような定価を見つけることができるはずである。ただし販売予測が正しいとしてである（第二四図）。

第二三図をもういちどよく見ると、収入と総経費の差（利益）が最大になるのは、変動費と収入の差が最大になるときと同じであることがわかる。いいかえれば、損益は固定費に影響されるが、最適定価（整版費をふくむ）は、固定費に関係ないということである。*

第二三図から読者は、最大利益点がいつでも最大販売収入点の近くにくるものと考えるかもしれない。ふつうはそれでよいのだが、しかしいつでも正しいとは限らないのである。たとえば第二六図の如く、固定費が低く、変動費が非常に高いような本の場合を考えてみよう。手作業ステンシルをふくむ、原色コロタイプ版による復製版といったような場合である。この場合、もし出版社が非常に高い定価をつけ、Nm 部を売るならば大きな利益を得るが、安い定価をつけてN′部売るとすると、N′部の時の総売上収入は前の場合より大きいけれども、大きな損失を蒙ることになるであろう。これは手作業によって製作される限定版の場合に、よくおこる状況なのである。

事実、原価の方はNが増えるにしたがって着実に増加するが、収入見込の方ははじめは増えても、あとで

＊（原注）　出版経営者の中には、固定費をふくめた単位経費にばかり注意を向け、それをもとに定価を決めている人さえいる。しかし、そうしたやり方はわれわれを誤らせ、間違った決定を下すことになる可能性がある。印刷部数が増えれば、高額の固定費がよりひろく単位経費に配賦され、最後には単位経費が第二五図に見るように、変動費に近づくことは明らかである。部数の少い書籍を出版する出版社の場合、単位総経費カーブは非常に急傾斜であって、こうした考えをしていると、誤った出発をすることになりかねない。問題なのは変動費なのである。これは、読者がほしいのは一冊だけであって、どれだけの冊数が一緒に刷られたかは知りもしないし、気にもとめないという事実と対応している。彼はその本の定価を、同じような内容で、同じ大きさ、同じ作りの別の本の定価と比較する。すなわち、変動費が似かよった本と比較するのである。いいかえれば、彼は競争市場で買っているのであって、問題にするのは定価であり、経費ではないということである。出版経営者は、原価を心配するが、読者は原価の心配などしないことを認識しなければならない。単位原価の研究の例として、論文〝書籍の原価計算と定価決定公式〟（ブックセラー誌一九六九年一月十八日号）がある。

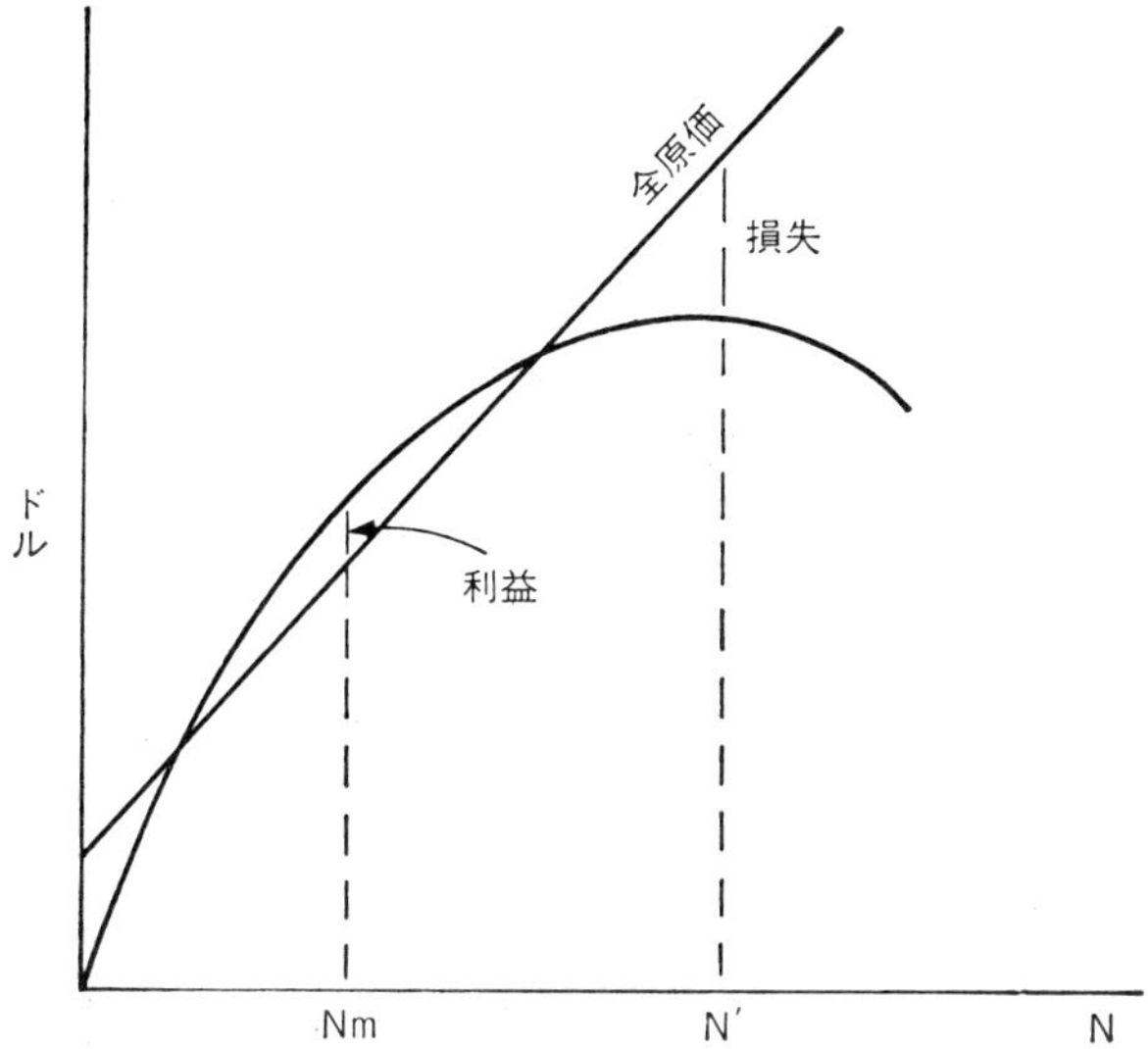

第26図

は減少しはじめるから、出版社にとって最適利益点Nmはいつでも最高収入点より少しだけ低いところにくるのである。出版経営者がなぜ定価を高目につけたがるか、そして著者の方はなぜ低目の定価（もっと多く売れた場合に相当する定価）を主張するかはこのことによってある程度説明できる。それに著者というものは、自分の成功の基準を、印税金額よりも部数（読者数）で測る傾向があるのである。

保守的な定価づけの利点は、損益曲線を描いてみれば明らかにわかることである。損益曲線とは、第二三図に見るように、単純に原価と収入の差額を示したものである。すなわち第二七図のようになる。利益曲線は、頂上から左（高定価・少部数）ではかなり平坦であるが、右（低定価・多部数）ではかなり急激に損失領域に落ち込む。これはNがさらに増えるにしたがって、原価は増えるが収入は落ち込むためである。

そういうわけだから、出版経営者は実際に需要曲線を決定する上での不確実性を考慮して、Nmより少し左の点を採用しようとするであろう。もし実際の需要曲線が予期したより低かった場合（第一八図

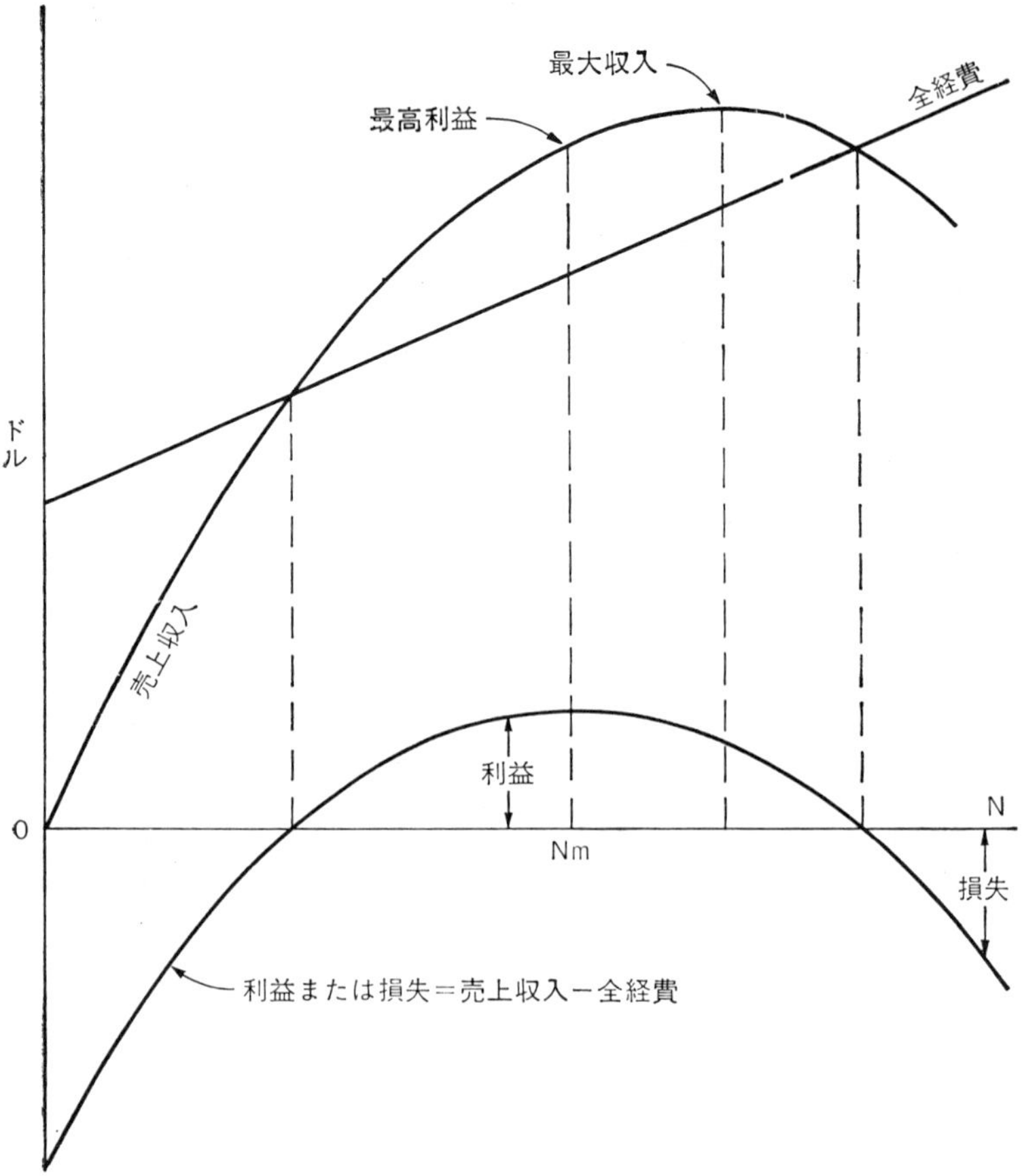

第27図

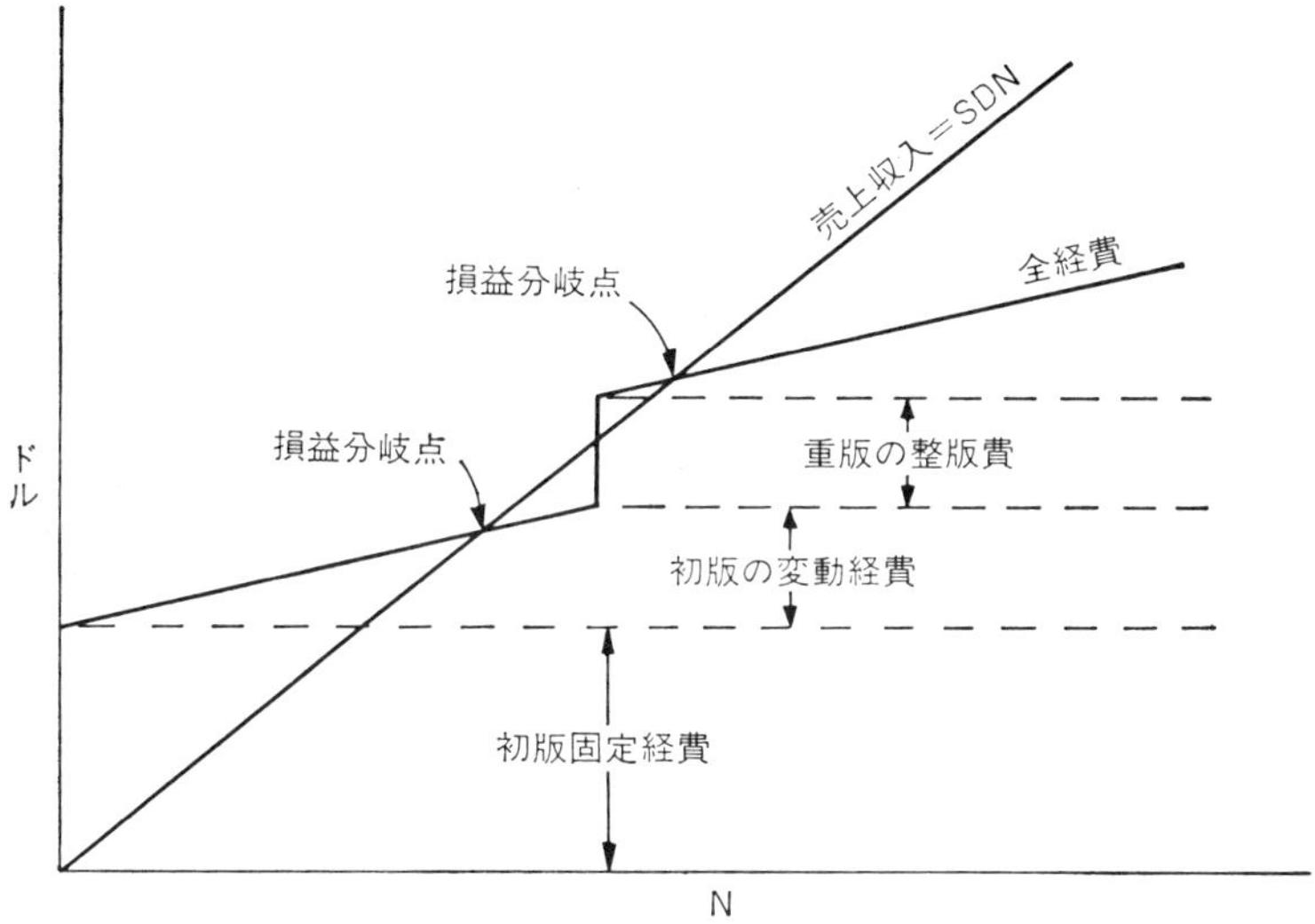
売上収入＝SDN
全経費
損益分岐点
損益分岐点
重版の整版費
初版の変動経費
初版固定経費
ドル
N

第28図

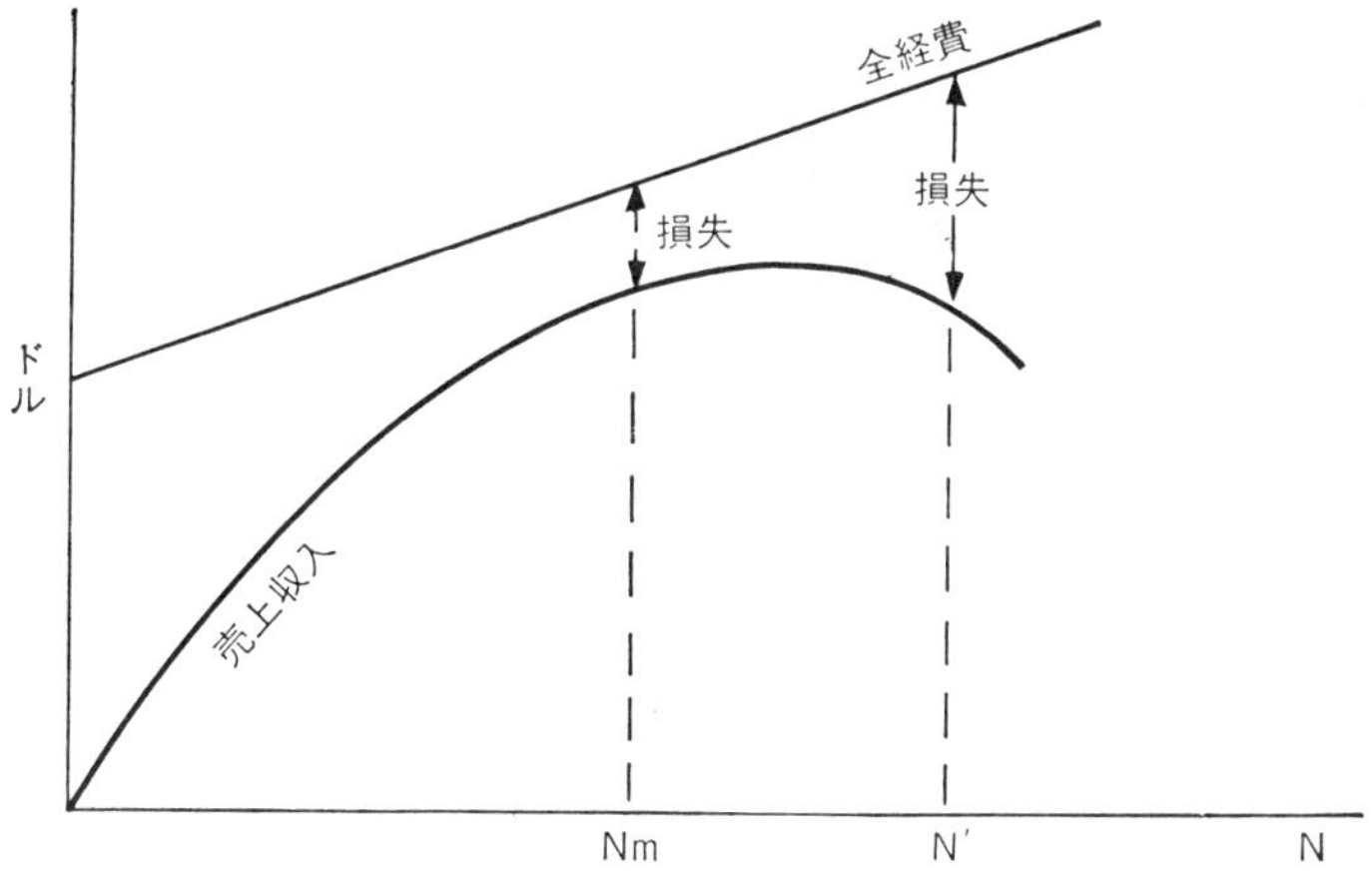
全経費
損失
損失
ドル
売上収入
Nm
N′
N

第29図

を見よ）、定価をあまり低くつけていれば大変な損失を蒙ることになるが、定価が少し高目にきめられていれば、ほとんど同じ利益を得ることであろう。

第二七図はまたいかなる本も、もしそれがともかく利益を生む可能性がある場合、損益分岐点が二つあることを明らかにしている。これら二つの損益分岐点は、収入線と経費線が交る二つの点であって、それぞれに需要曲線における別々の定価と、その時の販売部数に対応している。これら二つの損益分岐点のあいだであれば、いかなる定価をつけても、なにがしかの利益が生ずるであろう。そしてひとたびある定価が選ばれれば、損益分岐点が一個しかないことは言うまでもない。ただし重版の際の整版費のために一時的に赤字状態になるときは別であって、このときは第二八図の示すとおり、もういちど第二の損益分岐点が発生する。

残念ながら、すべての本が必ず一つは損益分岐点をもっているというわけではない。ある本にとって、原価・収入図は第二七図のようにならず、第二九図のようになる。この本Bにとって、経費をまかなうに足るだけのマーケットを見出せるような定価は存在しないということである。しかしそうした本も、学問的、あるいは文化的に重要であり、出版されるべきものであるかもしれない。大学出版部にとって、そのようなことは日常茶飯事であるが、このような場合に経営者は、収入が経費にもっとも近くなるような定価を選ぶことによって、損失を最低にしようと努力するのである。そこで彼は第二九図の如くZmに対応する定価を選び、予測される損失をカバーするための補助金を獲得するよう努めるであろう。時には定価を下げて、より多く売れるようにするために補助が与えられる場合もあろう。すなわち図で刊行部数をN′まで移動しようと望む場合である。図のこの部分では、経費は増え、収入は落ち込むので、助成金提供者（あるいは不注意な出版経営者）は、定価を安くするためにはすごく金がかかることにびっくりするであろう。

さてミクロ出版の損益に関するわれわれの論議を終る前に、次のことを注意しておく必要がある。すなわち初版で損しても、重版で利益をあげることは全く可能だということである。これを図で見るならば、第三〇図のようになる。この図では初版時に固定費が高く、重版の固定費は低く、かつ販売スピードが早いよう

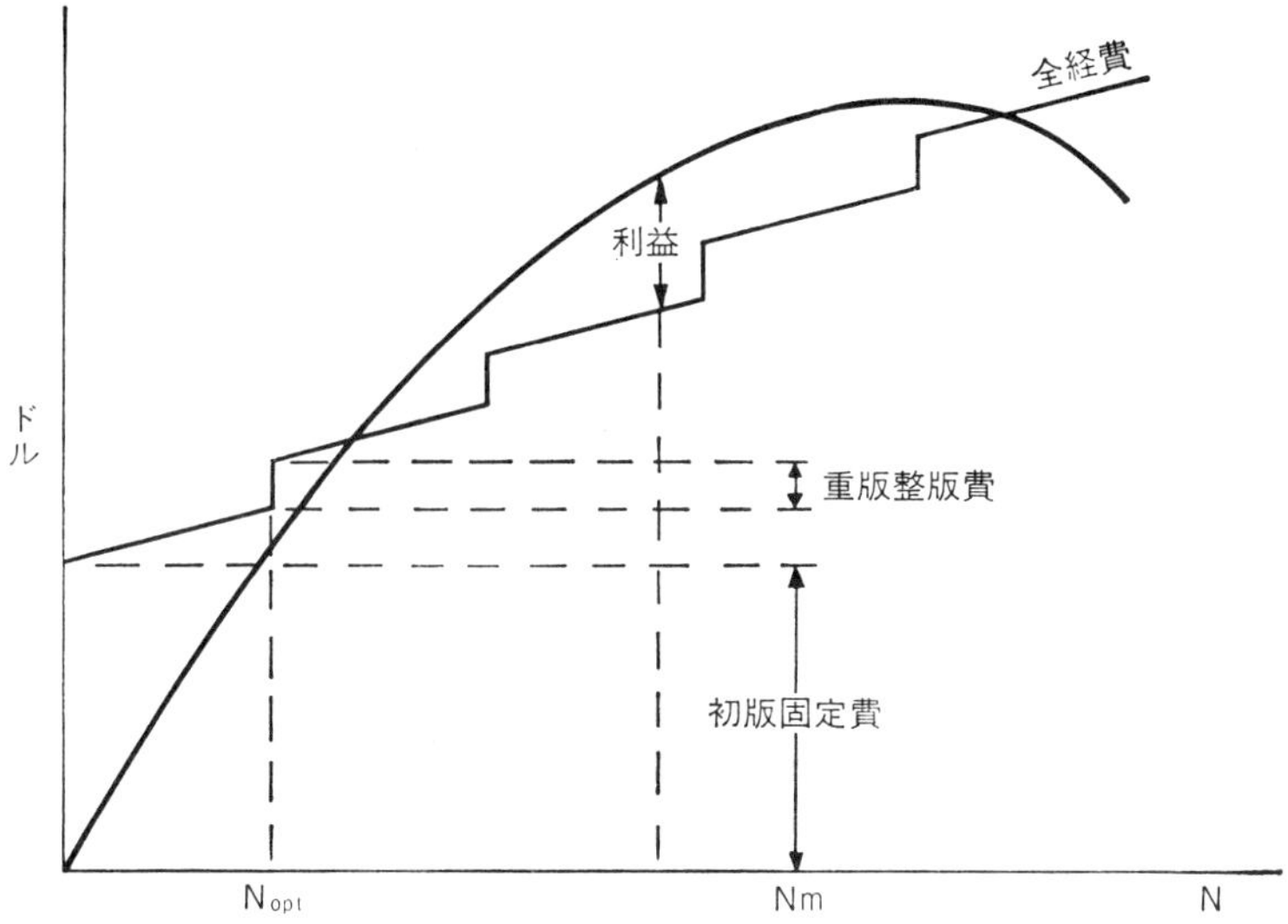
全経費
利益
ドル
重版整版費
初版固定費
N_{opt}
Nm
N

第30図

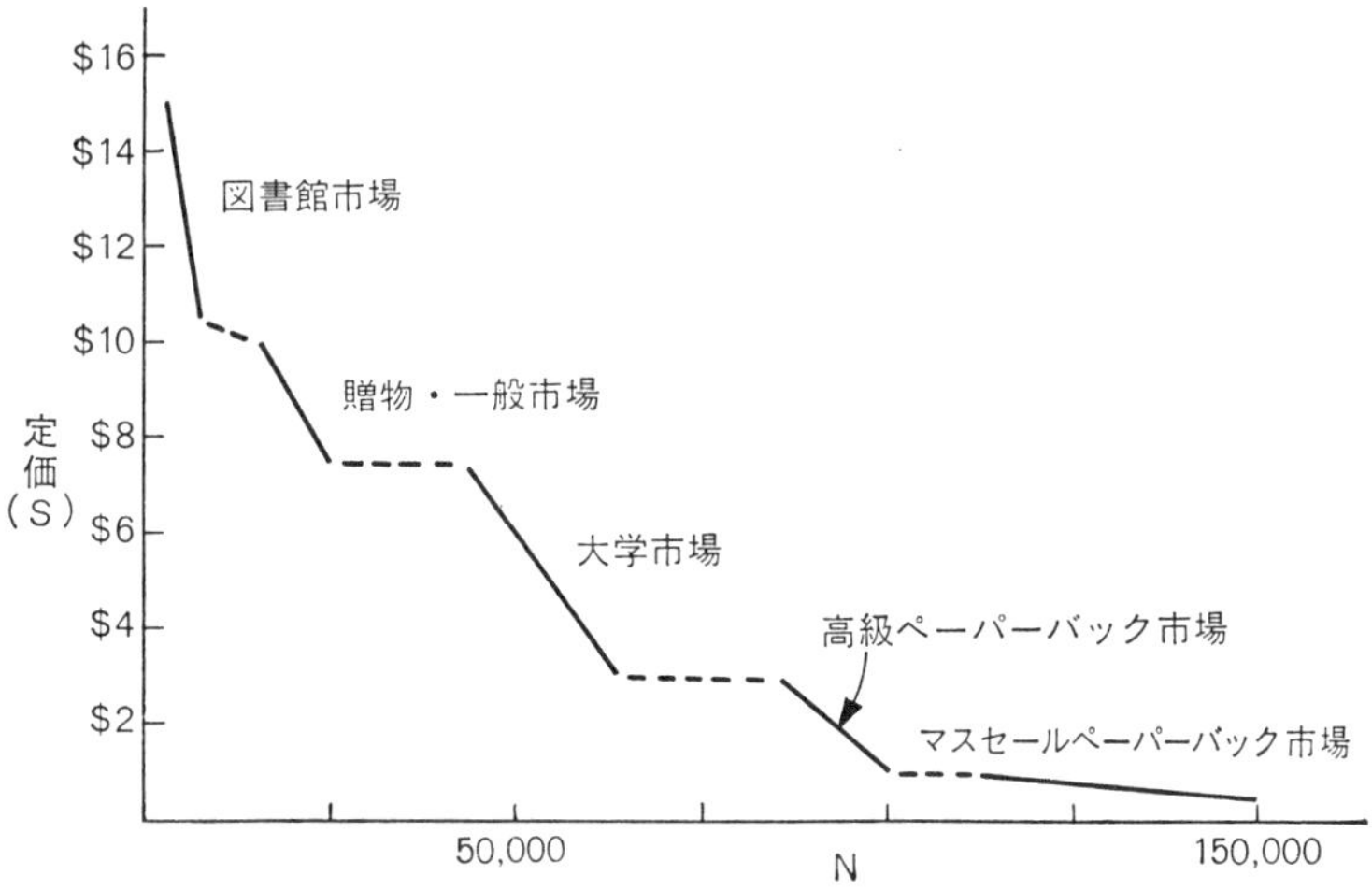
$16
$14
$12
$10
$8
$6
$4
$2
定価（S）
図書館市場
贈物・一般市場
大学市場
高級ペーパーバック市場
マスセールペーパーバック市場
50,000
150,000
N

第31図

な本の場合に、全経費と出版社が受け取る収入（SDN）を対比して示している。このケースではN_{opr}は低く、損益分岐点に達する以前に出てくる。しかしそれでも、それが初版の最適印刷部数であることにまちがいない。しかしその本は、何回か重版されているうちにやがて黒字地帯に入ってくる。そこでわれわれがその本から最も多くの利益を得るであろう定価を決めるには、総原価と収入の差が最大になる地点を求め、それに対応するNmを求め、需要曲線でNmに対応する定価を求めればよいのである。

われわれはこうしていつでも需要曲線、すなわち一定の時間に一定の値段で何部売れるかについての出版経営者の算定、いいかえれば彼がマーケットをどう推定するかに帰ってくるわけである。しかし書籍のマーケットは、決して一様でないことを忘れてはならない。それは、それぞれの定価をもったそれぞれの書籍に対する、それぞれのマーケットの寄せ集めであり、そこに接近する方法もまたそれぞれに異っているのである。だからわれわれは図書館市場、学校市場、大学市場、ペーパーバック市場等々について、それぞれに語るわけである。そうした異った市場が存在する結果、需要曲線がほとんど不連続になるくらい急激な曲り方をすることがある。たとえばある世界的な人物の部厚い伝記本は一二ドル五〇セントでよく売れるかもしれない。そしてそれが最適定価と考えられるかもしれないが、一二ドル五〇セントという値段では、その本はクリスマスの贈り物市場に参加できないとも考えられるのである。本を買うのに、一〇ドル以上は出せないと考える人が多いからである。もし一〇ドル以上払うなら、カラー頁の入った美術書の方を選ぶであろう。だから定価を一〇ドルに下げれば、おそらく売上は非常に増えるであろうが、一〇ドル五〇セント（奇妙な値段である!!）ではダメである。こうしたことの結果、第三一図の示すように、事実上の不連続をひき起すのである。さて定価をさらに引下げていくと、たとえば七ドル五〇セントに達するまでは、売上見込みはわずかづつしか増えないであろう。だが七ドル五〇セントになると、大学の歴史の講義で使われはじめ、ふたたび売上の飛躍が発生する。この教科書市場でさらに定価を下げると、ふたたび売上の増加は緩慢になるが、ぐっと下って、かりに二ドル九五セントのペーパーバックとして出版されるとなると、いわゆる高級ペーパーバック市場に到達したわけで、再度売上の飛躍が見られるのである。そして最後に新聞用紙を用い、九九セントのペーパーバックとして出版し、適当な販売努力を行うならば、いわゆるマス（多量販売）市場に到達することになるのである。このマスセール・ペーパーバックはドラッグ・ストア、駅売店、空港など（書店では扱わないのがふつうである）で売られ、雑誌型の配給組織をもった専門の出版社によって、上製本など滅多に読まない大衆を相手に出版されるのである。最近の傾向として、ペーパーバックだけを売る書店が増えている。大学近くのペーパーバック専門書店は、主として定価の高い高級ペーパーバックを売っており、通行人の多い場所（空港、鉄道駅等）にあるペーパーバック書店は、主としてマス市場用ペーパーバックを売っている。

要するにこの例のような本は、いくつかの異るマーケットをもっているのであって、賢明な出版経営者は最終的にはそれらすべてに到達しようと試みるであろう。そしてその際、収益が最大になるよう出版活動のタイミングを計るのである。たとえば彼は、ある本をクリスマス前に一般書市場・贈物市場に届けるため、一般書正味で、九月初旬に定価一〇ドルで出版することを決めるとしよう。彼はおそらく著者をまき込んだ形での適当な広報活動（ラジオやテレビ出演など）と共に、大衆的な広告媒体に精力的な広告キャンペーンを計画するであろう。次の春、彼はその本を別装幀で、テキストとして、定価七ドル五〇セント、正味八〇％で出版し、来たる秋シーズンの教科書採用を期待しつつ、大学教官にD・M作戦を行い、教材検討用献本を提供するかもしれない。彼は一年かそこらは、これら二つの版、一般書版と教科書版の出版を継続するであろう。それがどれだけ続くかは、大学における教科書採用の続き具合による。最後に彼はそれを、おそらく高級ペーパーバックとして出版するだろう。それが教科書版に完全にとって代ることを知りながら、しかしまたそれが、より広い範囲の大学・一般マーケットに到達することを期待しながらである。このペーパーバック版の出版が軌道に乗った時には、彼は大量販売ペーパーバック専門の出版社に対して、リプリント権を開放するであろう。それによって書店を通して売れる教科書版をあまり妨害することなく、ドラッグ・ストアや空港売店といったマーケットにまで到達するのである。

このようにして、不連続な需要曲線が示しているいろいろなマーケットを、次々に開発することによって、出版経営者は、その本の出版から得られる彼および著者の収益を最大にしようと考える。あるいは別々のマーケットに対して、順次に出版する必要のないこともあろう。いくつかの異った版が同時に出版され、しかも互いに妨害することなく、平和裡に共存しうるのである。たとえば上製一般書版、大学教科書用高級ペーパーバック版、ドラッグ・ストア向けマス・セール用のペーパーバック版など。しかしまた多くの本が、これらいろいろなマーケットに到達する潜在的可能性をもっておらず、ただ一つの形でだけ出版されることはいうまでもないことである。そうしたマーケット予測においては、経験からくる判断にたよる余地が大きいといえよう。

ペーパーバック・マーケットは（〝高級〟であれ、〝マス・セールもの〟であれ）、ある本がもっているマーケット全体の一部であって、全く別の何かではないことが、第三一図からはっきりわかるのだが、このことはしばしば見失なわれているように思われる。ペーパーバックは、単に紙表紙で製本されている本というだけのことであって、上製本とペーパーバックは、製本を除いたら、しばしば全く同じなのである。だから単位原価は製本費分、おそらく五〇セントぐらいしかちがわないのに、定価の方は、例えば一ドル九五セントと七ドル五〇セント、あるいはもっと大きな差がつけられるのである。原価の差のためにではなく、明らかに人為的に定価がこのように差をつけられるのは、異ったマーケット、すなわち公衆のいろいろな期待とか需要に到達するための、製品多様化経済の一例である。上製本はほとんどいつでも最初に出版される。そして多くの本は、それだけで終りである。教科書とか参考書など激しい使われ方をする本や大型の本、重い本、また図書館用の本とか贈物用の本では、クロス装が求められる。書評誌の多くは、上製本についてのみ注意を向ける傾向がある。またすでに見てきたとおり、新刊に対するマーケットの推定は困難であり、原価構成には大きな固定費がふくまれているため、出版経営者は、印刷部数や定価を保守的に決める傾向にあり、結局上製本として部数を抑え、値段を相対的に高くするのである。上製本に成功すれば、固定費は回収できるし、同時にペーパーバックの出版を可能にするような、大きな需要がそれによって創出されるであろう。

ところで上製本の定価を単純に、たとえば二ドル程度に引下げ、ペーパーバック市場に売り込むことは、理屈の上では可能なように思われるが、それは正しくない。本の様式は、それが対象としているマーケットを象徴しており、そのマーケットはまた、特定の流通機構を意味しているのである。ペーパーバックを専門とする卸書店や小売書店があるし、学生に対する教科書指定をペーパーバックに限る教授もいる。またペーパーバックだけを目当てに書店を訪れる読者もいるのである。値段が安いからといって、上製本は同じわけにはいかない。同じ流通機構で流れることができないのである。というわけで、本の様式はそれ自体、販売のあり方を規定してしまう。適当な様式を用いることが非常に大事なわけである。

さて様式の重要さを、上製本とペーパーバックの例をとりながら説明してきたが、様式の選択は、それ以外のいろいろな面でも重要である。需要曲線を推定するにあたって、出版経営者はその本の姿を頭の中に描いていなければならないし、また期待している単一又は複数の市場にピッタリの様式を選ばなければならないのである。贈物用の本は贈り手と受け手の双方をよい気持にさせるよう、値打ちを感じさせるものでなければまづいし、すぐれたデザインのカバーは人々の注意をひきつけ、興味をもたせる上で大変効果的であろう。絵が入るため、あるいは強い印象を与えるために大判でなければならない本もあるし、反対に小型で小ざっぱりした感じにすべき本もある。出版社がある本の様式を選定するにあたって、選択の幅は大変大きいのである。あまり大げさな感じを与えないように、また印刷費・用紙代・製本費を節約するために、圧縮して出すこともできるし、高い定価をつけてもおかしくないよう、頁数を増やすことも可能である。出版計画が進展するにつれて、考慮の対象に入れなければならない製作原価が、様式の選択によって影響されることはいうまでもない。

われわれはすでに、出版経営者が需要曲線を算定するばあい、販売努力は必ずしも一定でないということ、そして経費の計算に、各段階の販売に対する、適当な販売活動費をふくめて考えなければいけないことを見てきた。ある種の本、とくに専門的・学問的な本にとっては、うまく対象をしぼった販売努力で浸透しうる、明確なマーケットが存在している。このような本に対する需要曲線は、比較的容易に描くことができる。しかしその他の多くの本、とくに一般大衆にアピールする本の場合、売れ行きは販売活動に対してより敏感であるから、経営者はもし、よりひろいマーケットに売りこもうと考えるなら、勿論経費と収入のバランスをとりながらの話だが、より多くの販売活動費を支出しなければならないであろう。

要するに需要曲線は、いろいろなレベルの流通を達成するためには、それにふさわしい販売活動を予定しているということである。それが実際にどれだけであるべきかは、もちろん出版に関する知識と判断、また経験によって決められるであろう。だからこれまでの議論は、すべて知識や判断や経験を補足することだけが目的であって、それらにとって代えようというわけではないのである。それに、需要曲線の全体的決定それ自体がまた、知識と判断と経験に大きく依存しているのである。かりに判断が最高によかったとしても、不たしかなことや評価しきれない点は残るであろう。たとえば書評家がどんな受けとめ方をしてくれるか、また書評誌でどれだけのスペースを与えられるか(他の本との競争において)、あるいは特別な報道のチャンスに恵まれるかどうかなど。われわれが実践している用心深い分析は、ある程度まで競馬ファンの行うレース展開の分析みたいなものである。彼らは馬や騎手について知っていなければならないのはいうまでもないが、時には虫のしらせとか予感といったものを頼りに買っているのである。

印刷部数および定価についての要約

ミクロ出版についてこれまで見てきた、どちらかというと技術的な考察は、次のように要約することができる。

1、新刊または重版の最適印刷部数は、その版を売り切るまでに要する在庫経費が、重版整版費に等しくなるような部数である。これを表す公式は

$$N_{opt}=\sqrt{\frac{2Rr}{pc}}$$

そこで他の条件が不変であれば、印刷部数は重版整版費および販売スピードの平方根に比例し、単位製作費および在庫経費の平方根に反比例することになる。

もし二冊の本が単位製作費と販売スピードを等しくするとき、一方の重版整版費が他方のそれの二倍であるとすれば、重版整版費の高い方の本は安い方の一・四倍（又は$\sqrt{2}$倍）印刷すべきである。同様に、もし他の条件が等しくて、一冊の本が他の二倍速く売れる場合、われわれは速く売れる方の本を一・四倍（又は$\sqrt{2}$倍）刷るべきである（二倍ではない！）。

もし重版整版費と販売スピードが等しい二冊の本で、一方の単位製作費が他方のそれの二倍であるならば、単位製作費の高い本は安い本の〇・七倍（又は$1/\sqrt{2}$倍）刷るべきである（安い方を一・四倍（又は$\sqrt{2}$倍）刷れというのと同じである）。

2、ある本の最適定価は、総出版経費と需要曲線から計算される予測収入を比較して、利益が最大になるか、または損失が最小になるような定価である。

3、最適定価と最適印刷部数は、ともに変動費によって影響されるが、どちらも整版費のような固定費の影響を受けることはない。

4、第3項にもかかわらず、ある本から得られる利益又は損失は、各種の固定費によって、強い影響を受ける。

5、出版計画は、予定される特定マーケット（単一又は複数の）に売り込むために適当な、または十分な

販売努力をふくむものでなければならない。そしてそのための経費が、予算にとられていなければならない。

6、種々の関連事項を考えるばあい、判断にたよらねばならぬ余地が多いが、技術的分析は、そうした判断のための指南役として用いられるべきである。賢明な出版経営者は、自分がしなければならぬ賭けに対し、安全策を講ずるであろう。彼は売るためにあまり長期間かかる量を刷らないであろう、とくに十分な運転資本に恵まれていない場合には。彼はまた、需要予測の不確かさを知っており、需要が過大に評価され、定価が安すぎた場合に発生する損失曲線が、急傾斜で落ち込むことを知っているので、需要予測によって示される最適定価より、少し高目に定価をつけようとするであろう。

個々の書籍に賦課される経費

この章での試みを完結するためには、出版経営者は、一点ごとの出版総経費という見地から考えることが必要である。そんなことは必要ないという経営者もいるかも知れない。事実理論的には、ある本からの収入が、その本の出版によって発生する（製作および営業の）経費の増をこえて、最大であるような本を選びさえすれば十分のはずである。すなわち、限界収入と限界経費を比較するということである。しかしその出版社が、仕事の大部分を契約で外部に請け負わせる（小出版社が創立のごく初期にやる場合があるように）ような場合以外、このような形で実際の問題が発生することは、ふつうはないのである。継続企業においては、出版経営者は避けることのできない何がしかの営業費を支出している。とくに給料が大きい。そこで出版企画についての理論を貫徹させるためには、営業費を企画に配賦する、何らかの合理的方法をもっていなければならないことになる。出版の総経費について大よその数字をつかみ、年度末には経費をすべて支払ったあとで利益が残るような収入を確保するためである。

ミクロ出版の経済についての議論で、すでに見たとおり、営業費と製作費はそれぞれ固定費と変動費から成り立っている。固定的な製作経費は整版費《プラント・コスト》とよばれ、変動的製作経費は製作費《プロダクション・コスト》とよばれる。そこで総製作原価は第二一図に示すとおり R_1+Np である。われわれはまた、営業費も固定費と変動費に分けられることを見てきた。これは公式(8)で $E+QN$ と表示されている。そこでは、営業費の内容と一点ごとの配賦の詳細については、後に述べることを約束したのであったが、いまやそれをすべきときである。先ずはじめに、第三章で論じた標準損益計算書に現れる、営業諸経費の分類からとりかかろう。それは第二表のように区分することができる。

第二表　営業経費

A　本の大きさ（頁数）に関係するもの
　1　編集費
　2　デザイン部門費（とくにさし絵のある本の場合）
B　印刷部数または販売部数に関係するもの
　1　製作費（重版回数が増える）
　2　販売費
　3　広告宣伝費――つかみどりの広告費を除く
　4　発送・倉庫経費
C　AおよびBに直接関係しない固定費（一般管理費）
D　つかみどりの広告費

これは、どちらかといえば荒削りな分類である。経験ある出版経営者なら、直ちに編集費の大部分、事実上原稿編集費を除くほとんどすべてが、本の頁数と関係ないこと、またデザイン部と製作部の仕事は、本の頁数・部数に極めてラフにしか関係しないことに気づくであろう。しかしそれでも、もしこれらの経費が総経費算定のために、個々の本に配賦されなければならないとするならば、この分類は、それなりに有効なものといえよう。そこで、一点の本を出版する営業費は、次のように表現することができる。

$$Ag+BN+C+J \qquad (11)$$

ここで、A＝頁数に比例する経費
B＝印刷部数に比例する経費
C＝固定費の配賦
J＝その本のための広告予算
g＝頁数
N＝印刷部数

第二表は損益計算書にある、すべての営業費をふくんでおり、在庫経費はすでにCにふくまれているので、公式(9)に見るように、在庫経費としてR_2を加える必要はないことを注意すべきである。

第一の方法　最も単純な場合、Aは第二表A項にふくまれる予算項目の総額を、その年度内に出版を予定する（あるいは編集部・デザイン部が取り扱うと予定される）総頁数で割ることによって、得ることができる。Bは第二表Bにふくまれる項目を、年度内に印刷（又は販売）する予定の新刊・重版総部数で割ることによって得られる。Cは一般管理費総額を、年度内に発行を予定される新刊・重版点数で割ることで決めることができる。Jは過去の経験とその本についての知識にもとづいて割当てられた、つかみどりの広告費の実際額である。

上述のようにして算出した変数値を用いて、公式(11)をそのまま適用するのが、営業費を配賦する論理的な方法といえるであろう。しかし実際に、こんな風に実行している出版経営者がいるとは、私も思わない。そしてこの方法は、若干の修正を加えないでは、おそらく望ましいとさえいえないしろものというべきであろう。最も重大な問題は、固定費Cの配賦に関して発生する。Cが特に問題なのは、それによって一般経費と管理費を個々の本に負担させるとき、真に論理的な配賦方法がひとつも存在しないからである。すなわち、Cを配賦するいかなる方法も、恣意的たることを免れないのである。どの本も、同額の経費を負担すべきであろうか？　第一の方法の如く、定価の高い大きな本は、定価の低い小さい本より多くの経費を負担すべきであろうか？　大量に売れる本は、少量しか売れない本に比べて、余計の経費を負担すべきであろうか？　一般経費と管理費は巨額であって、通常全経費の一五パーセントから二〇パーセントに達するから、それをどのように配賦するかによって、その他の決定に、いちじるしい差を生ずるであろう。そこで第二の方法と第三の方法は、固定的一般経費を、大きな本（定価の高い本）や、大量に刷られる本により多く配賦し、小さい本や印刷部数の少い本により少く配賦する方法を示している。

第二の方法　第二の方法は、これらの経費を個々の本に全く配賦しないやり方である。すなわち営業費公式として

$$Ag+BN+J \qquad (12)$$

を用いるわけで、その結果、収入予測額と総経費との差額はいまや利益ではなくなり、〃一般経費および利益に寄与する額〃ということになる。出版経営者は純収入に対比して、この額に最低の標準率を設定するこ

とができる。たとえば、〈ある本が、製作原価と営業費〔式⑿で計算して〕をつぐなって、なお少くとも純収入の二五パーセントは一般経費と利益に寄与すると期待できなければ出版しない〉というふうに言えるであろう。もし彼がこの方法をとるとしたら、その事情は第三二図に示されるとおりである。定価に影響はないであろう。なぜなら七五％SDNはSDNと同じ基本型をもっているからである。もし経費線が、七五％SDN線とともにかく交わるならば、出版経営者は、その本が最低予測利益を生むことを期待できるわけである。

この方法の難点は、個々の本に配賦される一般経費の額が、その本からの収入に比例するということである。だからある本への一般経費配賦は、定価と予測販売部数によって影響されることになるのだが、それは現実とは合致しないわけである。ある本の出版を計画するばあい、総営業費は、一定の額（製作原価と同様）であって、定価をどうつけようと、何部売れようと、それにかかわりないといえる形の方が好まれるであろう。しかしそれにもかかわらず、第二の方法はひとつの合理的な方法にちがいないのである。

第三の方法　各点に一定の営業費を配賦するという長所をもった第三の方法は、一般経費の一部を、前述の変数値計算において、係数AおよびBに配賦し、残りを一定の固定最低額として、各点に配賦する方法である。かくて一般経費の三分の一は、頁数で割る前にAに加えられ、三分の一は印刷（販売ではない）部数で割る前にBに加えられ、残りの三分の一は各点に等分されるわけである。これは公式⑾に示されるのと同じ結果を生むであろうが、この方法では、定価の高くて大きな本や、多量に売ることを期待する本に、より多くの一般経費が配賦されることになろう。

大部分の出版社、とくに大きな出版社では、一般経費を純収入に比例して配賦する方法を好んでいる。事実それが一点ごとの出版計画に、大きなひずみを生じさせているにもかかわらず、多くの出版社は、単純にこの方法で全営業費を計算しているのである。小さい出版社は、個々の企画に対して、より精密な計画をたてる必要があり、したがって、第二の方法または第三の方法に、必要に応じて修正を加えたものが、おそら

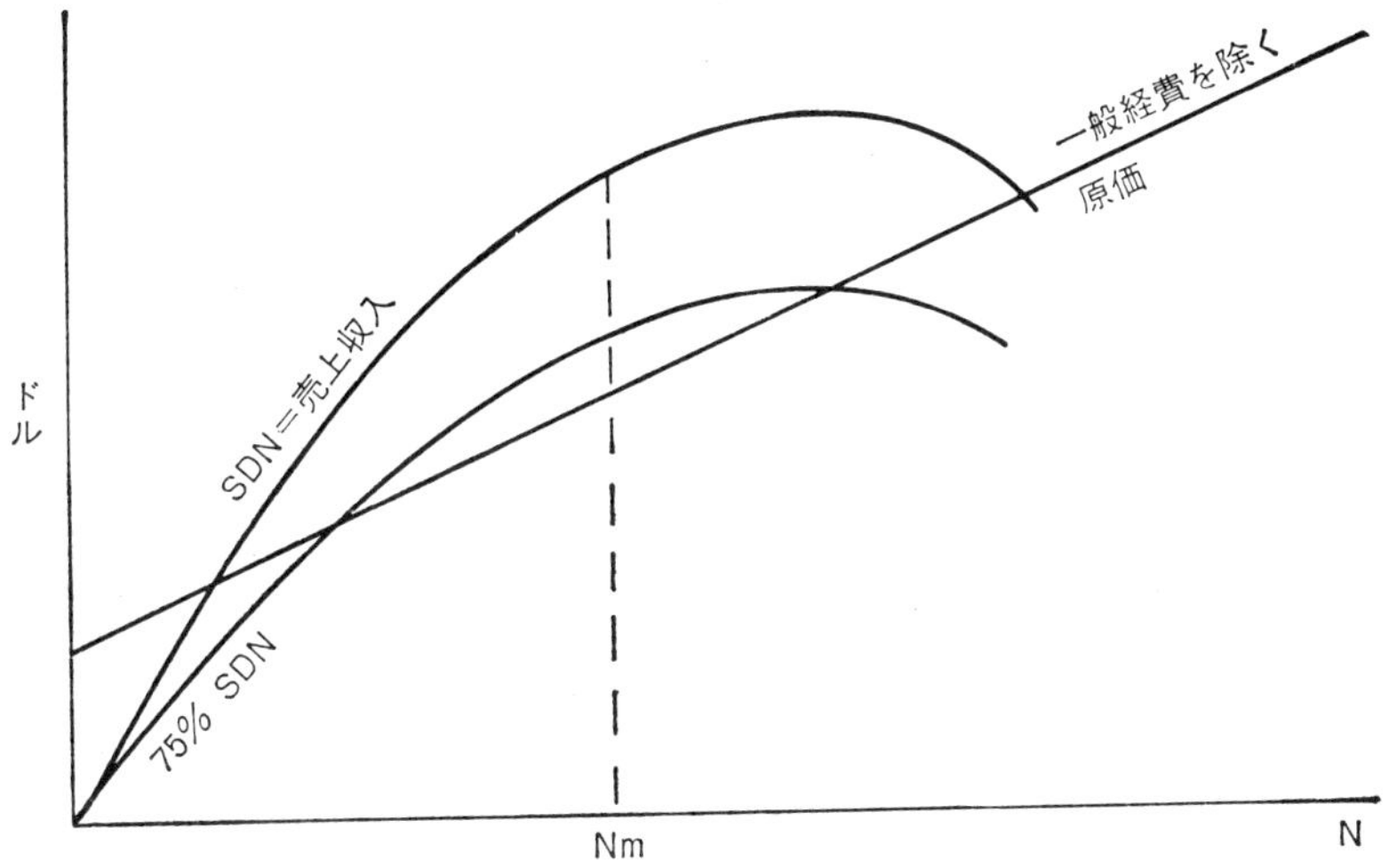

第32図

く適しているであろう。大学出版部のばあい、補助金の必要性を説得したり、出版のことに門外漢の大学当局者に、財政問題を説明しなければならないことがしばしばであるので、第三の方法が魅力的に思われることであろう。なぜならそれは説明がしやすく、定価や販売予測数と無関係に営業費予定額を、具体的な数字で与えてくれるからである。そこで第三の方法によって、ある新刊に対して配賦される営業費は

$$Ag+BN+C+J$$

となる。ここでAは頁当り金額、Bは一部当り金額、Cは一般経費の固定配賦額、Jはその本のために費すつかみどりの広告予算である。

重版のための営業費の配賦額は

$$BN+C+J$$

である。なぜなら重版では、Aに属するいかなる経費もないからであり、Jもまたしばしば非常に小さいか又はゼロである。

要約するならば、ある特定の本のために必要なものと認定しうる限り、できるだけ多くの営業費を、個々に配賦することが望ましいが、何らかのかなり恣意的な方法によらなくては配賦することのできない営業費が、いつでも大きな部分を占めていることであろう。これらの一般営業費をいかに配賦すべきかは、それぞれの事情にもよるのである。そしてある意味では、出版社が毎年かなりの本を刊行しつづけているとすれば、どんな方法を用いるか、あまり問題にならないといえるのである。経営者は、その本のためにかかることがはっきりしている製作原価と、その他の経費（ゲットアウト・コストとよばれることがある）をつぐなって、一般経費および利益に、最も多く寄与するであろう本だけを、単純に選びとればよいのである。しかし多くの出版社、ことに小さな出版社や部数の少い本を出版する出版社は、個々の出版企画に対して、より明確な数字を必要としており、そのような場合には、ここで論じられたような諸方法が役に立つはずである。*

ミクロ出版からマクロ出版へ

一点出版《ミクロ》の損益を正しく計算し、印刷部数や定価を決定するためには、諸経費をどのように個々の本に配賦すべきかを論ずることによって、われわれはふたたび損益計算書の形で示される全体出版経済につれ戻されることになった。われわれは、マクロ出版の仕事の流れにともなう経費が、ミクロ出版上の決定のために、

＊（原注）　ダニエル・メルチャー氏は本書のこの部分を読んだ上で、第三章の経営比率報告に関し、次のような批評を寄せられた。〝もし私が一般管理費として、そんなに大きな数字とぶつかるのだったら、より細分化した形で示すように求めるであろう。私はこの種の経費は、それ以上どうにも配分できないところまで配賦しつくして、残った額は全く配賦しないという方式がよいと考えている。このやり方は、会計士には気に入らないし、彼等の飯の種を少しばかりとり上げることにもなりかねない。なぜならこの方式をとると、もし出版しなかったらより大きな損をしたにちがいない〔だから出版してよかった〕企画について、「これは赤字です」などと忠告する〔バカげた〕会計士の仕事が不要になるからである〟。この批評は、ここで私の説くところと全く一致しており、私の考えをそのまま代表している。

一部は恣意的な方法もふくめて、分割されねばならないことを知った。しかし分割が、各経営者の抱く特別な問題や目的にしたがって、ある程度、恣意的になされねばならぬという事実自体が、全体としての出版計画の一貫性を示すものというべきであろう。多くの点において、一点一点の新刊は新しい事業のようなものであり、そのようなものとして考慮しなければならない。しかしそれはまた、大きな流れの一部分であって、その扱い方はかなりの程度、その社の性格によって異るのである。

割引〔正味〕

この章のはじめの方では、割引の問題はザッと触れるにとどめた。公式(7)でDは定価に対して出版社が受け取る率（百パーセントマイナス割引率マイナス印税率）、NSD（Nは販売数、Sは定価として）は製作原価および事務費に充てることのできる出版社の収入であった。ここでわれわれは、印税を考える前に、割引の問題を、それだけ切りはなして考察してみよう。

パブリッシャーズ・トレード・リスト・アニュアル〔新刊年報〕とかアメリカ書店協会ハンドブックをちょっとのぞいてみれば、割引というものは、実に複雑な問題であることがわかるであろう。出版社の割引は全くマチマチである。事実上、公正取引法によって出版社（およびその他の業者）は割引について協定することを禁止されているので、各社それぞれに割引基準を設けている。しかし出版社は、一般に書店や卸書店を通して同じマーケットに売っているのであるから、割引がその多様性にもかかわらず、一方でかなり類似性、共通性をもっていることも事実である。

もし出版社が、自分の本を書店の店頭に並べてもらいたかったら、注文をして在庫する価値があると感じさせるほどの割引を書店に与えなければならない。一般には、書店は少くとも四〇パーセントを必要としているが、定価の高い技術書では、三三・三パーセントでもやっていけるであろう。出版社からすれば、書店に自社の本を数多くストックしていてもらいたいから、多量注文にはより高い割引率を与える形で訴えようとする。すなわち、段階的に四六パーセントまで、そして合計冊数で極めて多量な注文に対しては五〇パーセント与える場合さえあるのである。逆に一冊きりの注文に対しては、三三・三パーセントあるいはそれ以下の割引しか与えず、むしろそうした仕入を抑制しようとする。これが普通の形であって、平均割引率は四〇から四五パーセントにわたっている。卸書店〔訳注 すでにコメントで述べたとおり、卸書店といっても、日本の取次とちがい図書館等を対象として販売活動をする書店である。日本の取次に当る組織はない。〕は多少割引を多く与えられる場合もあるが、多くの出版社は、小売書店と卸書店に対して単一の割引基準を適用している。卸書店は、ただ多量に注文するから大きな割引を得ているだけである。出版社はふつう図書館からの注文に対して一〇パーセントまたはそれ以上の特別割引を与えている。主として図書館をおとくいとしている卸書店は、出版社にまとまった部数を発注して四五パーセントの割引を得るから、図書館にかなりの割引を与えても、その販売から利益をうることができるのである。

ある種の本は、主として書店以外のルートを通して売られている。たとえば小・中・高校教科書は製作原価の積算で直接学校システムに売られる。州単位で教科書の採用が決められる州では、出版社は入札によって標準教科目用の一連の教科書を供給するのである。大学教科書は主として書店、とくに大学書籍部を通して売られるが、この場合、書店は販売のために特別な努力とか投資をする必要はない。教官の請求によって必要な本をとりよせ、学生の需要にこたえ、残本を返品するだけである。だから大学教科書に対してはふつう二〇パーセントくらいの低い割引率を適用するのが一般的である。

大学の講義で、必読書に指定されたり、推せんされるペーパーバックが増加しており、そうした背景の下に、ますます多くのペーパーバックが標準的教科書割引（高正味）で出版されているけれども、一般のペーパーバックについては話は別である。大部分のペーパーバックはスタンドで売られ、注文部数によって、四〇パーセントあるいはそれ以上、目一杯の割引が必要である。

出版社の割引基準を検討すれば、以上のほかにもっと数多くのカテゴリーや変形があるのを発見するだろう。しかしここで問題なのは、出版社は自社の本を売るための競争市場にいるのだということ、そして自社の本を売ろうと思うとき、いつでもそれが魅力的に見えるほどの割引を与えなければならないということである。彼は書店・卸書店の限られた仕入資金、図書館の図書購入予算、学校教育システムや学生個人の教科書予算などをとり合う、競争の渦中にいるのである。出版社はもちろん必要以上に高い割引を与えることはないであろう。しかし出版産業における競争には対応しなければならない。また一出版社の刊行物の中でも、異った割引率が適用される、いくつかのカテゴリーをもつ場合があるし（一般書、教科書、ペーパーバックなど）、また同じ本が注文部数の差や、購入者の差（書店、卸書店、図書館等）によっていくつかの異なる割引率で売られることもある。出版社は時々割引基準を調整するし、またいずれにせよ、各種割引率適用区分ごとの売上比率は年とともに変化するし、購入者区分ごとの比率も変化するであろう。したがって出版社としては、予定収入計算で用いられるべき変数Dを決めるために、各区分平均の割引率を定期的に検討することが必要となるであろう。しかしDを決めるためにはそれだけでなく、出版社としては印税をも考慮しなければならないのである。

印　税

これまでの議論では、印税についてほとんど触れなかったから、印税は重要でないと誤解されたかもしれないが、勿論そんなことはない。それは極めて重要な問題である。印税は原稿に結晶した著者の知識、想像力、そして彫心鏤骨の努力に対して著者が受け取るところのものである。著者なくしてはいかなる本もありえないのであって、著者が支払いをもって報われるべきものであることはいうまでもない。

印税は、著者に対する支払いの標準的な形である――すなわち売れた部数に対し、定価の一定のパーセントの金額である（定価の代りに出版社の純収入額を基礎とすることもある）。だから著者には、ふつう販売部数と定価に比例して支払われるわけである。すでに見てきたとおり出版社の側が、著者の希望するより高い定価をつける傾向があるけれども、両者の利害は完全に一致する。ひとたび定価が決ったら、出版社はできるだけ多く売りたいと思うし、著者の印税は出版社の成功に比例して増えるからである。

印税として何パーセントを著者は受け取るべきであろうか？　著者のためには、この解答は、できるだけ多くということになるであろう。しかし印税率は、出版社のあいだであまり大きな差異を示していない。大部分の出版社は、たとえばはじめの五千部は一〇パーセント、次の五千部は一二・五パーセント、一万部以上は一五パーセントといったような標準をきめている。しかしこのような標準率は、特定の著者に対しては破られることがしばしばある。他の出版社との競争があるからである。出版社は、著者の獲得のために競争するわけで、印税率は競争のひとつの場である。競争のもうひとつの場は、印税前払額であって、ぜひとも競争に勝ちたい出版社は、その本が標準の印税率で稼ぐと思われる額以上の前払いを申し出ることがままあるのである。前払いは一種の保証額であるから、自社の標準印税率以上の印税を支払うという技術的問題を避けて、競争できるわけである。出版社は印税の標準率を崩すことをいやがるが（それは噂がすぐひろまるからである）、何といっても競争市場の問題なのである。だから著者としては、他の条件が同じである限り、できるだけ有利な印税契約を結ぼうと努力するであろう。しかしその他の条件が等しいことは滅多にないのである。個々の著者はしばしば特定の出版社に対する好みや過去における関係をもっている。彼はどこそこの出版社が彼の本をより注意深く編集し、より美しい造本に作り上げ、またより有効な広告・販売をしてくれることを信じているかもしれない。そして印税とは別に、これらを考慮することもまた著者にとって非常に大事なことなのである。

そしてこれらが著者にとって考慮すべき点であるということは、同時に出版社にとっても考慮すべき点であるわけである。われわれは第三章において、出版企画の採否決定を論じたときに、これらの問題のいくつかをすでに見てきた。出版経営者は原稿の買手として競争場裡にあり、みずからの判断にもとづき、印税率・前払額およびその他のサービスで競争するのである。

さてここで、いくつかの出版社への、原稿の同時提出について少しく論じておこう。これは著者や著作権代理業者が時々用いる手だが、出版社側にはいやな顔をされるやり方である。というのは、そうしたやり方によって出版社は、むき出しの競争関係に立たされることになるからであり、また原稿審査は、金と時間のかかるしろものだからである。しかし原稿をほかの出版社にも送ったということが、ちゃんとことわられるならば、そうしたやり方に反対すべきいわれはない。少くとも公明正大といえよう。それによって出版社は、その原稿について他社と競争関係にあることがわかるし、次にとるべき行動の選択の自由を与えられるからである。すなわち直ちに断るか、予備的な審査をしたあとで断るか、または高額の前払い、高い印税率を申し出て、一所懸命他社と競争するかである。そういうわけで、原稿の同時送付は出版社が争ってほしがるような著者の場合には有利であるかもしれないが、自分の原稿を注意深く検討してもらいたい著者、そして内容を十分に評価しうる出版社でなければ採用してもらえないような原稿を書く著者にとっては、はっきり不利といえよう。結局はどこか他の出版社に高値でせり落されてしまうかもしれない原稿のために、大変な努力を払ってまじめに審査しようという出版社はあまりないからである。

さてそこで、原稿が同時に多くの出版社へ送付されたものであるかないかはともかく、とにかく印税率を決める競争市場に話を戻すことにしよう。それに競争市場の原理はいずれの場合にも作用しているのである。なぜなら出版社は、著者に対してケチだという評判を黙って得ているわけにはいかないからである。出版社は、ただひとつの原稿についてだけ競争するのではない。彼は、そのあともずっと原稿をもってきてほしい著者との関係を形成しているのであって、著者との交渉をするたびに、彼の評判を高めるか壊すかしているわけである。各出版社は著者の扱い方について、独自の方針とかやり方というものをきづき上げる。そして印税率は重要であるが、決してそれだけがすべてではない。ランダム・ハウス出版社の大編集長サックス・

コミンズは〝よい出版社との悪い契約は、悪い出版社とのよい契約よりましである〟とよく語ったものだが、それはこの理由からである。しかしいちばんよいのが、よい出版社とのよい契約であることはいうまでもない。そして事実、よい出版社は概してよい契約をしているように思われるのである。

出版計画

第三章においてわれわれは原稿採否の決定をするために設けられる、委員会の構成について論じた。そして各点は慎重に立案された出版計画に勘案して考慮されるとしたのだが、この章で論じたミクロ出版の経済学は、そのような出版計画のために、すぐれた基礎を提供してくれるのである。

出版社の社長、あるいは幹部の誰かが出版計画を練り上げるために机に向うとき、彼はおそらく数多くの情報や経験をそのために利用するであろうが、それらは主として潜在意識として彼のうちに存在しているものである。それは多年出版に熱中した結果、得られたものであり、個々の本やその出版社の歴史について、目に見えぬ知識が蓄積し、彼にとって第二の天性となってしまったものなのである。彼にとって、われわれの論じてきたようないろいろな関係とか変数値などを、いちいち分析する必要がないのは、魚が、泳いでいる流れの水を分析する必要がないのと同じである。事実もし彼が出版業界で育ってきた人間なら、そのような分析をことこまかに考えたことさえなかったかもしれない。彼は単に見よう見まねで商売の実際を学び、本能的に出版の可能性を感知したり、正しい決定が下せるほど、それを吸収しているかもしれない。たしかに本能とか経験は貴重なものである。しかし生物の進化が教えるところによれば、高度に発達した本能をもっていながら、変化する環境に迅速に適応する能力をもたなかったために、絶滅した種属も沢山あるのである。出版は今日はげしく変化しつつある。だから本能と経験に加えて、新しい分析手段を手に入れた出版経営者の方が、より望ましい結果に導く、すぐれた決定を下しうる立場に立つということは、大いにありうることなのである。

このように、出版経営者は、ある本について出版計画を立案する際、定価・原価・印刷部数・正味・印税・需要予測などの相互作用に注意をはらうにちがいない。また彼は、彼の社が全体として当面している、特定の事情とか問題点について注意するであろう。たとえば、在庫は多過ぎないか？　運転資本は十分か？　何か新しい出版計画を開発する努力をしているか？　印税と割引についての基準はどうか？　これらすべてのことは、彼が計画を練るときにすべて明瞭かつ意識的に考慮されるわけではないが、それでもいつも彼の意識にのぼっており、計画に影響を及ぼすのである。

さてここにひとつの出版企画があるとしよう。われわれはこの企画について、編集者および編集顧問から送られた報告書を手許にもっている。経営者はその原稿の少くとも一部、望むらくは全部を通読しているとしよう。製作部からの製作原価見積書、これまでの著者に関するデータをふくむ著者関係の情報、販売部からの販売予測および意見、同じ分野の他の本の販売記録等々もまたすでに準備されているとしよう。さてこの企画を採択すべきか否か？　もし採択する場合、どんな風に出版されるべきであろうか？

編集者および編集顧問の報告を読んでから、経営者は製作原価見積書を見るであろう。それによれば、その本は五・五インチ×八・五インチのサイズで本文一〇ポイント活字のバスカービル書体二ポイント空きに組んで三五二頁になる。紙は五〇ポンドのアンティーク仕上げ、B級クロスで装幀、三色刷りカバー使用である。経営者は原価見積書上の仕様から、物体としてのその本のイメージを心に描くのであって、本屋の店頭で、その本が目ざす相手の読者にどんな風に訴えるであろうかを想像するのである。彼はふっとその本に絵を入れるべきかどうかを迷い、編集者が絵を入れないよう提案しているのに気づくであろう。

販売部長からのメモを見て、同じ著者が前に出した本の販売記録と、類書の売れ行きを比較して眺め、出版経営者は定価をかりに六ドルとした場合、初年度何部売れるだろうかと考える。そして七ドル五〇セント、あるいは六ドル九五セントにした場合、どうなるかと考えてみる。彼は販売部長のよこした販売予測と定価についての意見を検討する。彼はすでにその本の性格と予想される読者の種類から、それが一般書正味で出されることによって、書店に並べられるべきであることを無意識的に決めている。そしてまた彼は、この著者が前の本の時に当社の標準印税率である五千部まで一〇パーセント、一万部まで一二・五パーセント、一万以上一五パーセントを適用されていることを知っている。そこで彼は次のような予備的な計算をする。

部数	平均割引率	印税率	定価	売上収入
5000	40%	10%	$ 6.00	$ 15,000
5000	40	10	6.50	16,250
4500	40	10	6.95	13,500
4000	40	10	7.50	15,000
5000	40	10	7.50	18,750
6000	40	10%および 12.5%	6.00	17,790

これは全くあてずっぽうに作られるので、おそらくはちゃんとした表の形をとることもないであろう。彼は六ドルで五千部売るのと七・五ドルで四千部売るのはどっちがやさしいかと考えるだろう、どっちをとっても出版経費に充てうる額として同額を生み出すからである。しかしもちろん六ドルで五千部の場合は、七・五ドル四千部の場合に比べて、千部分余計に製作費、販売費を必要としているから、利益は少いにちがいない。ともあれいろいろと数字を眺め、その本について考えをめぐらしているあいだに、経営者は次第にマーケットについての感覚をつかみはじめているのである。彼は朝の郵便で届いたニューヨーク・タイムズ書

評特集号の見本版にある何冊かの新刊の定価を、頁数、さし絵、本のタイプなどとの関係を注意しながら眺めるであろう。

さてここで再び製作原価の見積りに立ち戻る。見積りは最初の五千部および追加千部刷る場合について計算されているので、経営者はいろいろと部数を増減しながらその時の製作原価を予測できることに気がつくであろう。製作原価の見積りは次のとおりである。

	五千部	千部増える毎に
整版費	三、五八〇ドル	〇
製作費	四、七二五ドル	九四五ドル
計	八、三〇五ドル	九四五ドル

そこで単位製作原価は九四・五セントであることがわかる。

次に彼は販売からの収入が、印刷所の勘定を支払ったあとで、事務費をまかなうのに十分であるかどうかを考えるであろう。予算設定の時に算出した営業費の係数を用いて、彼は次のように大よその計算をする。

A	352ページ×頁当り6ドル	=	2,100ドル
B	5000部×1部当り80セント	=	4,000ドル
C	一般経費	=	750ドル
D	広告予算	=	2,000ドル
	営業費予測		8,850ドル

彼はこの本のためのつかみどりの広告費が、この試算のとおり二千ドルで十分かどうかと考えるであろう。彼はいまや、一刷五千部に対する全経費の予測をしうるわけである。

製作原価	八三〇五ドル
営業費	八八五〇ドル
全経費	一七一五五ドル

ここで再び前出の売上収入（正味から印税をひいた）計算を見直して、彼は七・五ドル案に魅力を感ずることだろう。とかくいっても、他のすべての品物と同様、本の値段も今日では高くなっているのである。さて次に、販売部長はどう考えるだろうか？

電話で話した販売部長は、初年度少くとも四千部、おそらくは五千部以上売れると思うと言った。しかし担当編集者は、著者が六・五ドル以上の定価をつけることに反対するだろうと考えている。経営者はどちらかといえば七・五ドル案に賛成だが、販売部長が張り切っていることを考えて、編集者に対しては四千部分相当の印税、すなわち三千ドルを著者に前払いしてもよいと話す。これは担当編集者としても予期以上の好条件であり、著者は喜ぶだろうと考える（しかしあとで著者は前払いとして千五百ドルだけを希望することがわかった。税金対策上、所得を二年に分散させるためである）。

経営者はここで全く満足する。もし彼が初年度に七・五ドルで四千部販売できるなら、印刷した五千部について、損益分岐点まで二千ドルを残すのみであるし、その本が数年間は継続して売れるとふんでいるのである。類似書籍の販売について彼のもっている記録によれば、二年目の販売は平均して初年度販売の四〇パーセントであり、三年目、四年目はそれぞれ二〇パーセント、一五パーセントである。もしこの平均率がそのまま実現するなら、そして販売部長の終始一貫した予測、初年度四千部をあてにするならば、販売の状況はこんなことになるであろう。

第一年目	四〇〇〇部
二年目	一六〇〇部
三年目	八〇〇部
四年目	六〇〇部
四年間合計	七〇〇〇部

もしこの予測が正しければ、大きな利益が上ることはいうまでもない。かりに売上が予測を下廻って六千部しか売れなかったとしても、かなりの利益がえられるであろう。そこで定価は七・五ドルとすべきである。しかしその場合、初版何部を印刷すべきであろうか？

経営者は自分の社が運転資金に不足しており、資金を能率的に利用しなければならないことを知っている。そのためには、印税前払額を減らしたいという誘惑があるのだが、同時に彼はこの著者が神経質で怒りっぽいこと、そして前払条件を良くすれば大変御気嫌になる（たとえその申し出を受けないにせよ）であろうことを知っている。さらに経営者は、資金をあまり在庫の形で固定したくないと考える。

彼は再び単位製作費が九四・五セントであることを考える。また銀行利子は六・五パーセントであり、倉庫料・保険料等の在庫経費が総額で一〇パーセントに近いことを知っている。製作原価見積書から、この本の重版のための整版費が六〇〇ドルであることを発見し、これに重版を取り扱うための営業費として一〇〇ドルを加え、合計七〇〇ドルが重版のための固定費であることを考える。重版の時も、単位製作費はほぼ同じはずである。

これらもろもろの数字を利用しながら、彼は第一表と同じように表を作ることができる。ここでは在庫経

第 3 表

				5000部印刷			6000部印刷			7000部印刷		
年度	年間売上（部数）	売上累計（部数）	年間平均売上累計（部数）	平均在庫（部数）	年間在庫経費	累計在庫経費	平均在庫（部数）	年間在庫経費	累計在庫経費	平均在庫（部数）	年間在庫経費	累計在庫経費
第 1 年度	4000	4000	2000	3000	$283	$283	4000	$378	$378	5000	$472	$472
第 2 年度	1600	5600	4800	200	19	302	1200	113	491	2200	197	671
第 3 年度	800	6400	6000				0			1000	94	765
第 4 年度	600	7000	6700							300	27	792

費は第三表にみるように平均在庫部数掛ける九四・五セント掛ける一〇パーセントとして計算されている。ここで当年度平均総売上は前年度迄の総売上に当年売上の二分の一を加えることによって得られることに注意されたい。当年平均在庫は総印刷部数から当年度平均総売上を引くことによって得られるのである。

第三表から明らかなように、出版経営にとってこの場合の最適印刷部数は、彼の市場予測があまりまちがっておらず、また十分な運転資本をもっているとするならば、七千部に近いところにある。もし望むなら、彼は（第十一図のような）グラフを描くこともできる。しかし第三表は七千部から少し下の部数を刷れば、その版が在庫として存在する全期間について、在庫経費は約七〇〇ドルであることを明瞭に示している。

事実経験豊かな経営者なら、第三表を作ったりグラフを描くような手間をかけないであろうことはほとんどたしかである。ただしその場合でも、それらの図や表が表現するいろいろな問題を心中で考えていることはいうまでもない。おそらく彼は、**製作原価**と販売予測の数字を簡単にしらべ、予測される収入を計算してみただけで七千部の印刷を決定するであろう。あるいは販売部長の予測を甘すぎると感じて、賭けに安全性をもたせるため、六千部印刷を決定するかもしれない。その場合、もし販売予測が正しければ、重版を早めにしなければならないことになるし、またかりに初版を売り切った時の販売スピードがあまりおそいため、重版しないことになるならば、千部分の売上をフイにすることになるわけだが、それでも在庫投資をへらし、在庫経費を少くすることにはなるのである。

こうして、これまでに述べてきたいろいろな事柄を熟考しつつ、経営者は出版計画を書き上げる。それは事実上、そこに指示されたとおり仕事を進めることを各部門の長に命ずる彼の指図書にほかならない。そしてここに記した過程は一見複雑で、厄介なように見えるけれども、もしすべての情報が与えられているならば、出版計画の書き上げにはおそらく二十分とはかかるまい。計画書自体は印刷された書式を用いて次の例のように書き込まれることであろう。

出版計画

著者　ハーラン　J・ソレンソン
書名　南北戦争の意味
担当編集者　ロバート・ドランス
判型　五・½吋×8½吋、三五二頁
製作原価　七千部で一〇、一九五ドル
営業費　一〇、四五〇ドル
計　二〇、六四五ドル
定価　七・五ドル　一般書正味
印税　五千部まで一〇％、一万部まで一二％、一万部以上一五％
印税前払　一、五〇〇ドル
広告費　二、〇〇〇ドル
売上収入予測　6500部×7.5ドル×60％＝29,250ドル
　印税　5,150
　収入　24,100ドル
　計画利益　3,455ドル
売上予測　初年度　四、〇〇〇部
　二年目　一、六〇〇部
　三年目　八〇〇部

類書	初年度売上部数	売上部数累計
1　エーベル著　南部の試練（一九六四）	三、六二五	九、二〇〇（五年間）
2　ダグラス著　南北戦争と鉄道（一九六六）	二、八五〇	四、〇〇〇（三年間）
3　ウイリアムス著　南部の再建と北からの一旗組（一九六三）	四、七三五	一一、〇〇〇（六年間）

副次権　アメリカ歴史書ブック・クラブに可能性あり。主要ブック・クラブにもあたってみること、しかし本書は極めてポピュラーというわけではない。高校または大学教材向けのよいペーパーバックになろう。

コメント　ソレンソンの旧著は一点は四年で六千部、一点は八年で一万五千部売れた。この両方ともペーパーバックで現在もよく売れている。わが社はアメリカ史の分野で刊行内容を充実しつつあり、本書は全く適合している。当社のアメリカ史関係書目の販売記録・販売態様を参照のこと。

日付　一九六九年七月十二日

承認者　B・P・A・

ひとたび出版計画が承認され、経営者の署名が得られると、それはコピーされ、作業開始の許可を告げるために各部に配られる。いまや出版契約書が作られ、印税の前払いが著者（またはその著作権代理店）に支払われ、編集者は著者と協力して原稿を最終的に訂正し、販売部長とデザイナーはカバーや広告の基本になるべきデザインについて相談し、製作部は印刷所に対し、大体いつ頃、原稿を渡すかを知らせ、製作進行日程表を作り、それを関係各部に配る等々の作業が一斉に進められる。すなわちこれらすべての活動は、出版計画を枠組として動かされているわけである。

もしなにごとかが起きて、出版計画の基本的な変更が必要になる場合——たとえば著者がさし絵を一丁入れたいと言い出したために判型が変り、原価が変ってきたとか、原稿改訂の作業中に著者が五十頁分をカットしてしまったとか、書店の事前反応がよいので印刷部数を増やすべきであるとか、広告部長が広告予算の大幅増額を要望しているなど——出版計画を再検討して、変更を許可したり否認したりしなければならない。しかしともあれ、出版計画が注意深く準備されたものであるならば、すべての人が次のような自信をもって、作業を進めることを可能にするであろう。すなわち、その企画が期待通りの形で実現するであろうこと、各種関連事項のバランスがよくはかられ、それが予算化されていること、そしてまたこの一点の出版が、全社出版企画の有機的一部をなしていることなどへの自信である。

最後に出版計画は、実績と予測を比較してチェックする機会を与えてくれる。本が刊行されたあとで、実際の原価は見積り原価に比べてどうなっているか、販売状況は予想通りになっているか等、実績と予測を比較することによって出版経営者はその経験にまたひとつを加えるのである。それは将来別の本の出版計画を作る時、彼の決定に影響を与えることであろう。

シリーズ本

さてミクロ出版を論じて、個々の本の出版計画まで話を進めてきたが、これまでの議論では、刊行書籍のシリーズ化の問題に触れずにきたわけである。シリーズ出版はミクロ出版とマクロ出版のちょうど中間的な現象ということができる。ある意味では、どこの出版社でも、その図書目録はすべて一連のシリーズを示しているといってよいであろう。なぜなら出版社は、一定のマーケットを対象としたいくつかの書籍のグループを築き上げなければならないからである。そうでなければ、その社は刊行物を能率よく売ることができない。その分野でこれまで一冊も出しておらず、また将来も出す予定がないような、そんな孤立した本を販売することは極めてむづかしい。われわれはすでに、出版社がそのサービスするマーケットによって分類されること、そのマーケットは彼等が出版する本のタイプに対応していることを見てきた。だから出版社の目録にのっている本は、自然にグループ化して一種のシリーズを形成する傾向にあるといえるのである。

大部分の出版社は、こうした自然の傾向を積極的に利用して、得意の分野でシリーズ出版をはじめている。これには多くの利点がある。シリーズの編者として、すぐれた人物あるいは著名な権威者を依頼することができるし、編者としてでなくても、執筆、原稿審査、原稿改善のための助言、広告その他販売促進に名前と評判を貸すなど、種々の方法でその分野の権威者を利用できるからである。シリーズは、編者名や予定する何冊かの書名、著者名を並べて発表できるから、一冊だけこしらえて新しい分野に参入する困難さを回避できるわけである。すぐれた人物が編者になっていたり、有名な著者が何人か執筆していれば、そのシリーズは他の著者をひきつけて雪ダルマ式にふくれ上っていくであろう。

しかしすべてこうした企画には、計画とエネルギーが必要である。そこでまず社内編集者の中から外部の権威者と密接に協力する担当者として誰かを指名しなければならない。その権威者は頭が別の計画で一杯で、出版社の側からの協力と刺激がなかったら、ろくに仕事をしないかもしれないのである。ふつう外部依嘱の編者には、通常印税に上積みした印税が支給されるが、編者に対する最も大事な刺激は実は印税ではなく、シリーズを成功させ、その分野に対する大きな業績と見なされるようにしたいという彼の内心にある期待そのものなのである。シリーズ編者に対する印税がかなり高額に支払われる場合もあるが、編者の仕事が成果を発揮してくるのは、かなり時間を経てからである。またシリーズ編者としてうってつけの人物はひく手あまたで、競争がはげしい。

シリーズには二つの主要なタイプがある。完結型と継続型である。継続型シリーズは、対象領域をひろくとるのがふつうである。たとえば社会心理学とか核物理学といった具合にである。この場合、かなり成り行き次第に多くの原稿源からよい原稿を入手し、その領域にふくまれるいろいろな問題をカバーする本を出版するのがねらいであって、シリーズが成功している限り、次第に成長し、将来とも継続していくだろうという考えにもとづいているわけである。継続型のシリーズは多くの利点をもっている。その社がその領域に継続的な興味をもっていることを著者と読者双方に知らせることができるし、その分野の権威をうまく利用する舞台とすることもできる。また一点一点を評価する際、独立の単行本と同様、個別に判断できるから、編集的にも、経済的にも制約を受けることが少くてすむのである。しかし一旦シリーズが成功すると、本来なら採択しないはずの本を、シリーズであるがために採用してしまう傾向がないとはいえない。シリーズに少し毛色の変った本を加えようとか、いままでカバーされていない分野をカバーしようとか、編者に迎合して彼をいっそう張切らせようとかの理由によってである。その上シリーズがひとたび定評を得てしまうと、そこに入れてもらえさえすればその本は成功するというひとつの機構が与えられることになる。独立の本として出したらとても成功しない本がである。それはシリーズの獲得した評判によってうまく売れてしまう。図書館はシリーズを全部揃えるために注文するであろうし、書店も売れているシリーズの一冊として店頭に並べるからである。

これに対して完結型のシリーズは全く性格を異にしている。この場合には、一定のマーケットを予定しつつ、特定の方向で、ある対象をカバーする何冊かの本を特色あるグループにまとめあげるのである。たとえばアメリカの生活について経済、都市、国際関係、国内政治、文化生活、教育といった現代的な諸問題をとり上げて、有名な専門家に執筆を依頼し〝今日のアメリカ〟と題する六巻ものを計画することができよう。その際各巻は二五〇頁から三五〇頁までにおさえ、高校生高学年または大学新入生が読める程度の内容とし、高校・大学の教材および一般向けの本として販売するという風に規定するかもしれない。ブック・クラブに対しては、全点をセットで対象本に選定するよう、またボーナス本として利用するよう、可能性が打診されるであろうし、外国での販売権を売る努力もなされよう。刊行日程が組まれ、原稿〆切日と刊行予定日が決められる。また判型が決まり、原価が計算される。このようなシリーズのためには、早い段階で少くとも二人ぐらいの大物著者と契約することが大事である。それらの名前を利用して他の著者をひきつけることができるからである。おそらく印税率や印税前払いについて魅力的な条件が提示されるであろう。そうしたシリーズのプランが著者の側から持ち込まれることもある。その場合には、持ち込んだ人からシリーズの内容や著者の選択について必要な助言が得られるであろう。

完結型のシリーズははじめと終りをもった有限の出版企画であって、単行本と似ている。それは継続型のシリーズに比べ、より詳細な計画とか、編集や販売についてよりつっこんだ事前の準備をふつう必要としている。しかしその場合準備すべき内容は一定の範囲内にとどまるし、企画を計画的に立案しうるし、結果の予測もまたかなり自信をもってすることができるわけである。製作原価と販売は、一点ごとにも、またシリーズ全体としてでも予測できる。そして単行本について考察してきたことの多くは、この完結型シリーズに適用しうるのである。

マーケット——独占と競争

われわれは本の定価が競争市場において決定されることを強調してきた。出版社は書籍のもつ知的内容と物的外見の双方を考慮する。そして一定の期間に一定の値段でどれだけ売れるかを推定する。物的な外見と頁数は重要である。なぜなら読者は外見上同じに見える別の本との比較で値段を考えるからである。読者はその本が何部出版されたものか、原価がどれだけかかっているかは問題にしない。彼が買いたいのはその本一冊だけなのであって、もしそれがあまり高ければ買わないであろう（図書館で借りるかもしれない）。すなわち読者は外見上同じに見える他の本と比較し、もしあまり高く見えるならば買わないということである。たとえば南北戦争で活躍した将軍たちや戦争のことを書いた半大衆的な本で、四百頁の厚さのものに対すると同じ値段で、南北戦争の経済的諸問題に関する専門的研究書四百頁のものを買えることを期待しているのである。出版社はこのことをよく認識して、競争市場における定価決定をしなければならない。そしてすでに見てきたとおり、原価にもとづいて定価を決める公式は存在しないのである。

他方で出版社は、特定の本に関しては、一種の独占的状態にある。出版社または著者が著作権を保有している限り、他の誰もその本を出版することはできない。その特定の本をほしいと思う者は誰でもその出版社から手に入れるしか方法がないのである。もしヘミングウェイの小説が読みたければ、スクリブナー社（またはスクリブナーから権利を買った出版社）から買わなければならないし、サミュエルソンの経済学教科書を必要とすれば、マグローヒル社から買わなければならないのである。こうした独占的状態は、たとえば読者がヘミングウェイの代りにフォークナーを読もうと考えたり、教師がサミュエルソン以外の教科書を使おうと考えることによってのみ制約を受けることになる。だから強力な著者をつかまえている出版社は、純粋に競争的な状況で決定される場合よりも高い定価をつけることによって、利益を最大にする自由を若干はもっているということができる。しかし実際にはそうした自由も競争市場のために、極めて制約されざるをえない。そこで小説の場合にことに多く見られるのだが、異ったマーケットを目ざして、異なる定価で、いくつもの異る版を出版することが一般に行われるのである。教科書市場、贈物用書籍市場、高級ペーパーバック市場、ドラッグ・ストアやニューズ・スタンド用のマス・セール・ペーパーバック市場などである。これら各市場において、それぞれの版が他の著者によって書かれた類似の版と競争するのである。

独占的立場を利用して高い定価をつけるという出版社の自由はまた、著者との関係によっても制約される。著者、とくにまだ定評を得るに至っていない著者は、高い定価のために読者が限定されてしまうことを恐れるのである。彼にとって名声を高めるためには、まず読まれなければならないのである。

おかしなことだが、図書購入者としての図書館は定価からの割引には敏感なくせに、定価そのものについては敏感でないようだ。図書館は、ほしい本は予算の許す限り値段に構わず注文する傾向がある（廉価版があればそちらを選ぶかもしれないし、図書館納入の卸書店と割引について接衝はするだろうが）。無料公開の公共図書館で、簡単に本を見ることができることもまた、本の定価をやたらに高くさせない要因のひとつである。

ヘミングウェイのその作品は、それ一冊しか出されていないし、サミュエルソンの経済学入門教科書もそれ一冊である。出版されるいかなる本も、それと同じ内容の本を競争上に持つことはない。しかし他の本で置きかえる可能性をより多くもった本もある。たとえば辞書はそれぞれに重要な特色をもっているけれども、激烈な価格競争を演じている。他の本で代用することが簡単だからである。その上、ある辞書が他のものに比べていかにすぐれているかを大衆に信じこませるためには、大変な努力が払われており、同じ辞書をいろいろな版で出版し、それぞれのマーケットで競争するわけである。百科辞典についても大体同じことがいえるが、このばあい、主として戸別訪問のセールスマンによって売られるので、競争はちがった形をとる。異種商品の開発、報償金の提供、特別価格、個人的なサービスなどの機会に恵まれているのである。たしかに百科辞典の出版社で、自分たちの仕事が極めて競争的であると考えていない社はないであろう。

このように書籍販売市場は大変競争的であるが、その上個々の読者はただ一冊入手しただけで全く満足してしまうのである。たとえばガソリンなら、値段が安ければ同じ自動車に何回でも売ることができるが、出版社はいくら定価を安くしても、同じ読者に一冊以上売ることはできない。辞書や百科事典なら一冊以上買う人が少しはいるかもしれないが、小説本を一冊以上買う人はほとんどあるまい。しかも読者は小説を読んでしまったあと、人にくれてやる可能性さえあるのである。

そういうわけで、出版社のもっている特定の本に対する独占的地位が、定価に与える影響は、実際には非常に小さなものとならざるをえない。しかし著作権の独占が、その社に若干の重要な利点を与えることはまちがいない。それは出版社がその本あるいはその著者の評判を確立するために行う努力を保護してくれる。そうした保護によって出版社は、刊行書籍から相応の利益を上げることが可能となり（保護されていなかったら他の出版社がわりこんできて、マーケットを分けなければならなかったであろう）、別の本で損をしてもやっていけるわけである。すなわちこの独占的権利のおかげで、出版社はあえて出版の危険をおかすことができるのであって、もしよく売れる本を、他の出版社が許可なしに、版権料を支払うこともなく勝手に出版できるのだったら、とてもそうした危険をおかそうとはしないであろう。だから出版社は、著作権に保護されることによってはじめてそのほとんどが収支トントンであるような種々の本を出版する元気が出るのである。中に儲かるものが出れば、著作権によって守られるからである。こうして著作権は公共の利益を増進しているわけである。しかもその効果は、独占的な定価づけのためにやたらに本の定価が引上げられるという弊害を引起さずに達成されているのである。

これを執筆している現在、アメリカ合衆国著作権法は再検討の過程にあり、新法が提案されている。いまは提案されている新法について詳しい意見を述べるべき時でも場所でもないが、最近の判例と新法法案に対する証言の多く、ことに教育畑の人々のそれが刊行物に対する自由な接近を可とし、著作権による制限を弱めようとする傾向にあることに注意しなければならない。著作物への自由接近という圧力は、新しい技術、ことに複写技術の発達によって強められている（第六章を見よ）。出版社はその出版物がいっそう便利な形で利用できるよう、よりよい方法をとくに教育目的のために開発しなければならないとしても、ある種の著作物に対し勝手に利用する権利を得ようとする教育界その他の願いが、もし著作権の力を弱め、その結果として出版社が採算すれすれの企画をあえて出版したがらなくなるとしたら、誠に不幸なことと言わねばならない。結果は文化の後退ということになる可能性があるのである。なぜなら最も貴重な本の多くは、大部分の処女作小説、ほとんどすべての詩をふくめて、このカテゴリーに入るからである。

マーケットの力学

われわれはこれまで書籍市場を静的なものとして論じてきたが、勿論実際はそうではない。市場はいろいろに変化するものである。本には流行がある。たとえば現在の流行はゴシック小説あるいはダブルデイ出版社の編集者ケネス・マコーミックが名づけた〝ファクション〟である。ファクションとは実際の出来事とか設定にかなり基礎をおき、しばしば著名人の生活をそれとわかる程度にぼかした主人公を登場させた小説である。こうした流行は、大成功をおさめた本が一、二冊出ることによって、突如としてひきおこされるのであって（ドルーリー著の〝助言と同意〟とか、バーディック、レーデラー共著の〝醜いアメリカ人〟など）予想のつけようがない。その他の変化、たとえば教科書市場の成長などは、人口統計その他のデータから予測することができる。目はしのきく出版人は、いつも自分の廻りに気をくばり、書評を読み、アメリカ書籍出版協会の動向調査を研究し、著者の言葉に耳を傾け、書店をのぞき、新聞やパブリッシャーズ・ウィークリーを読み、この大きなそして変り易い書籍市場を予測することに努めるであろう。

出版経営者はまた、市場の経済について意識するであろう。一点一点について決定を下すとき、それはつねに市場の経済とかかわりをもつからである。われわれは個々の出版経営者が市場の中であまり無茶はできないことを強調してきた。彼は（外見上）同じ長さ、内容の他の本と競争しながら売るために、そして出版するときめた以上、出版経費が全部でいくらかかるかにかかわりなく、競争市場だけをにらみながら定価を決めなければならないのである。すでに見てきた如く変動費だけがN_{opt}と最適定価に影響力をもつが、その影響力は予測される需要曲線、すなわち市場の与える影響に比べたら小さいのである。しかし出版経営者は給料、組版代、広告料、用紙代、印刷費、製本費等々の原価が変化を受けると、その圧力をこうむりやすい。経営者は市場との関係で、変化する原価をいかに調整しうるのであろうか？　そして市場それ自体はまた変化する原価に対して、どのようにみずからを調整するのであろうか？

個々の出版社は、市場を自分の手で作りかえることはできない。出しても儲からない、あるいは収支償わないと思われる本を避けるというように、刊行書籍の選択を通して自分の方を調整するより仕方がない。出版社の立場からは別として、文化的な観点からは幸いなことなのだが、市場には不たしかさが一杯である。

需要曲線はプラトンの描く理想のように、哲学的思考を通して認識されるものではない。それは出版社がいろいろな値段でどれだけ売れるかを予測したものであり、その境界は、モヤモヤで、よい方にも悪い方にもとれるような形で、経営者の心の中にのみ存在しているものなのである。そしてわれわれのすでに見てきたとおり、ある出版社の予測する需要曲線が別の出版社のそれと違っていることはありうることである。特定の本に対する判断の差のためであり、またある出版社がよりすぐれた販売能力をもっていたり、特定領域でより適当な読者名簿をもっているためである。だからすべての出版社が、原価については本質的に全く同じ条件を前提にしているにもかかわらず、個々の本については、いろいろな決定がありうるのである。しかし原価の一般的状況が変り、世界が変るにつれて、市場は次第に大きな変化をとげるのであって、出版社はそうした市場の変化に対応しなければならないのである。

こうした対応の例は、歴史の流れの中で最もよく観察することができる。商業出版社と公益的な大学出版部が出版する書籍の、いささかあいまいな境界を注視することによってである。第二次大戦のあいだは、紙が不足し、大学生の数は少く、またポピュラーな本に対する需要が大きかったが、そのとき商業出版社はポピュラー本の出版に走って、まじめなノンフィクションの領域を捨てたのであった。一方、大学出版部が歴史・政治・科学・文芸批評等のまじめな本あるいは時には半ばポピュラーな性格の本の出版に精力的に参加したけれども、市場が拡大していたので彼等は定価を低く抑えることができたのである。

一方で原価は次第に高騰を示していたが、それでも定価が安定したまま市場が拡大する状態が戦後しばらくは続いたのであった。しかし四十年代の後半になると、出版社は経済的ピンチを感じはじめ、大衆が探偵小説を三ドル以上出して買うだろうかとか、小説本に五ドル以上も出すであろうかというような心配がパブリッシャーズ・ウイークリー誌上に数多く姿を見せるようになったのである。五十年代のはじめになると、出版社は本の定価を少しづつ上げはじめ、新刊の定価を高くするとともに、重版や在庫本の定価を変更するようになった。こうした動きは誰もが知っていたが、決して計画的になされたわけではない。それは個々の出版社が商売をなんとかもちこたえさせ、それぞれの領域で引きつづき出版をつづけるために行われた対応の中から発生したのであり、また大衆というものは次第に新しい定価レベルに馴れさせられるものだということを出版社が知ったことから、個々に起ったのであった。こうした動きは六十年代のはげしいインフレ期までつづいたが、一方、一般的な好景気のおかげで、かなりの大衆が非常に高価な本、たとえばぜいたくに絵を入れた美術本で二五ドルから五〇ドルあるいはそれ以上もするものを買うことができるようになったのであった。

さてそうしたあいだに、商業出版社と大学出版部の境界に変化が起っていた。原価—定価関係が変化し、学部・大学院が拡大したからである。たとえば四十年代の末頃には、政治学や高等数学の特殊領域などの学術書はほんの小さなマーケットしかもっていなかった。大学出版部はこれらの領域をその守備範囲としていた。高い原価を費し、ふつう経済的損失を予定しながら出版した、部数の少い貴重な本で刊行目録をかためていたのである。しかし時が経ち、本の定価が上る一方、大学院が拡大してくると、こうした領域は商業出版社にとってますます魅力の多いものとなってきた。かつてひとたびは捨て去ったこれらの領域を、彼等はとり戻そうとしはじめたのである。他方これらの領域ですでに名声を確立した大学出版部は、いまや拡大した市場の中でやっと出版の可能性が見えてきた、いっそう特殊な本の出版へと彼等の努力をひろげたのである。定価、原価および一般の需要がダイナミックに調整し合う第二の例は、五十年代におこったいわゆる高級ペーパーバック・マーケットの発展であった。五十年代に定価が高い方へと調整されたとき、その影響をとくに強く感じたのは学生であった。一方その頃までに安価な製本法として、無線とじ製本の技術が新しい機械と新しい接着剤を用いて改良されていた。一九五三年、当時ダブルデイの一編集者であったジェーソン・エップステインは、大学を卒業してまだ間もなかったが、ダブルデイ印刷工場の遊んでいる印刷機を使って、学生にも買える値段で、学問的に重要な本を再発行することが可能ではないかと考えたのであった。彼はダブルデイの幹部連をたきつけて、最初のアンカー・ブックス・シリーズを発行させた。公衆の反応、とくに学生や教授の反応はこれまで充たされていなかった需要が存在していたことを明らかにした。書籍市場の中にひとつの新しい副次的マーケットが創造されたのである。こうしたことはおそらく四十年代後半では不可能であったろうが、一九五三年の条件下では、可能になったのである。そしていまや永続するにちがいないひとつの変化が、マーケットの中に作り出されたのであった。やがて原価の高騰のためにペーパーバックの値段が次第に高くなるにつれて、大学出版部もまた彼等の専門書の一部をよりひろく流通させるために、ペーパーバック市場を利用して出版するようになった。またこれまで商業出版社にペーパーバック権として貸与していた、比較的ポピュラーな出版物の権利を、彼等は取り戻しにかかったのである。

このように市場は、出版産業の内外に発生する多くの要因に反応しながら変化する。市場の方からの対応が極めて緩慢なものであるとしても、そしてまた原価は書籍の定価決定において、間接的要因にすぎないとしても、窮極的には原価が市場に影響を与えることは明らかである。こうして個々の本に関する無数の決定が、個々の出版社の命運についてのみならず、書籍市場全体に対してもその累積的な影響力を及ぼしているわけである。

訳者コメント

第四章は本書の中心をなしており、著者の科学的分析が最も純粋に貫徹している部分であることは多くの数式・図表からも明らかであろう。ここでとくに注意しなければならないのは、全章を一貫している固定費と比例費の区分である。一見むづかしそうに見える数式や図も実際は大したことはなく、簡単な内容を数式で表示してみせているにすぎない。それでも数式にとっつきにくい読者は、数式をオミットして読めばよい。要するにすでに度々言及したとおり、日本では製作原価というとき、固定費も比例費も一しょくたにして、原価率を計算し、そこから定価や部数を決めているが、著者によればこれは明らかに誤りということである。その考えで部数・定価・正味・印税から諸経費の配賦に至るまで論理的に整理したのが本章で、問然するところがない。東大出版会での実践の中で、編集者や営業部員が、この本は定価をいくらに抑えたいので部数を三、〇〇〇にしたら（本来二、〇〇〇部が予想される販売部数なのに）と発言するのをよく体験した。売れもしないものを定価を安くするために、そしてそのために一部当りの固定費配賦額を少くしようと、部数を増やすことを考えるのであって、全く逆立ちした考え方である。本章でいう固定費たる整版費は過去のものであり、将来の決定に影響すべきでないという言葉くらい衝撃的なものはない。正にその通りであって、われわれはここのところを明瞭に認識した上で、われわれの日常実践の論理を再構成すべきだと思う。定価と部数は固定費と切りはなされた所で計算され、それが最大に収入を得る所で決定されるべきだということである。

さらにミクロ出版の成果が最終的に測定されるためには、諸経費もまた配賦されねばならず、議論はそこまで一貫している。筆者も刊行書籍の一部について、類似の計算を適用したことがあるが、おそらく出版の実践でそこまで実施することは多くあるまい。しかし一見同じ経済的結果を生ずると見える二つの企画が、実際は一般経費の点で全く異る内容をもつということはよくあることである。たとえば同じ大きさの二冊の本を出版し、同じ部数だけ売り、定価が同じなので収入が等しかったとしても、編集人件費のかかり方が、一方は他方の二倍であったとすると、収益の内容には大きな差があろう。そのような計算は実際に経費の配賦をせず、どんぶり勘定で見ていると、傾向としてはわかっていても、意外と大きな意味や問題があるのに気づかずに終ってしまうことがある。一方で何十万部というベストセラー出版社があり、他方に二千部平均しか出版しない学術出版社があって、極端な部数のひらきがあるのに、それほど極端な給料の差が出るわけでもないのは、同じ出版といっても収入の発生機構が大幅に異なるからで、それは一点一点について、広告費その他諸経費をすべてに配賦してみないことには実態がつかめない、もうひとつの証拠ではないかと考える。

正味についての本章の議論はとくに面白い。日本では取次正味の問題はいわば正義か不義か、表現の自由の敵か味方かといった価値観による議論が先行することが多いが、ここでは全く取引の問題として、純粋経済的にとらえられている。日本の取次機構と、その結果としての正味について私は大いに積極的評価をもっている。いまここで流通機構論を展開する余裕がないが、いつかそれを試みたいと考えている。なお日本の流通機構論に対する私の批判については「綜合ジャーナリズム研究」第七四号の拙稿〃学になりきれない出版学〃を参照されたい。

第五章　出版経営と計画

　ある意味では〝計画〟は〝経営〟と同義語であるといえよう。経営とは管理することであり、経営の日常的業務は将来を支配するもろもろの決定を下すことである。〝決定〟は継続的な力をもっている既定方針の枠組の中でなされるが、その方針を次第に改訂していくこともまた一種の計画なのである。

　もし〝計画〟が将来成果をあげるために、いま決定を下すことであるとするならば、出版社の各部門が日常おこなっている業務活動は数多くの計画――主として短期計画――をふくんでいることになる。編集部は出版までに少くとも今後一年以上かかるであろう原稿を求めて活動するし、編集者は将来多年にわたって、彼の社のために書いてくれる著者を見つけようと努力している。デザイナーは将来出版されるべき本のデザインを計画する。製作部は製作進行を計画し、将来使うために資材を購入する。販売部は広告予定や販売計画を設計する。経理部は将来の資金の流れを予測する等々である。

　要するに管理者というものはどのレベルであれ、将来を考える任務を背負っているのである。各部レベルでは、管理者は比較的短期間の計画を担当しており、一年をこえることはあまりない。そうした計画は〝予定〟の形をとるのがふつうであって、しばしば改訂を加えられる。それは日常作業を設計し、社内のコミュニケーションをはかるための身近な道具として用いられている。販売部は設定した販売計画が崩れないよう製作進行に注意を払う。そのような計画を作り上げ、討議し、伝達し、批判することは、各部の機能を調整し、改善する内部活動の一部をなしている。事業予算はそうした短期計画の最も重要な例である。なぜなら予算を作るためには、すべての部が将来を考えなければならないし、予算はひとたび決められると、しばしば再検討が加えられ改訂されるにしても、同時にひとつの目標、ひとつの制約を意味するからである。

短期計画と長期計画　もしわれわれが、短期計画を一年以内のものと決定するならば、ほとんどの短期計画は各部レベルで作られ、各種の委員会——各部長によって構成されることが多い——によってさまざまな方法で部を超えた検討がなされ、少くとも大綱は、より高いレベルの管理者によって承認されることになろう。そのような承認はしばしば予算の決定という形でなされるのである。

より高いレベルでは、経営者は長期の計画を立てなければならない。それはおそらく三年ないし五年、ときにはもっと長期にわたるかもしれない。長期計画では、たとえば全部門の調和ある発展を達成するなど、必然的に出版社全体をまきこむことになる。予算の場合は例外だが、事実上、社全体にかかわる計画のすべてが長期計画であり、トップ・マネージメントによって作られ、重役会で承認されるのである。重役会（組織によっては別の機関、とにかく最高の権限をもつ）がこれに参加しなければならないのは、長期計画が社の将来に重大な影響を与え、それによって窮極の成功あるいは失敗が決定される可能性があるからである。重役会としては社の現状と、目ざす方向を知っていなければならぬし、設定された目標に向ってどれだけ前進したかをチェックしなければならないのである。

さてこうみてくると、第一章で論じた目的についての疑問がふたたびもち上ってくる。一体何のために計画するのか？　長期的な目標とか中間的な目的とは一体なにか？　どんな種類の長期計画がそのような目標に到達するために有効であるのか？

多くの商業出版社にとって、長期目標は利益性と成長によって表現することができるであろう。すなわち投下資本に対して一定率の利益を確保しつつ、年々一定の率で資本投資を増加しなければならないというようにである。そうした数量的な目標の基底にあるのは、その社が書籍出版事業を継続するという当り前の前提である（すなわちたとえば、おもちゃ産業に参入することによって事業を拡大するのではない）。しかしその場合、その社が出版業の範囲内で新しい分野に事業を拡大するかどうかは、別の問題である。要求されている成長は、現在の事業分野における市場の拡大による売上部数増で達成すべきなのか、現在の分野で出版点数を多くすることによって達成すべきなのか、それとも新しい分野に切り込むことによって達成すべきなのであろうか？　そうした拡大を達成するための人材確保や資金の調達は、どのようにしてなされるであろうか？　そうした拡大によって内部の組織変更や新部局、支店ないし分離倉庫、あるいはサービス部門の新設といったことが必要になるであろうか？　新しい建物が必要であろうか？

もっと具体的に例を示すならば、成人向け一般書の出版社はみずからペーパーバックを出版すべきか否か、大学教科書あるいは初・中・高校教科書出版に参入すべきか否か、少年少女ものを出版すべきか否かなどを考慮するであろう。いま教科書出版社、とくに電子産業によって買収されてしまった出版社に、一種独特な問題が発生している。そうした社では、みずからを書籍産業としてよりも、知識産業と考える傾向が次第に強くなっており、その結果、書籍以外の各種事業活動――フィルム、映画、コンピューター利用の教育機材、テープ、レコード、テレビジョン、ラジオその他の教育手段――にひきずりこまれているからである。それはおそらく健全な変化というべきであろう。しかしその結果は長期計画の問題を、とくに書籍出版の世界で育ってきた経営者にとって、大いにややこしくしたのである。知識産業にはほとんどすべての書籍出版が包含されるし、統一され調整された知識産業の生み出すものが、すべてのレベルで教育の改善に資し、また成人たちの好みを変えるかもしれない。もしそうなら、すべての書籍出版社にとって長期計画は、知識産業という文脈の中で設定されねばならぬことになるであろう。計画は市場との関係において作られるものだからである。

長期目標を、利益率とか成長といった物差しで示すことのできない出版社、たとえば教会の庇護の下にある宗教出版社とか大学出版部などでさえ、市場を意識して計画を立てなければならない。その宗教出版社がひろめたいと思う宗教上の主張は、いかなるマーケットに対して売り込むことができるのか？　そしてどのような形で出版したらもっとも効果的に売り込むことができるのであろうか？　その社は宗教的主張を織り込んだ少年少女ものを出版すべきであろうか、それとも日曜学校の教科書だけに止めるべきだろうか？　また、ある大学出版部にとって経済学分野での研究書は、どのような長期的な需要が予測されるか？　文学史と文芸批評についてはどうか？　生物学については？　そして出版部は、どうすればそれらに最もよく奉仕しうるであろうか？　その出版部は微生物学あるいは比較文学の新しいシリーズを開始すべきであるか　文献目録または古典の新版を出すべきか？　長期計画の中心をなすこうした質問は、いやでもマーケット、すなわち読者の問題にからんでくる。それは利潤指向的な出版社の長期計画の場合と全く同じなのである。また非利益指向的出版社が発するこうした質問は、人材開発とか資金調達について、利益指向的出版社の場合と同様、いなおそらくはいっそうきびしい問題をひき起すにちがいない。というのは、そうした非利益追求的出版社が目ざすものの性質からして、事業拡大のための資金調達能力が制約されるからである。

他方、非利益追求的出版社では、認可された事業目的によって、長期目標の一般的性格はかなりの程度、規定されてしまうし、それにしたがって長期計画も単純化し、制約されることになる。たとえば大学出版部は学術的、科学的研究を出版することを計画するであろう。少年少女もの出版部門を作るかどうかは、問題にする必要がないのである。また大学出版部といえども、マーケットを考えながら計画しなければならないが、第二章で見たように、専門書の出版にとって、読者と著者は同じグループに属するのであり、マーケットを考えて計画を立てることと、編集上の計画とは、事実上同じことを意味するわけである。大学出版部その他専門書の出版社は、情報を必要とする専門家がマーケットを構成しているという前提の下に、専門家である著者のために彼等の発表したいことを伝達するという著者のニーヅの方を基礎にして計画を立てることができるのである。

しかし一般的には、出版社は現在のマーケットの成長および新しいマーケットの開発と確立によって拡大していかねばならない。産業会社にとって成長の主要なよりどころとなりうる新製品の開発は、書籍出版社にとってきびしく制約されている。一点一点あるいはひとつひとつのシリーズが、新製品であると考えれば考えられるくらいのものである。たまには新製品というにふさわしい、新しい出版分野が生れることはある。たとえば五十年代にマス・セール・ペーパーバックが生れたように（この点に関しては新しい技術を論ずる際にもっと述べることにしたいと思う）。しかし通常の書籍に関する限り、出版社はマーケットを調査し、予測することからはじめなければならぬし、将来のマーケットを推定することによって計画を立てねばならないのである。

読者はひとりひとりだが、マーケットには種類があるし、制度化もされている。たとえば教育制度は、書籍にとって一個最大のマーケットをなしている。さらに高校や大学の卒業生は、今日の読者であると同時に、明日の読者でもある。残念ながら、常時本を読む読者の数は、彼等卒業生のほんの一部分にすぎないとしても、明日の読者が少くとも彼ら高校・大学卒業者の階層から出ることはまちがいない。ともあれ年々示される高校生や大学生数の統計は、未来のマーケットを示す主要な指標である。合衆国教育省はそうした数字を公表しており、アメリカ書籍出版協会とアメリカ教科書出版協会は、業界のためにそれを編集し、提供しているのである。

教育制度に所属している人々の数が、将来の書籍マーケットを示す主要な指標であるとしても、それぞれのタイプの本についてはさらに詳しい分析が必要である。たとえば医書その他の専門書に対する予測は、少年少女ものに対する予測とはちがうであろう。また書籍を購入するために支出される金額も、人数にそのまま比例するとは限らない。またまた引合いに出すが、医学生は一般の大学生よりはるかに多くの金を書籍のために費すであろう。公教育を補助する政府計画のあり方次第で、書籍購入のための支出は莫大な差を生じるし、それも各レベル、各教科目ごとの書籍に関して、またちがってくるのである。というわけで、出版社の長期計画は、おそらく各教育段階の動向についての判断、教育の諸領域における公費支出見込み、および他社との競争の中で、そのマーケットに対して、どれだけの仕事ができるかという自己の能力についての判断などによって影響を受けることであろう。

公共図書館および学校図書館・大学図書館は、長期計画に影響を与える可能性をもつ第二の主要なマーケットである。図書館の図書購入費についての統計は、バウカー図書館年報およびブック・トレード・インフォメーション（書籍業界情報）にのっているが、この数字もまた、特定のタイプの本に関しては、特定の図書館という具合に、分析して考えなければならない。上製本の非常に大きな部分（実際にどれだけかは誰もつかんでいないが、おそらく五〇パーセントくらい）が出版社から直接または業者を通して最終的に図書館に納められている。したがって、図書館購入費の予測が長期計画の基礎にすえられるべきであるけれども、実際のところその推定はむづかしい。というのは、図書館予算は、一般的経済情況とか、地方税のあり方とか、全国的計画に対する議会の支持の不たしかさなどによって、大きな影響を受けやすいからである。公立学校における図書購入費についても、大体において同じことがいえよう。しかしこの場合、いづれにせよ学生には教科書を与えねばならないのだから、先ず削られるのは、図書館予算である。そういうわけで、教育人口統計は、教科書販売を予測するには極めて大事なのだが、学校図書館に対する将来の販売を予測するためには、あまり役に立つといえないのである。図書館は一般書や参考書を購入するが、その内容は年々いちじるしく変化するのである。

書籍市場で最も目立つのは、一般読書人である。一般読書人とは娯楽、情報あるいは自己啓発の目的で、本を買いに書店を訪れる人々を意味しており、はっきりした組織もなく、限界のはっきりしないグループである。読者数という意味でのこのマーケットの大きさはわかっていない。おそらくそれは、人口に占める高校および大学卒業生の数に比例するであろう。このマーケットが書籍のために支出する金額の大きさは、アメリカ書籍出版協会の年刊動向報告書を援用して推定することができる。そしてまた地域ごとの販売経験を検討することによって、地域別に推定することもできるであろう。このマーケットにおいては、販売の大部分は、広告で補強しながら行われるパブリシティ作戦によって獲得されるのであって、口コミを刺激し、

〝誰もがそれを読んでいる〟というベストセラー的心理状態を創り出すのが、パブリシティのねらいである。書店に展示して、プレゼント用の販売や衝動買いを誘うことも重要である。とくにクリスマス前にはそうである。したがってこれは大変頼り甲斐のない、気まぐれなマーケットであり、計画を立てることがむずかしいのである。

成人向け一般書の多くは、その中のいくつかがベストセラーになることを期待しつつ、損またはわずかな利益を予定して出版されている。一九六八年度にハーパー・アンド・ロー社で最も利益をあげた三十点のうち、成人向け一般書はわずか五点にすぎず、しかもその利益には、副次権販売からの収入がかなり大きな部分を占めているのである。（残り二五点の内訳は大学教科書十点、初・中・高教科書十点、参考書二点、少年少女もの一点、医書一点、宗教書一点であった）。さらに最も利益をあげた成人向け一般書五点のすべてが、一九六七年に出版されたものであったのに対し、他の分野の本二五点の中、一九点（七六パーセント）は、一九六五年から以前に初版が出たもので、これから先もずっと高い利益をあげつづけると推定されるものであった。というわけで、われわれは成人向け一般書が大変投機的であり、大きな利潤を生むのはほんの一部に限られ、多くの本は少ししか利益を生まず、また成功した本もふつうはその寿命が短いことを知るのである。したがってここでは出版点数とか、投資すべき金額とか、必要な社員数といった一般的な形でする以外、長期の計画を立てることは極めてむずかしいのである。だから一般書の出版では、運営全般に弾力性が必要である。そして編集者は、大衆の好みをキャッチし、多くのテーマや出来事の中から、大衆が興味をもちそうなものを察知し読者に歓迎されそうな著者を育て、いつ訪れるかわからないチャンスをうまく利用し、儲からぬ企画にやたらに熱中しないようにしなければならないのである。

マーケットの成長　もし商業出版社が、その目標を利益率と成長率という形で規定するならば、先ず第一にその目標が、現在従事している出版領域で達成しうるものかどうかを、見極めなければならない。そのマーケットは十分な速さで成長しているであろうか？　そのマーケット内でシェアを拡大することは可能だろうか？　新しいマーケットを発見すること、いいかえれば新しい読者を発見したり、マーケットの成長を促進することは可能だろうか？　自分の出版領域内で、希望する成長をまかなうに足る資金をもっているだろうか、いいかえればその事業は、株主や出資者に適当な配当を支払うに十分な利益を生み、なおその上に拡張のための投資をまかなうだけの資金を確保することができるであろうか？　事業が拡大すれば、追加の運転資金がどうしても必要になるのである。もし追加の運転資金が必要であるとして、それを増資によってまかなうべきか、それとも借入金でまかなうべきであろうか？　また短期借入でまかなうべきか、または長期借入金でまかなうべきか、そしてどれだけの金利支払いが必要になるであろうか？

もしその社が新しい出版領域に参加しようと考えるなら、資金需要はもっと大きいことになるであろう。新しい領域に参加するには、あらたに人を採る必要があり、おそらくは新しい部、その他の下部組織が必要になるであろう。新しい活動を軌道に乗せるには時間がかかるし、実際に本を出版できるようになるまでに、相当の出費が発生する。そこで出版社としては、マーケットの推定を行ったあとで、資金的な関連について、より注意深い検討が必要なのである。おそらく長期計画は、資金能力に合せて削減しなければならないであろう。しかしマーケットというものは、強い要請力をもっている。そしてマーケットが拡大しているときに出版社がその成長を抑えたり、コントロールすることは大変むづかしいのである。六十年代に、さかんに出版社の合併や増資が行われた最大の理由は正にこれであった。拡大するマーケットの需要に応えられるほど、迅速に運転資金を事業から生み出すことは不可能だったのである。

相当程度の拡大を計画する場合には、出版経営者は銀行家と同じことをやらなければならない。先ず現時点における自社の資金状態を健康診断するために、貸借対照表を検討する必要がある。そしてさらに大事なことだが、拡大の結果、どのような新規の資金調達が必要になるかを、貸借対照表の上で計算してみなければならない。資金調達がおこなわれたあとでは、各種の分析比率はどうなるであろうか？　社はその時にも資金的に健康であろうか？　収入は借金を返済し、期待される配当を支払うに十分であろうか　資金調達のために社の経営権が影響を受けることはないか、そしてもし受けるとすればどんな風に？　そうした経営権への新しい関与はどのような影響を与えるであろうか？　過大な拡張の危険を避けるために成長を抑制したら、どのような影響があるだろうか？

すべてこうした熟慮の結果が長期計画にまとめられるべきであって、それはおそらく五年先の一連の目標を設定することからはじまるであろう。計画は多くの点で調和がとれていなければならないから、何回かにわたる取締役会の議事録のあちこちに記録として残るといった形ではなく、明瞭に文書の形で準備されるべきである。計画はまず諸目標と、それに至るための一般的な実現の方法を示さなければならない。計画はまた社員の拡充と、その再組織を段階的に日程を追って予測すべきであって、編集、デザイン、製作、販売、経理の職員が、適時に追加されることによって、必要な時に役立つよう訓練を受けられるようになっていなければならないのである。計画はまた、新たに発生する経営上の必要事項を考慮に入れておかねばならない。そしてすべてこれらの設定から、将来の事業経費の見込みが示される必要がある。同時に将来における在庫と売掛金の拡大を予見するために、製作原価に対する将来の資金投下と、将来の売上を予測することが必要であろう。

要するに、長期計画は、人事、生産および販売に関して将来の予定を概観するものであって、予測の結果は損益計算書および貸借対照表の形で示される。それによって運転資金の需要が明らかになり、予定する成長をまかなうための資金調達法が示されることになる。それは現実的で、しかし保守的なものでなければならない。そして結果が予測よりよい場合、あるいは悪い場合にとるべき臨時の対策をも示していなければならない。もし新しい計画がうまくいかなかったら、中止できるか、それとも中止するにはあまりに深く関わりすぎてしまっているか？　非常にうまくいく場合には、拡大のスピードを早めることができるか？　予定したタイミングで確実に成功をおさめるのに十分な衝撃を与えることができるか？　わずかな点数で新しい出版分野に参入することはむづかしいのだが、あまり急ぎすぎて、新入社員が落ち着く前に沈没してしまうおそれはないか？　旧来の事業に対して新しい活動はどのような影響を与えるであろうか？

年度予算が一種の短期計画であるように、長期計画もまた事業運営と資金の相互関係を予測する一種の予算である。だから予算と同様、定期的に再検討し、実績ならびに改訂された目標にしたがって修正しなければならない。たとえば五ヶ年計画は第一年度終了後、スピードを速めたり、おくらせたりすることができるし、一年間の経験にてらして、目標が修正されるかもしれない。計画がもう一年先に伸ばされ、新五ヶ年計画として採用されることもあろう。こうして長期計画は、将来に向っていつも先行して設定され、現在の活動に対する枠組を提供するとともに、長期にわたる重要企画の成功に自信を与えるのである。

新しい技術の影響

さてこれまで計画について語る場合、私は出版産業が現在とほとんど同じ構造で、同じやり方で拡張をつづけるであろうということを前提にしてきた。しかし新しい技術が書籍出版に大きな影響を与えるであろうことについては、すでに多くの推測がなされてきている。もっとも中には早まりすぎた推測もあったのだが、エレクトロニクス産業が出版社を買収した例がいくつも出たものだから、そうした推測がいっそう力を得たのであった。一体書籍出版産業に基本的な変化が起るのだろうか、そうした変化を長期計画の中でどのように計算に入れることができるのだろうか？　新しい技術そのものについては第六章でさらに取り上げる予定だが、ここでは〝計画〟に関連して、新技術の問題を一般的な形で論じることにしよう。

第一に重要なのは、技術的変化が少くとも過去二十年間ますますそのスピードを増しつつ発生している事実を認識することである。写植機は大変な発達をとげ、今ではひろく用いられる技術になった。オフセット印刷も非常に細かいスクリーンを用い、濃い印刷結果をうることのできるすぐれた刷版の開発によって大変改良された。ドライ・オフセット〔平凸版〕とか平凹版オフセットのような特殊な変種も利用できるようになった。インクと紙もまた改良された。新設計の印刷機は回転がより速く、しかも印刷結果はよくなった。またウェッブ印刷機は、少部数の印刷にもますます経済的になってきている。カラー印刷も、電子色分解機や印刷法が改良されたことによって、印刷効果もよくなり、比較的安くできるようになった。新しい加熱成形法や新しい接着剤が製本のために開発され、無線とじ製本のための機械が発明され、伝統的製本機や製本法に改良が加えられた。今日製作部長の仕事のひとつは、次々と生み出され、印刷所が採用しはじめている新しい機械、資材、技術などについて情報をつかむことである。そうした技術的進歩によって、製作部長はより質の高い本をより安く、より速く作ることができるからである。

しかしそれにしても彼等が作っているのはまだ従来からある本であり、これまでと同じ方法で読者に配布することを予定したものである。過去二十年間に進行してきた種類の変化は、通常の発展過程として出版社がそれに適応することが可能であり、出版社の側から歓迎される性質のものであった。そしてそのような変化が今後もつづくであろうことは間違いないと思われる。ためしに、在来の枠組の中で本の生産技術に起りうる最もはげしい変化を想像してみよう。たとえば活版印刷と同じ程度の印刷効果を維持しつつ、一度に一冊だけ印刷する経済的な印刷方法の発明である。実際のところ、これはすでに行われており（まだ活版印刷のレベルまで印刷効果はよくないが）、ゼロックスの子会社であるユニバーシティ・マイクロフィルム会社などによって、絶版本を必要に応じて複製するために利用されている。元になる一冊だけ作れば、それをもとにして必要な部数を作ることができるわけである。あるいは本をコード化して磁気テープに収録し、ある種の高速度光学印刷機によって本を複製するようになるかもしれない。こうした目的のために現在利用できる設備は、仕上り効果と値段のいずれかの点で、従来の印刷機と太刀打ちできるところまでまだいっていない。しかしその差は接近しつつあり、少部数の本を作る場合にはとくにそうである。一冊生産が十分太刀打ちできる状態になった場合、出版はどのように影響を受けるであろうか、そしてこのことを長期計画の中でどのように考慮しておくことができるであろうか?

その影響を推定するために、ミクロ出版を論じた第四章をふり返ってみよう。そこでは第二一図において、製作原価が固定費としての整版費と印刷部数に比例的な製作費から成っていることを見てきた。第二一図がまた一冊生産される場合の本の製作原価をグラフとして示すものであることはすぐにわかる。なぜなら最初の一冊あるいは磁気テープを作る原価は固定整版費であり、あとから一冊作る原価は単位製作費であるからである。経営者はこの場合でもなお、いろいろな値段における販売部数を予測しなければならない。定価をいくらにするか、予測収入と原価をどう対応させるかを決定するためにである。大きなちがいは、経営者が部数を決めなくてすむことである。その日の注文に応じるのにちょうど十分なだけの部数を各点ごとに毎日印刷すればよいからである。そこで倉庫経費は事実上解消してしまうであろう。同様に在庫評価損もなくなる。評価損を考えなければならない在庫というものを一切もっていないからである。第三章で、標準的な損益計算書を検討したときに見たように、品出しと倉庫の経費は、ふつう純売上の五パーセント、在庫評価損は二パーセントに該当している。その他の経費に変化はない。送品のための施設はまだ必要である。だから一部生産による経費節約の総額は四ないし五パーセントであろう。これは出版社にとって歓迎すべき節約であるし、その上そのために出版社の大がかりな組織変更はほとんど必要ないであろう。

一冊生産の場合、貸借対照表にあらわれる変化の方がより重要である。なぜならば、在庫が一切なくなってしまうために、一定の売上レベルを維持するのに必要な運転資本の量が、大いに減少するからである。新刊を出版する際の危険はいくぶん減るであろう。そしてこのことは、実験的な出版を励ますことになるであろう。というわけで、出版社は現在に比べて相対的により有利になるはずである。原価が減るからというよりは、投下資金が減るためにである。技術の進歩によって、一冊生産が経済的に可能となれば、きっと多くの出版社がその方に転換すると思われるが、在来型の出版から一冊生産に変えることを計画する場合、一方で新刊・重版を一冊生産しつつ、何年にもわたって現在手持ちの在庫を現金化することになるであろう。多部数一括生産方式の場合、印刷部数を決定するために必要であった種類の考察――第四章の記述――のごときは、やがて陳腐なものになってしまうであろう。ただし教科書とか聖書のようにまとまって売れる本の場合に、一冊生産方式が原価で競争できるようになるのは、まだまだずっと先のことであると私は考えている。また一冊生産方式が、ベストセラーなど急激に押しよせる大需要に応えられるようになる日が近いとも思われない。そこで進化は、先ず重版を一冊生産に切換え、次に少い部数で作られ、ゆっくり売れる種類の新刊が切換えられ、そして最後に、一度に沢山刷る必要のある教科書、聖書や突発的に需要のくるベストセラーなどを除く大部分の本が切換えられるといった具合に、漸進的に発生するであろう。

一冊生産方式による出版への移行は、ちょっと考えると非常にラジカルな変化のように思われるが、すでに見てきたところから明らかなように、実際はそれほどでもないだろう。出版産業の基本的構造にまで影響を与えかねないその他の新技術について、その影響を推定することは次章の問題である。いま予想される変化は、緩慢にしか起りえない種類のものだから、長期計画を考える経営者が、そうした変化をあらかじめ覚悟していれば、実際に起きた時、必要な調整をすることはそれほどむづかしくないはずだということ以外に語るつもりはない。一九四十年代および五十年代にテレビが導入された時のスピードは、おそらく同様な新技術が開発され導入される時の速さをはかるよい見本であろう。テレビは、人々が恐れたように、ラジオや映画を破産させはしなかったし、読書習慣を減らしもしなかった。テレビはそうしたこととは別の次元で、よい影響と若干の非常に悪い影響を文化的に与えたのであって、いま考えられている新しい技術の多くと同様、本を普及する媒体、本に盛られている題材を表現する新しい媒体を提供してくれたのである。

第六章　新しい技術

新技術、とくにコンピューター技術が出版におよぼす影響については、これまで非常に荒っぽい推測がなされてきた。最近書かれた若干の論文によれば、まるで未来の本は人間が手をふれることなく生み出されるみたいである。それには著者も出版者もなく、プログラマーとよばれる神秘的な人物だけが駆使しうるコンピューターによって奇跡の如くに作り出される。われわれすべての頭に電極がさしこまれ、具合よく脳と接続される（実験室でみるねずみのように）ようになる黄金時代に到達すれば、読者さえも不要であって、プラグさえさしこめば、あとはコンピューターがやってくれるだろう。神よ、ショートを起した時は助け給え!!

もう少し冷静な見方をする人は、現に存在し、また開発されつつある技術と、今後二十五年以内に可能となるか、可能となりそうな設備やシステムに注目するであろう。

しかし第一に新しい技術が果しえないいろいろな機能がある。そうした技術がいくら開発されても、思想と表現の問題にひとりでとりくむ著者の役割を果してくれないことは明らかである。同様に、編集上の判断とか原稿の選択を、不必要にしてくれることもないであろう。コンピューターを使って、あまり金のかからぬテストを試み、これら編集上の問題に助けを得ることはできるとしてもである。それはまた出版企画を推進したり、効果的な宣伝・販売をやってくれたりはしない。だからそうした新技術は、本の形式を変えることは大いにありうるし、ある種の本を陳腐化させるかもしれないが、本そのものを全く陳腐なものにすることはないであろう。

フォト・コピーの脅威　しかしここでは、われわれの観察をより単純なこと、すなわち複写機である。現在すでに存在しているもの、そしてその影響が丁度目につき出したものからはじめよう。すなわち複写機である。この種の設備はいまやどの事務所にも図書館にも存在し、著作権のことなど全く無視してひろく用いられている。しかもこうした動向はまだはじまったばかりなのである。手のこんだ自動複写機は、印刷機にも匹敵するくらいだし、簡単な複写機はますます改良され、より安価になっている。家庭用複写機もひろまりつつある。めいめいがテープ・レコーダーをもつように個人用複写機をもつようになるのも遠くないだろう。〝何でも作ってやろう〟主義の人たちは、抜け目のないメーカーが売り出すキットで自分の複写機を作るだろうし、放送をテープにとるのを禁止できないように、複写を禁止することも不可能だろう。人々はテープ録音のコレクションを作り上げるのと同様に、勝手に複写によって自分の蔵書を作り上げるだろう。彼らは友人のために複写をし、コピーからまたコピーがとられることだろう。

図書館は複写機のもっている可能性にやっと気づいたばかりである。コピーは元の本を買うより安く作れるようにやがてなるだろうから、設備も整い、よく組織された図書館にとって、いかなる本といえども、一冊以上所有する必要はなくなるだろう。また貸出し業務のために金のかかるシステムを維持する必要もないだろう。利用者に対しては、ほしいものは何でもコピーにして与える方が安上りだし、そうすれば、いかなる本も図書館員の直接管理をはなれて、館外に持ち出されることはなくなるだろう――それこそ図書館人の多年の夢である‼　学術雑誌・科学雑誌について、このやり方をすでに採用した図書館もいくつかあるのである。図書館それ自体は取り出しと複写が簡単にできるよう配列されたマイクロ・カードあるいはマイクロ・フィッシュの形をとることが多くなるだろう。

最近ある学者が私に話したが、これまでとっていた学術雑誌の購読をすべてやめることにしたそうである。それはあまりに場所をくうし、図書館で目録をしらべ、興味のある論文だけコピーをとる方が簡単で経費も安くすむからであるというのである。彼はファイリング・キャビネットの中に、論文コピーの形で個人用参考図書館を作り上げているわけである。この学者がその論文に対し、金を支払ってないことはいうまでもない。彼は複写に対してのみ支払っているのである。そしてもしすべての学者がこのやり方をまねするならば、すべての学術雑誌がつぶれてしまうことは明らかである。事実、学術雑誌・科学雑誌の目録だけを集めて出版している定期刊行物がいくつもあるのであって、人々はそれをみて、ほしい論文だけを注文する（あるいは自分で複写する）ことができるのである。

安価な複写機の開発ははじまったばかりである。複写技術を利用すれば、やがてわれわれは遠隔地間複写を期待しうるようになるだろう。本や論文がニューヨークで機械にかけられると、すべての主要図書館、それにおそらく書店を結ぶ回路網を通じて、コピーがシカゴやカリフォルニアで作られるだろう。これは図書館にとって何たる恩恵であろうか――単一の完全蔵書、おそらくは国会図書館から即時図書館間貸出しができるとは。どの本も一冊だけあれば全国図書館利用のためには十分である。そして図書館ごとに繰り返しカタログを整備したり、書棚に配置したりという莫大な費用を節約できるだろう。おそらくスペースを節約するために、中心となる図書館におかれる一冊は、マイクロ・フィルムの形になり、要求に応じて複製されることになるだろう。

コンピューターと、この遠隔地間複製技術を組み合わせると、ある種の出版、たとえば学術雑誌、シンポジウムの報告書、若干の参考書などは時代おくれなものになるだろう。おそらくは要約とか解説を付した索引だけを出版すればよいのであって、必要な論文は中央の情報センターから要求されるたびに送り出すわけである。生物科学情報サービスが刊行している生物学雑誌のコンピューター収蔵索引は、そのようなシステムの基礎として役立つだろう。全米科学技術情報センターは、政府の補助を得てなされた科学研究報告について、同様なシステムを提供している。合衆国科学技術協議会の科学技術情報委員会は、すべての科学技術情報を取り扱う全国的な科学技術情報局の設立を勧告している。これは結局は国会図書館をふくむ全国図書館管理機構の下に組み入れられるはずである。ところでひとたび、科学のためにこのようなシステムが設置されるならば、それはすべての出版物に対して利用しうるわけである。ウォール・ストリート・ジャーナルやタイムが遠隔地で印刷するため、本社から定期的に電送されていること、また最近、若干のペーパーバック（たとえばウォーレン委員会報告）が、緊急印刷のためニューヨークからシカゴにテレタイプで送られたことをここで指摘しておくのもあながち不当ではあるまい。ただしこれらの例が受注生産でなく、大量生産の例であることはいうまでもない。

さてこう見てくると、論理的に次のステップは、中央におかれた原本からの信号を用いて、家庭において遠隔地間複写機で印刷物を作ることである。新聞、それにおそらく雑誌は、こうした方法で作られることになるだろう。そして大衆向けの若干の書籍までが、そうなる可能性をもっている。大部分の書籍は、このような方法で流通するには適さないだろうが、全体の教育レベルが高まるにつれて、最終的には書籍にとってさえ、それは重要な手段となるかもしれないのである。そのような家庭用遠隔地間複写機が、テレビ・セットより複雑で高価になるとは思われない。事実そのような複写機が、将来はテレビの単なる付属品となり、朝刊が家庭においてテレビ・ニュースと同じくらい即報性をもって、予定時間ごとに作られるようになるということは十分実現性をもった話なのである。

そうした設備のために必要な技術の多くは、すでに実験室的には開発されているのであって、企業からの誘引さえあれば、生産技術の開発がすすむことは期待できるのである。ただ当分のあいだは、こうした変化は書籍産業からではなく、複写産業、電子産業、新聞・雑誌産業から起るだろう。しかしこのような設備やシステムが、ひとたび開発されれば、書籍産業もまた強い影響をこうむるだろうし、出版社はそれに適応し、それを利用するようになるだろう。

いまは実際の技術について、こまかな議論をすべき場所ではないが、次のことだけは指摘しておいた方がよいだろう。すなわちこれまでにいう新しいシステムは、複製し複写すべきイメージを作り出すという点では、まだ従来の組版と同じくキーボードを使用することを予定しているということである。しかし編集ずみ原稿を読みとる人間の眼と手に代る光電読み取り機は、すでに多大の進歩をとげている。もしそれが完成すれば、それから先は新しい、しかしすでによく知られている方法が引きついでくれるだろう。すなわち磁気テープ、コンピューター、電送、陰極線とレーザー・ビーム、および画像輸送法である。これらの方法を完成し、経済的なものにするには、さらに研究が進められなければならないが、これらの方法の多くは二十年前にテレビがそうであった状態よりもはるかに進んでいるのであって、また進歩のスピードは今日ではずっと速いのである。こうした技術が完成するにしたがって、書籍出版は構造的に変化するだろう。

ところで新しい技術のおかげで、次のことがはっきりしてきた。出版社が売っているのは本そのものではなく、本にふくまれるイメージであるということである。著者は原稿を書く、出版社はそれを検討して出版をきめ、編集し、それに適当な印刷的装い——イメージ——を与える。現在では出版社はこのイメージを一回の製作過程で紙の上に印刷し、クロスか紙で製本して売っているが、将来は注文に応じて、遠隔地間操作または現地操作によって各所におかれた複写機の上に再生したイメージを売ることになるだろう。進歩的な出版人は、出版社と著者が共同して作り出したイメージの管理を可能にするシステムの開発をいますぐはじめ、それによって、著者と出版社に対する報酬として、今後彼等がいっそう努力する気を失わずにすむような料金支払いを要求すべきである。

複写許可に対する料金の支払いは、出版社にとって最大の収入となるかもしれない。そして出版社が作り出したイメージを管理し、適当な料金を受け取ることが可能でなかったら、倒産することはいうまでもない。だから明確な著作権法の規定の下に、複写許可請求に対し、能率よくかつ迅速に反応し、妥当な料金を受け取る何らかの方法を生み出すことが非常に大事である。そうでなかったら、いとも簡単に盗まれてしまうような書籍イメージなど、誰も作ろうとしなくなってしまうだろう。

重要な文化的利益と、大きな営業上の利益がいまや危険にさらされている。新しい機械が次々に発明され、利用されるようになるだろう。安価な複写機を多くの家庭が入手しうるようになるだろう、そしてそれを統制しようと試みるのは、家庭用テープ・レコーダーの利用を統制しようとするのと同じくらい無駄なことだろう。しかし販売目的または教室使用のために、何部もタダで複製することを許す必要がないのは、オーケストラを家庭でテープにとって販売することが今日許されないのと同様である。

出版社の生きのびる途　著者と出版社にとって最上の方法は、技術革新にみずから参加することである。彼等は、利用者が適当な料金を払えば複写許可を簡単に得られるような方法を工夫しなければならない。またいかなる種類の複写は料金なしでやってよいかを明瞭に示さなければならない。こうしたことがなされてはじめて、出版社は法に対する遵守と、不法複写の訴追を主張することができるのである。

今日複写（または複製）許可の請求は出版社ごとに取り扱われている。自分の担当クラスのためにリーディングス〔訳注　いろいろな本から一部を抜き出して編集した講義のための読物〕を編もうとする教師は、一ダースもの出版社に手紙を書かねばならないし、その中にはすぐに返事をくれない社もひとつふたつはあろう、そして請求される料金も実にまちまちなのである。その教師にとって手っとり早いのは、法律を全く無視して複写をし、〝かまわないだろう、学生数は少いのだし、とにかくこの本は図書館が金を払って購入したものなのだから〟と自分に言いきかせることである。しかしその教師は、たとえ少額であろうとも、著者および出版社に対する正当な支払いをごま化していること、そして同様なことが国中で何十万回となくくり返されているかもしれないことを忘れているのである。

そのような教師の要求に応えるために、出版社はコンピューターを柱とした中央の処理センターを設立することができよう。電話一本かけるか手紙一通書くことによって誰でも迅速にそこからひとまとめにして許可をうることができるのである。もし各出版社が許可条件と各点ごとの料率を、利用の形態を考慮しながら設定できるならば、それらの情報はマスター・カードに打ち込むか、またはコンピューターに記憶させることができる。この情報をもとに、許可処理センターは、著者と出版社に代って質問に対する回答、複写許可、料金請求、料金徴収を迅速に果すことができる。重要な依頼事項（たとえば一冊全部をリプリントしたいなど）については、原出版社に相談が行くだろうが、大部分の申し込みは簡単かつ自動的に取り扱うことができるから、不法に一部以上複製することに対する弁解の余地はほとんどなくなるだろう。そのような処理センターを設計することが容易だというのではない。経費の問題をふくめて多くの問題があることだろう。しかしもし著述と出版に対する刺激が維持されるべきであり、個人的著作に対する財産権が認められ、保護されるべきであるならば、何らかの形でそのようなシステムが必要なのである。英米両国における標準図書番号（SBN）の採用は、望ましい方向への一歩前進であった。コンピューターを中心とした処理センターは、その番号にもとづいて作業しうるからである。

これまでに述べたすべては、遠隔地間複写にも全く同様にあてはまるのであって、むしろこの場合の方が管理は容易であると思われる。責任ある公的機関たとえば学校や図書館など、法律を守ることをあてにできる相手が主な利用者となるからである。電送で複写コピーを発行する全国中央図書館、あるいは〝借り手〟のためにコピーを作る地域図書館は、いちいち記録をとり適正な料金支払いをすることが期待できる。複写機にとりつけられた分類計算装置によって、自動的に複写活動の記録がとられることにもなるだろう。

本は陳腐化するか　技術革新の影響はすでに最近における出版社とエレクトロニクス会社との合併に現われつつあるといえよう（例えばランダム・ハウスがR・C・Aと、ウエズレアン大学出版部がゼロックスと、ホルト・ラインハート・アンド・ウインストンがC・B・Sと、そしてサイエンス・リサーチ・アソシエーツがI・B・Mと合併した）。しかしさらにいっそうの発展が、お膳立てされつつあるのである。テレビが安くなったように、複写機も安くなるだろうが、形をかえた将来の出版産業が必要とする中央施設とネット・ワーク設備は、莫大な経費を要するから、最大規模の出版社を別として、通常の出版社にはとても手の届かない巨額の資本投下が要求されることになるだろう。

こうして法務省〔訳注　日本では公正取引委員会〕が許す限り、合併の動きはつづき、おそらく結果はラジオやテレビの場合と同様、少数の大規模な出版ネット・ワークのみが残るということになるだろう。ランダム・ハウス－R・C・Aの合併はさらにいくつかの出版ネット・ワークが同じ調査研究施設、送信施設を共同利用する点で、現在のラジオ・テレビ・システムの場合と一致することを暗示している。小規模な出版社は、巨大会社によって占領されそうにない特殊な領域を発見し、全国ネット・ワークを時間借りするか、大きなシステムに組み込まれるかして、こうした機構に自己を適応させなければならないだろう。しかし一般社会の利益のために、表現の自由を確保しなければならないから、ラジオ・テレビのネットワークや公益事業の場合と同様、連邦政府による何らかの規制が必要になるかもしれないのである。印刷された言葉は何世紀ものあいだ、つねに少数意見のためのより所であった。しかしもし印刷された言葉の流通が、技術の開発（私はそれを進歩とよぶことにためらわずにいられない）によって統制されるようなことになるならば、〃知られる権利〃を保証する何らかの公的手段が必要になるだろう。出版がそのような段階に到達することのないよう希望したいものである。

さて私の暗示したものの中で、本が陳腐化するだろうことを示すものは、一見そう見えたかもしれないが実際はなにもなかったはずである。詩や小説が陳腐化することがありえないと同様、本も陳腐化することはありえない。なぜなら本は、詩や小説と全く同じ意味においてではないが、やはり知的構築物であり、それは思想と表現にある永さの時間を超えて具体性を与えるものであり、人々が思考し、著述によって自己を表現しつづける限り、本は書かれ、出版されるであろうからである。作家や学者は、自己の思想や感覚を結晶させるためにも本を書く。文化の進歩はそうした著作、すなわち書籍の流通に依存しているのである。

一方書籍の読者——夜おそく椅子に腰を下し、手にした書物に全く魂を奪われているといった読者の姿が、陳腐化することもあるまい。その本が彼にとって極めて大事であるように、彼はまた著者にとって極めて大事なのである。書籍は媒体である。そして出版者は著者をはげまし、（それに印税を支払う）原稿を、本の形のイメージに変え、それを周知させて需要をほりおこし、読者に伝達する周旋人なのである。私がこれまで述べてきたすべての技術は、書籍の伝達と関係があるわけである。

技術はそれ自身の力と論理をもっている。そしてわれわれは、あの偉大な可能性をもったテレビが、子供だましと倭少な番組の中に、優良番組を埋没させ、いかにわれわれを荒廃に導いたかを目のあたりに見てきたのである。新しい技術が書籍の上に、似たような影響を与える危険がある。われわれは将来の書籍出版の機構と経済が、一種のエレクトロニクスのグレシャムの法則によって、質の悪化をもたらすようなものとならないようにしなければならない。私個人としては、聡明さと計画があれば、新しい技術は、テレビの驚くべき普及と同様に、よい本をいたるところに普及せしめ、われらの文化に偉大な貢献をするよう利用しうると信じている。

訳者コメント

東大出版会で今から十年ほど前に長期計画を練ったことがある。それから五年経ってみたとき、五年計画が全く現実とはなれているのを見出した。これは現実の情勢が極めて過酷で、予定した発展が少しも実現できなかったためであった。われわれの長期計画自体、大変お粗末なものであったことも事実だし、現代社会が長期計画を不可能にするほど変化の激しいものであることも事実であろう。しかしそれでも、長期計画を討議したことは、無駄ではなかったと考えている。目の回るほど忙しい部長たちは不平一杯であったし、数量的な帰結は大いに狂ったけれども、その時の討議によって明瞭化された方向は、今日でも有効に生きているからである。すなわちスピードは、現実に合せて変更しなければならないとしても、方向そのものは、そして方向からくる方針とか原理そのものは、あまり変ることがないということである。

現実の世界はめくるめくばかりに変転する。だから長期計画は、そのような状況の中でも有効性をもちうるものとして、方向的なものとして、相対的な意義を認めつつ考えるべきではなかろうか。

それに対して短期計画としての年間予算はもっと現実的であり、束縛的である。年間予算は、例えば東大出版会では刊行計画、それにともなう販売計画、在庫販売等の収入測定と、経費の予測によって、極めて詳細に設定されている。二千点の販売品目ごとに、コンピューターのデータにもとづく売上予測が立てられている。もっともこれは大幅に狂うことが多い。本という商品の性格によるのであろう。不確定要素は販売予測だけではない。それ以上に不確実なのが生産面、刊行であることはすべての出版人の体験しているとおりである。われわれの体験では、年初に予定した刊行書目の三分の二が予定どおり出版されれば上等の方であり、ひどい時は、半分くらいしか実現しない。勿論歩留りは予測して二倍の点数を準備するから、最終的には何とか刊行点数は目標を達成するとしても、内容が不確実なことはおびただしいものがある。そうした刊行予定の達成の不安定さと販売部数の不確実とを基礎にすえた出版社の予算が、極めて流動的なものであることは明らかだろう。しかしわれわれは、そこから出発しなければならない。そして人件費の支払いは確実なのである。われわれは不確かな事実にできる限りの確実性を与えなければならないのである。そしてその結果、かなり正確な予算の設定と実践ができていることは既述のとおりである。

もうひとつ、長期・短期の予測を困難にする要因として、新しい技術の導入がある。第五章後半および第六章に述べられているとおりである。中でも最も確実にわれわれ出版業、とくに学術出版をおびやかしているフォト・コピーについて本書で詳しいが、筆者もまた文化庁著作権審議会の複写複製問題分科会委員として、この問題に多大の関心を抱き、早急な対策をよびかけてきた。日本の出版人は過去十年ほどの繁栄におぼれ、迫りつつあるフォト・コピーの脅威に無関心であるが、この問題を早急に解決しなければ、少くとも学術出版は成り立たなくなるおそれのあることを強調したいと思う。

エピローグ——質について

出版者は経営のうまさによって世に知られるのではない、彼が出版する本によって知られるのである。出版の歴史は、偉大な本を出版した偉大な出版社の歴史である。それはまた、出版人が協力して作ってきた文芸思潮の歴史であるといってもよい。ともあれ、われわれが分析をつづけてきた出版活動の目的は、本を作り、普及させることであった。しかしそうした出版活動が価値をもつのは、出版された本が価値をもつ限りにおいてであり、それが読まれる限りにおいてである。

印刷は建築同様、奉仕の芸術であると言われてきた。印刷は出版に奉仕し、出版は文明に奉仕する。書物は過去と現在を解釈し、未来を予測し、必要な情報を伝え、過去と現在と未来の生活を描いてみせるなど、人類文化のあらゆる問題を取り扱う。すべての書物が、こうした役割を果すのであり、すべての出版人が質——いいかえれば、彼等の出版する書籍の与える影響について、判断を行使する機会をもっている。書籍はたしかにその影響力を、よい方にも悪い方にももっているのである。もし出版経営者が彼の事業をうまく経営するならば、彼は出版物の質をいっそう高め、それをよりひろく普及し、かくて人類にいくばくかの貢献をする、一層大きな機会をもつことであろう。

付録…種々の報告書とその様式

様式というものは、コミュニケーションを標準化する便利な方法である。それは、極めて有用だが、それがあまりにも多くなると、作業時間を短縮するより、増幅することにもなりかねない。あるいは、また情報が不必要に重複して混乱を招くことになる。

用いられているすべての諸様式を集めて検討することは出版社にとって、とても役に立つことだ。各部局ごとに自分の使っている様式を再検討すべきだし、各部局長は他局との関連をチェックしなければならない。多くの様式がある部局から他の部局への連絡のために用いられているからだ。

各出版社は、それぞれに独自の様式を開発しなければならない。だから、以下に示すのは、役に立つと思われる若干の様式にどのような情報が盛り込まれるべきかを一般論として、示しているだけである。

以下の様式は、その発信源のよって分類されている。受信者は、指定されているか、あるいは、ほとんどの場合、言うまでもなく明白である。

ここでは、「納品書」といったような通例の様式は省かれている。

I　全体管理部門

1. 出版計画書（時系列で配列された）…刊行予定月、著者名、書名、定価、割引率、部数
2. 書名・定価・割引率表示の変更票…これには出版社社長あるいは権限をもつ職員による承諾が必要。そうした変更を即刻知らなければならないスタッフを定めた配布者リストが含まれる必要あり。また、変更が、いつの時点で実施されるのかを明示していなければならない。

4．3．個別出版企画計画票…186頁を見よ。

出版契約書様式…著者との間に結ぶ出版契約書は、多様である。

出版者は、法律顧問と相談の上、自社用の様式を作成すべきである。

契約書には、通常、次の諸項目が含まれる。

（a）契約日時、両契約当事者名

（b）著者の許諾内容…最も完全な許諾は、著作権の全有効期間及びその更新期間中に該当作品をすべての形、すべての言語で全世界に対し出版し、あるいは第三者に出版させる完全にして排他的な権利ということになる。

多くの契約書はそうした許諾に種々の制限を加えている。——たとえば、地域、言語、出版方式（映画化権など）について

（c）著者の保証…著者は彼が許諾を与える諸権利の権利保有者であること、そして当該作品が剽窃ではなく、また、猥せつ、名誉毀損に当たらないことを確認する。

（d）出版者の出版承諾…契約が未完成あるいは計画中の作品についてなされる場合、この条項には、通常、原稿が一定の標準に達したものである場合にのみ出版するといったような除外条項が含まれる。ただし、その文言はあいまいなものであることが多い。

（e）販売の保護…著者は競合するような本を書かないことを約束する。

（f）原稿の引渡し…引渡しの日時を特定する（引渡し日を過ぎた場合、契約は破棄される）。また、原稿の様式を特定する（タイプ打ち、2行アキなど）。

この条項では、また、必要があれば、挿絵についての約定（許可を含む）や索引作成の取り扱いが規定される。

（g）著者の原稿変更…校正段階での著書の変更によるコストがある程度を超えた場合、それは、著者の負担となる。

（h）改訂版…著者は必要な場合、当該書を改訂すること、あるいは第三者によって改訂することを承認する。

これは、教科書出版では、とくに大切である。

（i）保険…出版社は原稿・挿絵・写真などについて若干の保険をかけることに同意する。

（j）印税…印税計算期間（通常6ヵ月ごとである）及び支払日時が特定される。また、（定価あるいは正味に対する）印税率は売上部数が増えるにつれて引き上げられることが多い。

多くの特別な場合が取り上げられる…外国への販売、低正味の販売、印税免除部数、ペーパーバックあるいは廉価版、その他

（k）その他の権利…種々の副次権収入の特定…翻訳権、出版以前または出版以降の雑誌連載権、抄録版権、ペーパーバック権、圧縮・要約・翻案権・合体使用権、オムニバスへの収録権、第三者への出版許可収入、これらの諸権利からの収入は、通常、著者と折半される。

劇化、朗読、ラジオ放送、映画、テレビ及び映像・音声での機械的再生などの許諾からの収入は著者の取り分が大きく、通常、85％である。

（l）契約の終了…著者の要求にもかかわらず、出版者が当該作品の刊行を継続しない場合、諸権利は、通常、著者に復帰する。その場合、著者は、使用された図版を妥当なコストを支払って出版者から購入する権利をもつ。

（m）先買権条項…著者は彼の次に書く一冊あるいはその後の何冊かの本の出版について、出版社に優先的交渉権を与える。

（n）付加条項…そのほか、特別な条項を書き入れるための空白欄

（o）譲渡…契約は、通常、相続人と譲受け人を拘束する。両当事者の同意なしに契約を譲渡することは出来ない。

（p）署名…通常、証人を立てる。

Ⅱ　編集部

1. 原稿受領挨拶
2. 原稿登録記録…著者名、書名、受領日時、頁数、図版数、担当編集者名あるいは意見を求めた外部リーダー（査読者）名と彼への支払査読謝礼額、最終処置の決定内容とその日時、
3. 社内査読者報告書…簡単な本の紹介、著者についての情報、外部意見聴取者の氏名と資格、本の評価、潜在的読者数と予定定価、原稿に対する社内査読者の予備的な評価意見
4. 外部査読者の秘密報告書…これは専門家あるいはコンサルタントからの報告書である。質問項目は、原稿の種類とか出版社のタイプによって異なるだろう。外部査読者は、通常、原稿内容の正確さ、執筆スタイル、教科書利用の適性などについて意見を聞かれるのであって、販売可能性について尋ねられる事は通常はない。それは出版者の方が、よく評価できるはずである。
5. 編集者月例報告…審議中の原稿について、各編集者は編集長に毎月以下のことを報告する。受領日時、著者名、書名、簡単な現状報告
6. 著者についての販売促進用情報（署名済みの出版契約書といっしょに戻してもらう）…著者名、書名、住所、出身地、生年月日、国籍、学歴、専門職歴、職歴（日時と職位）、海外渡航歴、受賞歴、著書、書評用献本贈呈先、広報用献本先、利用すべきダイレクトメール、その他販売促進用提案、宣伝用コピー、著者の写真
7. 編集長の編集作業計画票…著者名、書名、担当編集者名、担当デザイナー名、原稿受領月日、担当原稿編集者への引渡し月日、原稿枚数、デザイン部への原稿引渡し予定日及び実施日、デザイン部及び製作部へ本票の写し送付
8. 原稿編集者の原稿編集報告書（編集済み原稿とともに原稿編集部長に提出）…書名、著者名、シリーズ名、著者から最終修正済みの原稿を受領した月日、原稿編集終了日、原稿の未着部分、原稿枚数、印刷

見込み頁数（印刷所の予想頁数がわかればそれも示すこと）、図版数（凸版、ハーフトーン、その他）、必要校正枚数、著者住所

9. 販売促進のための編集者からの提案（販売部に対する）…義務的献本（著者、索引製作者その他）、と宣伝用配本。作品の対象領域、読者対象レベル、作品のスタイル、宣伝用コピー（25語以内）、雑誌や新聞に取り上げられるための抄録、宣伝用挿絵、カバーに入れるコピー、その他販売にための特別提案

10. 重版指示票（重版・新版マネージャーから製作部へ）…著者名、書名、冊数、活版にするかオフセットにするか、定価、訂正あるいは改訂、カバー（枚数と訂正）、製本冊数、配送冊数、いつまでに必要か

Ⅲ　デザイン部

1. 予備的な目算のための情報票（出版契約締結以前の出版計画立案用）…年月日、著者名、書名、原稿枚数、出版予定部数（１０００部単位）、上製かペーパーバックか、判型寸法、1頁の文字数、1頁ごとの脚注文字数、付録と参考書目の1頁の文字数、表、画像（数、ハーフトーンか凸版か、画像の入る頁数）カバーのタイプ、本文用紙、使用クロスの等級、箔押しの有無、1回の製本部数、その他意見

2. 製作指定書（デザインを指定された原稿とともに製作部へ送られる）…作業番号、書名、著者名、担当編集者名、担当デザイナー名、日付、発注先印刷所名、印刷部数、仕上がり判型寸法、余白指定、本文、索引、脚注、柱、ページ付け、中扉などの文字字体指定、本文用紙、製本指定、カバー指定、画像、重版手続、折丁数、用紙、インク、キャプションの入れ方などの指定

Ⅳ　製作部

1. 製作計画表…製作中の全点を書名のアルファベット順にリストアップする（この計画表は、毎週改訂さ

れ配布される）

著者名、書名については、担当者編集者の確認が必要。計画に変更があったか否か、作業番号、著者からの完成原稿受領日、

2. 計画された製作予定は、一行に書かれ、その下に各点の実際の進行日時が書き込まれる。同様な計画表が製本作業、カバーについても作成される。

製作原価見積…ほとんどの出版社は、複数の印刷所・製本所からの見積を単一の見積様式に書き写す。これは経営判断の役に立つ。そうすることで、すべての見積が同一様式になり、比較検討が容易になるからだ。

この統一見積様式書では、プラント・コスト（製作部数に関係なくかかる製版費などの固定費）と製作費（製作部数によって変わる変動費）とに分けて記し、かつ、末尾に重版する場合に要するプラント・コストの見積を示しておくことが望ましい。これは、印刷発注部数の決定に際して、考慮しなければならないものである（第4章を見よ）。

通常、この様式書は、種々の印刷部数に対するコストを書き入れるための空欄を持っている。基本部数と1000部増えるごとのコストという形式で書くこともある。

3. 巡回メモ…このメモは、印刷所からくるゲラに付けられる。このメモは、巡回するゲラを見るべき人々を順にリストアップしている。各人は閲覧済みを示すイニシアルを付し、日付を入れて次の人に廻す。

書名、著者名、担当編集者名、作業番号が様式の初めに書き入れられる。

V　販売部

1. 献本発送依頼票…会計部宛に無料献本、教科書採択検討用献本などの発送を依頼

2. 書評用献本発送依頼票…種類別に書評媒体をリストする。宣伝部長は、書評用献本の送り先媒体をチェックする。この様式票は、必要事項が書き込まれた上、各刊行書が倉庫に搬入される直前に会計部に送られる。そこで、書評用献本は遅滞なく、送り出される。

3. 広告計画書…半年ごとに季節広告計画が一点ごとにメディア別に立てられる。広告スペースの大きさとコストが示される。同様な計画がダイレクトメールについても行われる。各カタログやリーフレットに含まれるべき書目、使用する発送リスト、発送予定期日、コストの予想などが示される。これらの計画書は、すべての管理職、編集者、その他に配布される。

4. 販売人の訪問予定…関心あるスタッフに配布される。

5. 注文用紙…訪問販売人の使用する注文書の様式は多様である。

Ⅵ　経理部

多くの企業で使われている基準的な会計様式は、ここでは省く。貸借対照表、損益計算書、資金分析表については第3章で論じられている。ここに示すのは、他部局と経営全体の管理上役に立つと思われる経理部からの若干の追加の報告書である。

1. 販売報告…これにはそれぞれの目的のためにそれぞれの方式で分析した種々の報告書がある。一点ごとのあるいは一領域ごとの販売報告書はとくに編集部によっては関心を持たれるだろう。その他の販売報告書は出版社の全体管理あるいは販売部長にとって役立つはずだ。種々の販売分析は、いまやコンピュータ化した会計システムによって、そのように設計しさえすれば、容易に入手しうるようになった。

販売報告は、月ごと、週ごとにあるいは迅速に売れている本については毎日作成される。販売報告書は、

（a）アルファベット順に並べた書名または著者名ごとに作られる。
（b）領域ごとに分ける（政治学、科学、歴史など）
（c）地域別区分による。地域は、販売人の担当区域ごと、広告や集中的に販売活動が行われる地域（例…中西部）ごと、あるいは州（とくに教科書採用について）ごとに。
（d）国別輸出販売報告書―輸出販売は、通常、国内販売とは別に組織されるので、報告書も別に作成される。
外貨制限、検閲その他厄介な問題がそれぞれの国について影響を与える。それが、この輸出販売報告書に示される。
（e）正味別
（f）販売人ごと
（g）購入者の種類別、たとえば、書店、図書館、卸売（取次）店、ダイレクトメール販売
（h）個別顧客別…この報告書は販売部長や販売人に取って、極めて重要である。
（i）発行部数別、上製、ペーパーバック別、対象領域別報告書。
これには、しばしば平均販売価格が付される。
（j）既刊本売上対新刊本売上…売上金額と占有率で、比較のために過去のデータを付す。
（k）返本報告書―返本者別、本のタイプ別など
（l）価格帯別販売報告書―全点及び領域ごとに。
たとえば、ペーパーバック本、上製本、5ドル以下、5～7・5ドル、7・75～10ドル、10・25～15ドル、15・25ドル以上、の区別で

2．発行日以後の売れ行きパターン調査報告（第4章に論じられている）…
これは領域別、ペーパーバック本／上製本別、価格帯別などで作製されることがある。本文第10図、14図のようにグラフで示せば最もわかりや易い。

3. 品切れ本予告書…第4章139頁を参照のこと。
毎月この報告書は作成され、3ヵ月、6ヶ月、9ヶ月先の品切れ予告が重版担当者に与えられる。同時に既に品切れとなった書目のリストと留め置き注文の合計冊数が報告される。

品切れ本の比率の報告、一定期間以上、品切れ状態にある書目名、一定以上の留め置き注文を持った書目名についての説明は、出版者に有用であろう

4. 在庫報告…この報告書はしばしば販売報告と合体されるが、倉庫に在庫中の本の数を1点ごとに示すものである。
重版担当者は、この報告書を注意深く監視しなければならない。この報告書は会計年度の終わりにデッドストックの除却作業を平静に行うためにも必要である。

参考文献	Ⅰ　出版・印刷・販売 Ⅱ　スタイル（編集） Ⅲ　書籍および出版産業に関する参考書

FOR READING AND REFERENCE: A SELECTED LIST

I. *On Printing, Publishing, and Bookselling*

Anderson, Charles B., Joseph A. Duffy, and Jocelyn D. Kahn, *A Manual on Bookselling,* American Booksellers Association, distributed by Bowker, 1969. A publisher ought to know a lot about bookstores and how they work. This book is a mine of information.

Grannis, Chandler B., ed., *What Happens in Book Publishing,* second edition, Columbia University Press, 1967. The best all-around book on American book publishing. Essays by various experts cover all aspects. Anyone going into publishing should read it, and it is a refresher course for old hands.

Gross, Gerald, ed., *Publishers on Publishing,* Bowker, 1961. A compendium of writings by American publishers on publishing, from Daniel Macmillan in the mid-nineteenth century to Bennett Cerf in the mid-twentieth. Illuminating and amusing, giving some insight into the ways publishing has changed—and how it hasn't.

Hawes, Gene R., *To Advance Knowledge: A Handbook on American University Press Publishing,* The Association of American University Presses, 1967. This handbook includes some history, some "how to" sections, and many comments from press directors on aspects of university publishing. Useful reading for the publisher of specialized books.

Kerr, Chester, *A Report on American University Presses,* The Association of American University Presses, 1949. Supplement issued in 1956. A study of university presses sponsored by the American Council of Learned Societies, still the standard work, though to some extent supplanted by Hawes' *To Advance Knowledge.*

Lehman-Haupt, Hellmut, Lawrence Wroth, C. Silver, and C. Rollo,

For Reading and Reference: A Selected List

The Book in America: A History of the Making and Selling and Collecting of Books in the United States, second edition, Bowker, 1951. This is the standard scholarly history.

Madison, Charles A., *A History of American Publishing*, McGraw-Hill, 1966. A compilation of the histories of publishing companies, mainly from "official" histories, brought together chronologically with little synthesis or critical comment. A useful source of facts about individual companies.

McMurtrie, Douglas, *The Book: The Story of Printing and Bookmaking*, third edition, Oxford University Press, 1943. An authoritative history of printing, with little attention to publishing.

Mott, Frank Luther, *Golden Multitudes: The Story of the Best Sellers in the United States*, Bowker, 1960. This book is essential background for the trade publisher, though it will not furnish a key to tomorrow's popular taste. Its substance is an important part of American cultural history.

Mumby, Frank Arthur, *Publishing and Bookselling: A History from the Earliest Times to the Present Day*, Bowker, 1930; revised in 1939 and 1954. The standard history of British publishing and bookselling, fascinating and delightful. It contains an extensive bibliography by William Fleet.

Publishers' Weekly, Bowker. The weekly journal of the book trade; essential reading for anyone in publishing.

Sheehan, Donald Henry, *This Was Publishing: A Chronicle of the Book Trade in the Gilded Age*, Indiana University Press, Bloomington, 1952. A lively history of American book publishing in the latter half of the nineteenth century.

Smith, Datus C., Jr., *A Guide to Book Publishing*, Bowker, 1966. An excellent introduction, somewhat simplified for the uninitiated reader. It is intended especially for publishers in the less developed countries, and is unique in its treatment of the special problems encountered in such areas.

Smith, Roger H., ed., *The American Reading Public: A Symposium from the Winter 1962 Issue of Daedelus*, Bowker, 1964. A collection of thoughtful essays by professors and publishers on the state of the book and book reading in America. It is more philosophic than most books about publishing, and deals also with such problems as the effects of book reviewing and of television.

Steinberg, S. H., *Five Hundred Years of Printing*, Penguin, 1955. An excellent short history, emphasizing the interrelations among printers, publishers, and the public.

Unwin, Sir Stanley, *The Truth About Publishing,* seventh revised edition, Macmillan, 1960. One of the half-dozen basic books about publishing, a course of instruction from one of the most successful British publishers. The American edition, though adapted, has a somewhat British flavor, and American publishers may prefer to read the British edition as an introduction to British publishing practices.

Williamson, Hugh, *Methods of Book Design: The Practice of an Industrial Craft,* Oxford, 1966 (second edition). An excellent comprehensive treatment of design and printing, combining aesthetic and technical aspects.

II. *On Style*

Bernstein, Theodore M., *The Careful Writer: A Modern Guide to English Usage,* Atheneum, 1965. By the former Assistant Managing Editor of the *New York Times.* A concise handbook, organized alphabetically. Also see Bernstein's *Watch Your Language* (Channel Press, 1958), compiled from his "Winners & Sinners" in the *Times.* Bernstein's incisive comments should sensitize any editor or writer.

Follett, Wilson, *Modern American Usage: A Guide,* Hill & Wang, 1966. America's closest rival to Fowler. Follett exhibits purity of taste, conservative but not pedantic. In addition to its alphabetical section, it contains several sensible essays on style, including an excellent section on the art and science of punctuation. A dose of Follett may be prescribed as an antidote to the permissive philosophy of Webster's "Third."

Fowler, H. W., *A Dictionary of Modern English Usage,* second edition revised by Sir Ernest Gowers, Oxford University Press, 1965. The incomparable compendium on usage, which all others seek to rival. Every copyeditor should have Fowler at his elbow, though the temptation to browse may be irresistible.

Graves, Robert, and Alan Hodge, *The Reader over Your Shoulder,* Macmillan, 1944. A daring book, and a delight for copyeditors. The authors rewrite the "greats" to show how they could have done it better—all explained by a set of principles, surprisingly convincing.

Manual of Style, 12th revised edition, Chicago University Press, 1969. The latest edition greatly improves one of an editor's most useful standard reference works. It is comprehensive, well-organized, well-indexed, authoritative, and beautifully printed. "Style" here means printer's and publisher's style. The *Manual* succeeds in its "aim to give clear and simple guidelines for preparing and editing copy."

McCartney, Eugene S., *Recurrent Maladies in Scholarly Writing*, University of Michigan Press, 1953. A delightful and informative book on a serious and important subject.

Montague, C. E., *A Writer's Notes on His Trade*, Pelican, 1930. Reflections on style. Except for this one, which I like very much but which is little known, I have excluded such books from this list.

Nicholson, Margaret, *A Dictionary of American-English Usage* (based on Fowler's *Modern English Usage*), Oxford University Press, 1957; also New American Library (paper), 1957. An adaptation, but most editors prefer the original Fowler.

Nicholson, Margaret, *A Practical Style Guide for Authors and Editors*, Holt, Rinehart, and Winston, 1967. A sensible short introduction, helpful to a beginner though not comprehensive enough for general use.

Partridge, Eric, *Usage and Abusage: A Guide to Good English*, revised edition 1957, Penguin Books, Baltimore, 1963. Intended as a supplement and complement to Fowler, with annotations of American usage by W. Cabell Greet. Partridge's love of the language shines through his sober comments. He combines elegance with concision.

Perkins, Maxwell E., *Editor to Author: The Letters of Maxwell E. Perkins*, Scribner's, 1950. The letters of one of the greatest American editors to Thomas Wolfe, Ernest Hemingway, F. Scott Fitzgerald, Erskine Caldwell, John Galsworthy, and others. An inspiring book, though not every editor can be a Perkins.

Strunk, William, Jr., and E. B. White, *The Elements of Style*, revised edition, Macmillan, 1959. Every writer and every editor ought to read this little book—and follow its advice.

Webster's New Collegiate Dictionary, latest edition, G. & C. Merriam Co., Springfield, Mass. The most popular desk dictionary, based on the authoritative *Webster's New International Dictionary*. Editions of the *Collegiate* based on the Second Edition of the *New International* contain a section on Punctuation that is the best available short course on good practice in formal writing—very useful for copyeditors. Unfortunately *Collegiate* editions based on the Third Edition of the *New International* contain a new section on Punctuation, based largely on the spoken language, which is usful at best only for informal writing. Punctuation based on speech assumes that the reader reads with his lips, and it fails to provide structural information that may be necessary for clarity and that in any case helps the rapid reader.

Webster's New International Dictionary (Unabridged), Third Edition, G. & C. Merriam Co., Springfield, Mass. This is the best unabridged dictionary of American English, an essential reference for every editor. The Third Edition caused an outcry among editors and writers because it abandoned many of the helpful practices of the Second, especially the practice of giving the "preferred" usage. Thus it refused responsibility for setting standards of good usage and limited itself to reporting, including without warning many usages usually regarded as substandard. It is nevertheless an excellent dictionary, but the weight of its authority will help substandard usages to gain acceptance, with a resulting loss of clarity and precision in our language.

III. *Reference Works on Books and the Book Trade*

The American Book Trade Directory, biennial, Bowker. A directory of American publishers, booksellers, antiquarians, wholesalers, auctioneers, book clubs, book trade periodicals, exporters and importers, and publishers and booksellers in Great Britain and Canada.

Bogsch, Arpad, *The Law of Copyright under the Universal Convention*, Bowker, 1964.

The Book Buyer's Handbook, annual, American Booksellers' Association. Trade terms of all publishers.

Books in Print (U.S.A.), annual, Bowker. By title and by author. See also *Subject Guide to Books in Print*, annual, Bowker; and *Paperbound Books in Print* (U.S.A.), monthly, Bowker.

The Bowker Annual of Library and Book Trade Information, Bowker. Library and book-trade statistics, library standards, legislation and grants, education and manpower, library and book-trade associations and committees, events, prizes, and financial information.

Copyright Law of the U.S.A., latest printing, Government Printing Office, Washington, D.C. The basic law on which the publishing industry is built. The G.P.O. pamphlet also contains copyright treaties and conventions to which the United States is a party, with lists of other signatories.

For Reading and Reference: A Selected List

Directory of Newspapers and Periodicals, annual, N. W. Ayer, Philadelphia.

General Information on Copyright, Circular 1 of The Copyright Office, Government Printing Office, Washington, D.C. A good, short summary. See also Circular 38A on *International Copyright Relations,* Circular 38B on *Berne Union Member Countries,* and Circular 38C on *Universal Copyright Convention—Accessions and Ratifications.*

Graves, Eileen C., ed., *Ulrich's International Periodicals Directory,* annual, Bowker.

International Literary Market Place, latest edition, Bowker. A directory similar to *The Literary Market Place.*

The Literary Market Place, annual, Bowker. A directory of publishers, book clubs, agents, associations, manufacturers, magazines, newspapers, radio, TV, translators, and various other services.

Nicholson, Margaret, *A Manual of Copyright Practice for Writers, Publishers, and Agents,* Oxford University Press, latest edition. A clear explanation of the U.S. law of literary property, including the Universal Copyright Convention. It deals with books, magazines, and other forms of publication, and contains a helpful section of questions and answers.

Melcher, Daniel, and Nancy Larrick, *The Printing and Promotion Handbook,* third edition, McGraw-Hill, 1966. A unique guide to printing technology and advertising and promotion techniques, arranged alphabetically.

Pilpel, Harriet F., and Morton D. Goldberg, *Copyright Guide,* second edition, Bowker, 1963. A reliable brief guide, concise and clear.

Pollock, Muriel, ed., *Publishers' Trade List Annual,* Bowker. A collection in four volumes of the trade lists of all American publishers.

附録Ⅰ

在庫評価論

箕輪成男

一　在庫評価問題の背景

企業経営において、棚卸資産の適正なる評価が、経営成果の正確な測定のためにきわめて重要なことはいうまでもないが、このことはとくに出版業、なかでも学術出版にとって真理である。出版事業が企業財産として所有している棚卸資産、とくに製品勘定を構成する在庫書籍は、通常の生産会社や商事会社の所有する製品商品在庫とは多分に異なる性格をもっている。

その最大の特色は商品として代替性の少ないことである。代替性の少ないことは、商品として競争性の少ないこと、独占性を意味するから、販売における強さを示すとともに、ひとたびその内在的価値が流通上の価値を失った場合は、商品としての価値を全く失うことになる。シャツやチリ紙なら、多少値段を下げれば売れてしまうだろうが、本ばかりはいくら値引をしても、その特定書籍に関心をもつ人以外に買わせることはできない。

本のもつこの基本的性格、互換性のなさの故に、在庫書籍の評価がとくに出版事業の損益計算にとって大問題となるのである。例えばAという本が二〇〇〇冊売れ残っていて、これから先一年間に見込める販売量は五〇〇部で、その後はほとんど売れる見込がないとしたら、この在庫をどう評価すべきかという問題が生ずる。この出版社はいさぎよく一五〇〇部を廃棄処分にし、五〇〇部のみを在庫として評価するだろう。この場合にも多くの会計技術的問題を生ずるが、われわれが本稿でとくに問題にしたいのは、このように簡単に廃棄処分できない学術出版の場合である。

学術出版は、その刊行図書を一〇年でも二〇年でも保存して、それを必要とする読者に届ける義務をもっている。純粋に経済的見地から考えれば、このような行為が企業にとって損失を意味することが明らかな場合にも、学術出版はあえてその使命のために、遅売性の本を在庫として保管しているのである。オックスフォード大学出版部は一〇〇年以上も前に出した本をその当時の値段で売りつづけて美談視されたことがあるが、同じようなサービスは学術出版の世界では常に行われているといってよいだろう。

学術出版社がそのように非常に売れ行きのおそい本を在庫としてもっている場合に、どのような経済的問題が生ずるかを明らかにするのが本稿の目的である。

問題を㈠納税上の問題　㈡事業資金の問題　㈢在庫にともなう経費の三つの測面から考えてみたい。従来この問題について、書協の税務委員会などが実務上の問題として、とくに第一の観点から研究し、実務的解決に当っているが、その場合においても理論的にまとめられたものを寡聞にして聞かないし、第二、第三の点についても、全く研究されていないのではないかと思う。しかし情報不足の中でまとめられた本稿が思わぬ誤りを犯していたり、すでに先輩の論じつくされた事をくり返し述べる愚を犯しているかもしれない。御教示を願う次第である。

二　在庫書籍の性格

棚卸資産、ここでは在庫製品たる書籍の基本的な評価が取得原価であることはいうまでもない。商法および会計原則は取得原価と異なる取り扱いを、時価が取得原価を下回る場合、企業が時価を採用したときに、りれを認めているが、出版業の場合には、本の売価は原則として定価販売となっているから、低価法を採用することには無理がある。(1)

このように商法や会計原則からいえば、原価以外に評価を加えることは不可能なはずであるのに、たとえ税法上の明文規定でないにせよ、出版業における在庫の特別取り扱いがみとめられているのは、いかにこの問題が出版の場合、特殊かつ重要であるかを示している。まさに出版業、とくに学術出版のごとき分野では、厳格に原価主義にもとづいた在庫評価は、企業成果の実質把握を誤まらせるために、企業の安全にとって、はなはだ不当なものであり、健全な会計慣行とはいえないからである。

しかし、ここでまず本論に入るに先立つ予備的考察として、在庫書籍というものおよび税法におけるその考え方の内容を明瞭にしておきたい。

税法における在庫評価損を規定する基本通達九—一—五が評価減の根拠としているのは、在庫の陳腐化ということで、破損、型くずれ、たなざらし、品質変化等により、通常の方法によって販売することができないなどを理由としている。しかしここに、我々がいま問題にしている在庫評価との微妙なズレがあると、私は考える。

在庫が右にいわれるような意味で陳腐化しているかどうかが、われわれにとって問題なのではなく、破損も型くずれもしていない完全な在庫書籍が販売までに長い時間を要することをわれわれは問題にしているわけである。もし、いわゆる陳腐化によって完全な商品たる資格を欠いている在庫があれば、その部分はまず汚損本として、通常の棚卸から外されて処理されるべきである。そのような破損、汚損本はどの出版社でも多少は出ているわけだが、スレ本として特別の割引率で古書ルートに流すか、または全く商品たりえないものは、紙屑として再製業者に回されるのであり、一過的な処理で片づくことであり、また企業の財政に重大な影響を及ぼす内容をもっていない。だから、われわれは在庫本を検討する第一歩としてまず破損本か完全本かの区別を立てるわけである。さらに第二段階として完全本のうち、（販売に要する時間を無視して）売れるか売れないかの判定がくる。いかにがんばってストックしてみても、絶対売れる見込みのないような在庫もたまには発生する。学術出版のような長期の生命を予定した出版ではこのようなことは少ないが、一般出版社では内容の陳腐化——たとえば法律関係の本で内容とする法律が変更されたために、利用価値がなくなるなど——によって全く利用価値を失う場合も相当にあろう。

しかしこの場合にも処置は比較的楽である。売れるか売れないか、あるいは売るべきか、廃棄処分すべきかは比較的はっきり決定しうるし、廃棄処分は一回限りの経理処置として企業の当期の利益に単刀直入にストレートな影響を与えるのみだからである。問題は評価の第三段階にある。いまや破損本ではない完全本でしかも内容的に陳腐化したわけでもない製品在庫が、どれだけのスピードで販売され、現金化されるかであり、そのことを考慮したなら、その在庫本が現在どれだけの価値をもっているか（複利現価）ということである。

さらに、われわれは第四の点を評価に加えなければならない。それは在庫を所有することによって生ずる追加の経費に対する考慮である。その主たるものは在庫保管のために要する経費と、在庫に対する税金の利息であり、また減耗損や保険料である。

以上四つの段階を経てわれわれは在庫書籍を評価しなければならないのであって、本稿で私の考察の対象としているのが、第二段階を経た後の在庫本の評価の問題であることは、すでに述べたとおりである。われわれが破損本や陳腐化本、完全なデッドストックを対象にしているのでないことを明らかにしておいた上で考察を進めたい。

三　販売スピードを考慮した在庫評価

出版企業がもし無限の運転資金をもち、かつ税金の前払いをいとわないならば、そのような企業にとって在庫評価は問題にならない。後に述べるようにアメリカの大学出版部は一般に在庫評価減を比較的軽微に実施しているが、これはアメリカの大学出版部が一方では教育機関として非課税になっており、また親大学から運転資金の補給を受け易いなど、一般出版企業とちがって適正評価による適正利潤の算出に対する誘引が少ないことに帰することができよう。

出版企業はもし在庫の評価減を行わなければ、非常に大きな利益を計上することができる。これは出版における定価決定の機構からして当然予測されるところである。例えば、定価額で一〇〇万円（定価一、〇〇〇円、一、〇〇〇部）の本を出版するときの直接製造原価（組版、印刷、用紙、製本、印税）は大体四〇万円以下であるから、かりに作った本が全部売れるとすると、取次への卸正味を七五％としたとき、売上収入は七五万円、したがって粗利益は、75万円－40万円＝35万円，35万円÷75万円＝46.6％　という大変高率の利益を生むことになる。編集経費や一般管理費や販売費のかけ方にもよるが、一発ベストセラーが出れば、ビルが建つといわれるのもむべなるかなである。しかし、かりにこの本がたった二〇〇部しか売れず八〇〇部が手許に残ったという明らかな失敗のケースにも、もし在庫を製造原価で評価しているならば、ともかく粗利益を計上することになる。

売上	1000円×200部×0.75＝15万円	
製造原価		40万円
期末在庫	1000円×800部×0.4	32万円
売上原価		8万円
売上利益		7万円

このように明らかな失敗企画で、かりに在庫価値0とすれば、40万円－15万円＝25万円　の粗損失を計上すべきときにも粗利益を計上するという馬鹿げた結果になるのは在庫評価が適正でないためである。勿論この場合在庫評価を0とすれば、二五万円の損失が計上されることになる。

出版企業の損益はこのように売れ残り在庫、手持在庫の評価によって大きく左右される不確定性をもっているから、粉飾決算をすることが容易である。そこで企業にとってまず大事なのは、在庫評価について一定の方式を堅持することであるといわれる。同一の方式を採用していれば、たとえそれが過大評価であれ、過小評価であれ、相殺の原理によって影響が消え、当期間についての正しい利益計算ができるということである。たとえば、毎年一〇〇万円（定価額で）の生産をする出版社の在庫評価が　(1)原価主義にもとづいて全く評価減していなくても　(2)たとえば半額に評価減している場合でも次の如く結果は同じに出るということである。

(1)	期始在庫	500冊	1000円×500×0.4	20万円	（当期売上 1000円×1000部×0.75 =75万円として）
	当期製造原価		1000円×0.4	40万	
	期末在庫	500冊	1000円×500×0.4	20万	
	売上原価			40万	
	粗利益			35万	

(2)	期始在庫	500冊	1000円×500×0.2	10万円	（当期売上、同上）
	当期製造原価		1000円×0.4	40万	
	期末在庫	500冊	1000円×500×0.2	10万	
	売上原価			40万	
	粗利益			35万	

したがって、企業が一定の評価方式をとっていれば期間損益の算定には問題ないが、この場合にも、もし在庫が過大評価されていれば、税金の前払いが永遠に続くことになってそのために必要な資金が得られたとしても、その金利分は確実に損することになるし、過小評価であれば、逆に税金の後払いで金利分のとくをすることになる。

しかし、問題なのは生産量が一定でないときである。生産量が一定で売上も一定であるような状況下では、右のように一定方式をとっていれば期間損益の算定はうまくいくが、生産や販売など事業量に変化があるときには、単純に相殺というわけにはいかない。現代ではどの企業も大体において拡大再生産の形をとるし、ことにインフレ下においては、名目的にではあるが、拡大再生産の形をとることが多い。このような場合には過大評価は、毎年の損益計算を甘くするし、過小評価では辛くすることになる。

このように在庫評価は真の損益決定のために極めて大きな影響をもっているが、ここでは先ず販売スピードの面から評価を考えてみよう。

ある在庫書籍に要した製造原価は投下資金として金利という資金コストがかかっている。したがって現金として回収するまでに要する資金コストの合計は在庫価値から控除して考えなければならない。言い方をかえると、一年先でなければ売れて現金化しない本の現在の価値は、一年後に実現する現金収入から、その金額の一年分の利子を引いたものであるということ、すなわち複利現価の考えである。

在庫の中のAという本が、定価一〇〇〇円、原価四〇〇円であったとして、もしこの本が一年先に売れるとした場合、この本の現在価値は、複利現価 $v^n=(1+i)^{-n}$ で、年利一割のとき、400円×0.91＝364円である。もし五年先でなければ売れないとしたら、400円×0.62＝248円であって、それぞれの原価との差三六円、一五二円は評価損として立てるべき額になる。ある冊数の在庫がかりに毎年同じ冊数売れて、一〇年で無くなるだけあるとすれば、平均売却スピードは五年であり、年利一〇％なら〇・六二、年利二〇％なら〇・四が評価係数となる。

表1　10%，20%，30%の複利現価表

	10%	20%	30%
1年	0.91	0.83	0.77
2年	0.82	0.69	0.59
3年	0.75	0.57	0.45
4年	0.68	0.48	0.35
5年	0.62	0.4	0.27
10年	0.38	0.16	0.07

さて、われわれはこの場合、金利としていかなる数字をとるべきであろうか。常識的に市中銀行からの借入は実質一〇％程度であるとして、一〇％を無批判的に採用してよいであろうか。考慮すべき第一はインフレであり、第二は機会原価的発想である。インフレ下では一年先の一〇〇円は物価の騰貴に反比例してその価値を下げる。かりにインフレ係数が年一〇％とすれば、一年先に受取る一〇〇円は現在価値に直せば、九一円、すなわち $(1+f)^{-n}$ したがって金利とインフレの双方を考慮すれば現価は $(1+i+f)^{-n}$ ということになる。さらに第二に考慮すべき機会原価的側面から考えてみたらどうなるかということである。

機会原価（オパテュニティコスト）とは、この場合この投下資金が在庫に固定されていないで企業のために利用されたら、どれだけの収益をあげるかということである。かりに四〇万円の在庫資金が、在庫として眠っていずに利用されたら——たとえば年二〇％の収益をあげるとした場合、この在庫として眠っている四〇万円の投資のコストは一〇％でなく、二〇％であるとする考え方である。

このような考え方は勿論税法や会計原則ではまだ認められるに至っていないが、企業経営の立場から考えた場合、いずれがより実態に近いといえるであろうか。少なくとも経営の能率を考える場合には、機会原価の方により真実性があるという認識は次第に強まってきているのである。それは、われわれが一〇年もかからねば売切れない多量の在庫の値打を考えるとき、実感として、法定の評価率などよりはるかに低い価値しか感じないことと対応している。一〇％の金利で計算した複利現価はその意味で全く理論値であり、われわれの実感に遠い。一〇％の金利にかえて二〇％の機会原価と、インフレ係数一〇％以上合計三〇％以上の複利現価がまず妥当な数値ではないかと思う。

四　売れるまでに要する経費

長期間にわたって在庫書籍の保管をするときに必要な経費はいろいろあるが、次の諸項目に限って考察してみよう。

1　保管費
2　保険料
3　減耗損
4　税金のための金利

1　保管費

在庫の保管を別の在庫管理会社に委託すれば保管料、倉庫に預ければ倉敷料、自社の倉庫に保管すれば倉庫の減価償却費等の形で、保管に要する経費が支出されることになる。保管が数年にわたる場合の経費は極めて大きな額になる。たとえば倉庫一坪に一〇〇〇円の本二五〇〇冊、製造原価にして（四〇％）一〇〇万円の本を保管する場合、倉庫料が月額五〇〇〇円のとき、年の保管費は 5000円×12＝6万円、五年間では三〇万円（原価の三〇％）となる。

2　保険料

火災保険料は倉庫の状態にもよるが、経費としては比較的軽微ですむ。

3　減耗損

在庫品は保管時間の経過とともに必ず一定の減耗を生ずる。これこそ全く汚損、滅失等で、保管の状態、管理のよしあしにもよるが、場合によってはかなりのパーセントに及ぶ損失を生ずると考えるべきであろう。

4　税金のための金利

学術出版にとくにはなはだしいが巨額の在庫をかかえているとき、それは機会原価としての資金コストを多大に費すことになるのみでなく、なおその上に税金を支払うことによる追加の資金を必要とする。

たとえば評価額にして一億円の在庫をもつということは、その在庫をもたないときに比べて一億円の利益を計上することを意味する。出版業においては事業税がほとんどかからないため法人税、都民税合計で約三三％の税金がかかるとすれば、税額は三三〇〇万円、その支払のために要する資金のコストは一〇％として、三三〇万円、すなわち在庫額の三・三％、機会原価二〇％とすれば、六・六％が毎年必要となる。したがって五年間保管すればその税金のために、一六・五％〜三三％が必要とみることができる。

以上四つの経費は、これから保管中の在庫が現金に代るまでにどうしても必要な経費であり、これをかけなければ、在庫の現金化が行われ得ない必要経費である。それははっきり経費支出として支払われようが、支払の形では眼に見えなかろうが、同じである。倉敷料を支払って在庫を保管する場合に保管費が明瞭に意識しうるように、税の金利も、資金コストとしては極めて明瞭な経費なのである。

これら四つの経費がかくて出版企業の在庫のためにかかる必要経費であるとすれば、これは前章の在庫投資の資金コストと同じく、現在の在庫価値を制約するものにまちがいない。

本来このような経費は通常の企業では少額であり、次期の支出経費として処理されるから、当期の在庫評価から減額すべきものを翌期に延ばす時間的ズレという理論的問題はあるにしても、さして大きな問題とはならない。しかし学術出版のように平均在庫期間が何年にもわたる場合にははなはだ大きな支出が長期にわたるから、在庫資産の現在価値を秤量する上で、価値実現までに必要な経費は現在価値の減として認識される必要があるのではなかろうか。すくなくとも在庫を保持するか廃棄するかを戦略的に考慮するばあい、これらの経費が損益の比較に入ってくることはまちがいないのだから。

五　現行税務取扱の検討

昭和二十五年当時業界代表と東京国税局との折衝の結果、協定されてできた評価減の方式（次ページ表2）については周知のことであり、説明の必要はあるまい。私がこの協定方式に対して最大の欠陥と思うのは、それが発行部数と最近売上部数のみを基準としていて、在庫部数を考慮に入れていない点である。しかし実

表2　現　行　基　準　表

発行部数	2000部未満	自2000部至4999	5000部以上	評価比率（原価に対し）
売上比率	$\frac{200}{1000}$以上	$\frac{150}{1000}$以上	$\frac{100}{1000}$以上	$\frac{100}{100}$
	$\frac{200}{1000}$未満	$\frac{150}{1000}$未満	$\frac{100}{1000}$未満	$\frac{50}{100}$
	$\frac{150}{1000}$未満	$\frac{100}{1000}$未満	$\frac{80}{1000}$未満	$\frac{40}{100}$
	$\frac{100}{1000}$未満	$\frac{70}{1000}$未満	$\frac{50}{1000}$未満	$\frac{30}{100}$
	$\frac{80}{1000}$未満	$\frac{40}{1000}$未満	$\frac{20}{1000}$未満	$\frac{20}{100}$
	$\frac{50}{1000}$未満	$\frac{20}{1000}$未満	$\frac{10}{1000}$未満	$\frac{10}{100}$
	$\frac{20}{1000}$未満	$\frac{10}{1000}$未満	$\frac{5}{1000}$未満	スクラップの時価

際上最も問題なのは現在手持ちの在庫が何年かかって売れるかであり、発行部数に対してどのような比率で売れるかではないはずである。

例えば、三〇〇〇部出版した本Aが半年を過ぎた時点で一〇〇〇部残っているときと、同じ三〇〇〇部の本Bが半年後に二〇〇〇部残っているとき、年に三〇〇部それぞれ売れるとすると、AもBも$\frac{300}{3000}=\frac{100}{1000}\longrightarrow\frac{40}{1000}$で評価せよということになる。しかし明らかなようにAは三年余で残部を売切る見込なのに対し、Bでは六年余りを要するわけで、既に見てきたように、複利現価の考えで評価を考えれば全く不当ということになる。また発行部数によって三欄に分けていることも、われわれの複利現価発想からすれば意味がない。

このような方式自体の欠陥は別として数値はどうであろうか。表2でみる通り基準表の数値は大体年利率二五％くらいの複利現価に該当している。

したがって評価減が所要資金の機会原価分のみから考えられるとすれば、基準表はほぼそれを満足する程度に構成されているといってよいだろう。（ここでは発行部数基準がとられ、在庫部数基準でないので、かりに三〇〇〇部発行半年後$\frac{2}{3}$売却、$\frac{1}{3}$在庫として計算した。）

問題はこの基準表にもとづく評価が実際上出版企業の損益計算と資金運用にどのような影響をもたらすかであり、これについては後に触れるであろう。

さて上述のように、現行協定内容は方式上の不備をもっているが、書協の出版税務委員会が準備した改訂案は、発行部数でなく在庫部数を基準にしている点、また発行部数の差による異なる率の適用を排除した点で合理的な改革案であるが、ここでは従来の考え方と全く異なって過去の販売スピードから予測しうる一定部数以上の在庫を通常在庫から外してスクラップ評価することを考えている。しかし第一の疑問は、そうして計算された過剰在庫ははたして実際にスクラップ化され廃棄処分されるのであろうか、ということである。そしてもし

表3　改訂案

売上比率 $\left(\frac{B}{A}\right)$	乗ずべき比率
30％以下の場合	$\frac{1}{10}$
25　〃	$\frac{3}{10}$
20　〃	$\frac{5}{10}$
15　〃	$\frac{7}{10}$
10　〃	$\frac{9}{10}$

A＝決算期末在庫部数
B＝期末前6カ月売上部数

（決算期における在庫部数に当該比率を乗じた部数はスクラップとして評価する。）

実際に廃棄処分しないものを廃棄価格に認めよというのはおそらく税法の基本的考え方からして明らかな矛盾であり、税務当局としては容易に認められないであろうと思われる。

第二に数値の検討をしよう。表3の通り、この方式では在庫のうち、前半年の売上部数の一〜三倍すなわち販売スピードが一定で、減衰しないとすれば半年ないし一年半で売り切る分以上の在庫を全く0評価せよということで、評価減としては現行基準をはるかに上回るものであり、実務上経営者の実感にはるかに合致するものといいえよう。

六　評価と資金

棚卸資産の評価がどのようになされようとも、それが資金の収支と直接関係ないことは明らかである。資金会計では販売の結果、在庫品が現金化する段階ではじめて考慮の対象になってくるからである。いいかえれば、企業収益は棚卸資産の適正な評価なくしては正しく計算されえないが、資金の問題は在庫評価と全く離れて考慮することができるということである。

しかし企業の各決算期における収益の測定が、資金と無関係になされる在庫評価によって決められるとしても、結局は企業の全生涯で考えれば収益と可処分資金とは一致すべきものであるから、結論的にいうならば、各期の収益計算が資金的にもほぼ対応する形であることが望ましい。前にも述べたように資金が無限に追加支出されるならば明らかに大きな損失を生じている出版事業が、あたかも利益のあがっている如く決算を続けることができることになる。たとえば三章の例では現金収入は一五万円、現金支出はコスト四〇万円で、資金不足二五万円となるが、追加資金支出二五万円をつづければ永久に存続できることになる。しかしそのようなことは事実上不可能であり、いつかは巨大な損失計上となって収益と資金は一致を（この場合大きな損失として）見るであろう。

言いかえれば在庫評価の仕方によっては、計上利益と資金の実態とは非常に乖離したものになるだろう。すなわち在庫を過大評価していれば、つねに利益を計上しうるが、反面、資金の不足が必ず生ずる。いわば勘定合ってゼニ足らずの状態である。私が在庫評価の重要性を強調するひとつの理由は正にここにある。在庫の過大評価が、正しい収益計算を誤まらせることはすでに述べたが、それが真に危険なのは、資金との関連においてである。資金状況との乖離である。過大評価からくる過大収益計上が実際の資金不足に対する企業家の認識を誤まらせる危険が大きいということである。

左の図で、三角形ＯＳＣで囲まれる部分が収益計算と資金収支の乖離する可能性のある部分であって、もしわれわれが収益計算と資金の状況をできるだけ近づけたいと考えれば、可能な限りＣＳ線をＯａ線に近づけること、とくに売上がａ点に達するまでは在庫評価を０とすることが必要である。勿論これは税務当局の承認するところではないが、資金との密着を考えるならばそういうことになる。その代り、ａ点をすぎると、在庫の評価がいかになされても資金不足を生ずることはなく、資金問題との関係は一応離れることになる（ただし、在庫評価に対する税金や配当の増加などを無視するとして）。

また、ｂａａ′を結ぶ部分は在庫評価いかんで、資金不足を生じながら利益を計上する危険のある部分を示している。

結論的に言えば売上がコストと経費の和を超えるまでは、在庫を０評価しなければ、発生している資金不足の状態が正しく表示されないということである。これはまた次のように考えることもできる。企業の収益が資金状況と密着しているためには

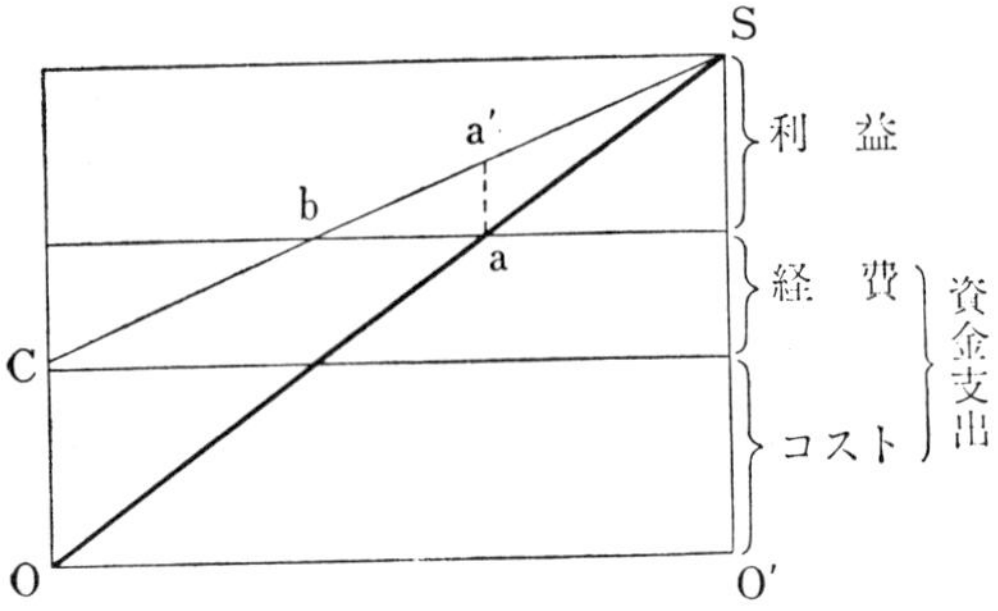

△SOO′は売上による資金収入
△COS は在庫（評価）額

———在庫をふくむ計上収益
━━━売上による資金収入

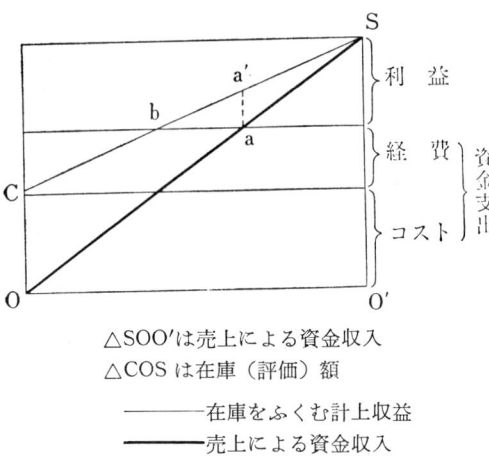

資金計算と収益計算が一致しなくてはならない。そこで

（資金計算）

売上－コスト－経費＝利益

（収益計算）

売上－（期始在庫＋コスト－期末在庫）－経費＝利益

∴期末在庫－期始在庫＝0　　期末在庫＝期始在庫

となり、在庫額が期始期末で増減しないことが必要である。

　したがって、拡大再生産の時など在庫総評価額が増加して資金不足を生じないためには、評価の増加した部分に該当する利益留保額（税、配当など流出後の）か、資本追加、その他運転資金の増加がなければならないことになる。われわれは出版企業の実践において資金不足を生じない適正評価率を勝手に適用することはできないが、資金不足を生じない適正利益を計上しうるためには、どれだけの販売率を確保しなければならぬか、その安全係数を目標として設定利用することはできる。

　たとえば定価額で一〇〇万円、正味〇・七五、コストは定価の四〇％、経費は売上の三〇％であるとした場合、確保すべき販売率xは

$$100\times0.75\times x-100\times0.4=100\times0.75\times x\times0.3$$

（売　上）　（コスト）　（粗利益）

$$52.5x=40\qquad x=0.76$$

　すなわち、生産した本の七六％が売却されなければ、三〇％の売上利益は計上できない。もし計上したら、資金の不足を生ずるということである。七六％の販売は正味を加味すると定価額の五七％に該当する。それは一点についても全点についても同じく当てはまるから、在庫販売をふくめて当期刊行額の五七％の売上を上げなければ三〇％の売上利益は資金的に計上できないというガイドラインを設けることができるわけであ

表4

	刊行	売上	在庫額	同評価	収益	資金収支
Ⅰ年目	100	37.5	20	20	＋ 0.5	－19.5
Ⅱ	100	45	36	25	－ 7	－12
Ⅲ	100	52.5	48	28.5	－ 1	－ 4.5
Ⅳ	100	60	56	30.8	＋ 5.3	＋ 3
Ⅴ	100	67.5	60	32	＋11.7	＋10.5
Ⅵ	100	75	60	32	＋18	＋18

表5

	刊行	売上	在庫額	同評価	収益	資金収支
Ⅰ年目	100	37.5	20	20	＋ 0.5	－19.5
Ⅱ	120	52.5	40	28.8	－ 7.1	－15.9
Ⅲ	150	71.7	61.2	39.3	－ 3.3	－13.8
Ⅳ	180	95.2	82.4	49.9	－ 1.8	－ 7.4
Ⅴ	220	123.7	104.4	62.1	＋15.5	－ 2.4
Ⅵ	260	155.2	125.6	74	＋18.9	＋ 7

る。すでに述べた如く、期末在庫の評価次第で計上収益はいかようにも変りうるが、売上利益について、上記の如きガイドラインを各社のデータ（正味率、コスト率、経費率）にもとづいて計算し、それとのにらみ合せで妥当な売上利益率が出るような在庫評価でなければ、資金上の危険が大きいということである。

ところで現行の在庫評価基準については、すでにその数値の妥当性について疑問を提出したが、いまここで資金との関連においてさらに考察してみよう。

表4は六年間にわたって、毎年一〇〇万円（定価一、〇〇〇円、一、〇〇〇部）の定価額の本を出版し、刊行第一年度

に半分の五〇〇部を売り、以後五年間毎年一〇〇部ずつ売って六年目に売り切るといった状況を設定してある。コストは四〇％、在庫評価は刊行第一年度のものは原価、それ以外は一〇〇〇部刊行年間一〇〇部販売なので一〇〇分の三〇を現行基準表の率からあてはめて計算した。また経費は六年間通して一七万（五七万－三〇％利益計上の場合のガイドラインの三〇％）とした。

表4からわかるのは現行基準にもとづいて評価している場合、創業期の一－三年度くらいに計上収益と資金の乖離がかなりはげしく生ずるということである。しかしそれはやがて次第に小さくなり、両者が一致するようになるから、問題は一時期のことのみのように見えるだろう。しかしここで問題なのはこの表のように単純再生産をくり返す例は実際にはほとんどないわけで、大部分の企業は拡大再生産の形をとりつつあることだ。

表5は表4と同じ方式で、しかしこんどは年間二〇％程度の拡大を予定して作成した。これから明らかなように、拡大再生産のもとでは名目的収益計算と実際の資金とは、表4の場合に比べてはるかに乖離が大きい。それは第六年度に至って、資金プラスに転じても基本的には変らない。このようなモデル計算を通じてもわれわれは現行基準表の数値がまだ高すぎるという推測をもつのである。

七　在庫評価の実態

さて以上みてきたように、在庫の評価は適正な企業成果の測定とその結果としての適正納税のためにも、また健全な企業経営資金の状態を維持するためにも、きわめて重要なものであるが、はじめに述べたように、それはとくに学術出版にとって絶対的重要性をもっている。それならばこの問題が実際にどのように処理されているか、こんどは少し視点を変えその実情をみてみたい。

出版事業の経営についてまとまった統計、データは非常に不十分で、企業秘密もあって、近づき難い点が多いが、まずアメリカについてみると、ハーバート・S・ベイリーはアメリカ書籍出版協会のためにE・E社が調査したデータにもとづいて、各種出版分野の標準数値を示した中で、在庫評価減を純売上に対しトレードブック二%、少年少女物〇・三%、宗教書二%、専門書二%、大学出版部の刊行物四%としている。[2]

少し古いが、チェスター・カーのアメリカ大学出版部調査報告書において、彼は各出版部が採用している評価減の考え方と方法はマチマチであるとして、若干の例を次のとおり示している。これはアメリカの大学出版部が非課税であるため、税法の規定からは自由に各出版部が妥当と考えた所を実践しているためである。

(1)発行してから五年間は評価減せず、五年たつと0評価。

(2)前年度刊行のものコストの五〇%減、その前三年間に刊行したもの七五%減、その前五年間に刊行したもの九〇%減、一〇年以上経過したもの、全部で一ドル評価（名目金額）

(3)年に五〇冊以上売れる本はコスト評価、五〇冊以下のものは0からコストの間で評価。

(4)古い本で年に五一～二〇〇冊売れるものはコストの五〇%、一一～五〇冊のものは一冊五セント、一〇冊以下のものは一セント。

(5)四年間に売れる見込のない本は在庫から除く。[3]

評価減の平均数値についてはカーは、一九四八年―四九年の調査データから、評価減を行っている九出版部の平均で、在庫額の八・五%であり、評価減していないと答えたもの六出版部、回答なし七出版部であったとしている。[4]これはもう二五年も前の調査でアメリカ大学出版部の実践がまだ今日のように確立される以前であるので、比較的在庫評価減についても甘い考えが多かったと思われる。

一九六一年六月のイェール大学出版部の決算報告では売上の平均四、五%、期末在庫の七～一〇%が毎年評価減されている。[5]同年のシカゴ大学の決算では二・四%、[6]ラトガース大では六一年五・一%、六二年四・〇%となっており、ラトガースの期末在庫に対する全評価減の合計は一一%に該当している（在庫二〇万ドルに対し二・二万ドルの減）。[7]さらに一九六〇年のアメリカ大学出版部協会の経営分析によれば、評価減は表のよ

表6

	平 均	最 高	最 低
パイロットグループ　13出版部	3.7	9.0	0.1
売上50万ドル以下の　7出版部	4.5	8.8	0.1
売上50万ドル以上の　5出版部	3.2	5.6	1.5
欠損を出した　8出版部	4.7	8.8	0.1
利益を出した　4出版部	2.2	4.5	1.5

うになっている。(8)

この報告書にも評価減を実施している一三出版部のそれぞれの評価減方針が出ているが前掲と同巧異曲なので省略する。

以上の実態報告を総合して、アメリカの大学出版部では平均して売上の四％程度を評価減しているとみてよいようだが、売上の四％とは在庫に対してどの程度の評価減を意味するであろうか。かりに前出の例をとって、刊行を一〇〇万、売上を五七万とした場合、在庫はコスト額で九万、これに対して五七万の四％、二・二八万は在庫額に対して二五％にあたる。同じ率で毎年くり返せば、常に在庫の原価額に対し二五％の評価減を行っていることになる。先にみたラトガースの例では、一一％にしかなっていないが、これなどは低い方の例であろう。

日本の場合、大学出版部の中には、ほとんど評価減を実施していないところもあるが、これなどは比較的販売スピードが早く、在庫額が比較的小さいこともあって問題を生じない幸せなケースというべきであろう。一方ある出版部はアメリカの実態に比べるとかなり激しい評価減を行って、毎年税務当局とはてしない議論を重ね、それでも経済の実態に合致しないと嘆いている例もある。

民間出版社でかなり学術書を出版している場合でも、現行の協定は有利であり、恩恵を受けていると考える経営者がいるし、ほとんど在庫をもたないくらいにうまい生産管理のできる大学レベルの教科書出版の場合には、在庫評価は全く問題にならないから、在庫評価の問題が鋭く意識されるのは、非常に売れ足の遅い学術書を主体にしている出版社の場合のみであろう。いずれにせよ、日本の実態については残念ながら筆者はあまりデータをもっていない。

八　むすび

以上在庫評価に関して、いろいろの観点から問題点を指摘してきた。理論的展開は紙幅のせいもあってはなはだ不十分であったが、問題の所在と、それに対する考え方だけは明らかにできたと思う。この問題はとりわけ学術出版について重要であり、もし学術出版が真に人類文化のために保護育成されねばならぬとしたら、在庫評価についても、全出版を画一的に考えることなく、特別の措置がとられてしかるべきであると考える。そのためには学術会議等への働きかけも必要であろうが、実際問題としては、学術書および学術出版の実際的定義の困難さから、実効性ある税法上の結論を引出すことはむずかしいように思われる。その点非課税の恩典に浴するアメリカの大学出版部が、前章でみた如く在庫評価に比較的甘いのは、税の問題がないことの結果であろう。しかし適正な企業成果の判定という観点から見ても、彼らの実践は甘いように思われるが、母体大学から資金の供与を受け易いために、きびしい決算に対する誘引が少ないのであろうか。羨むべき姿である。

筆者は結論として在庫評価は、

原価×(機会原価による複利現価率－インフレ係数－保管のために要する経費率)

として考えられるべきであり、その際、機会原価は資金収支に見合うかなり高率が適用されるべきであり、現行基準表はその意味で不十分であると考える。

注

(1)　水品一郎『出版会計』(日本エディタースクール出版部、昭和四十八年、三九〜五九頁)

（2）Herbert S. Bailey, Jr. "The art and science of book publishing" Harper & Row, 1970, p. 92 本訳書一〇六頁

（3）Chester Kerr : "A Report on American University Presses" The Association of American University Presses, 1949 p. 201～205

（4）ibid pp. 228～229

（5）Yale University Press. Financial statement. June 30 1961.

（6）The University of Chicago Press, Five year operating statement, July 1 1956 through June 30, 1961.

（7）Rutgers University Press Statement of Assets, Liabilities and Deficit as of Jan. 31, 1962.

（8）1960 Operating Ratio Report to the Association of American University Presses, compiled by Ernst & Ernst.

（〃出版研究〃第五号より）

旧版・日本語版へのメッセージ

本書の原題 Art and science of book publishing が示すとおり、書籍の出版は芸術と科学の両面をもっている。過去の経験にいくらか個人的な趣味や直観などをおりまぜて判断を下すという作業は、企画の開発、原稿選択から販売や広告に至るまで、出版事業ではいたるところに見られるが、こうした点で出版は一種の芸術なのである。

しかしまた出版には、合理的な方法で体系化し、成文化しうることも沢山ある。たとえば在庫の管理とか印刷部数や定価の決定などである。このような点に関しては出版を科学と考えることも可能なのである。

さて本書では出版の芸術的な面についても、いろいろ言及はしているが、その重点は科学としての側面におかれている。出版の芸術的側面をのばすには、主として経験にたよるしかないが、科学の側面は、解説することも学ぶことも可能である。

ところでもし本書を改訂する機会が与えられるとしたら、私は数式を用いた部分、ことに第四章をずっと小さくして、読者により近づき易いものとするだろう。第四章は本書の中心をなしており、そこでの分析は政策決定のために不可欠のものであるが、数式を用いることが、数学ぎらいの出版人たちに拒否反応を起しやすいことを、本書刊行以来、痛感させられてきたからである。日本の読者のばあいに、同じようなことが起らぬことを希望したい。簡単な数式を用いることによって、最も明確に説明できる議論があるわけだが、数式を見ないでも同じ考えはその最後に文章で説明されているのである。

同じく第四章において、私はマイクロ出版という言葉を用いて、一点ごとの書籍出版に関連するすべての問題をふくめ、全体としての刊行物の管理と対置してきた。ところが、その後マイクロ出版ということばは、マイクロ・フォームによる出版という意味で使われるようになってきた。この点、混乱を起さないよう読者にお願いしたい。〔訳ではすでにこの点を考慮し、マイクロに代ってミクロを用いている〕

さらに第四章の営業費の部分では、一五四頁の注に示される、限界分析の重要性を強調したい。営業費を新刊書に配賦する、何らかの系統的方法を確立することは必要であるが、各新刊をその限界において考えてみることも、同様に重要なのである。そのひとつの方法は、粗利益を重視することである。これは重版のばあい、とくに適切であると思う。

出版はビジネスであり、ビジネスは利潤を生まなければ成功しえない。しかし出版の真の目的は本――よい本を産み出すことである。そこで私としてはすべての読者が本書のエピローグを記憶してくれるよう望みたい。たとえ他の部分をすべて忘れてしまったり、無視するとしてもである。出版社はその刊行する本によって知られるのである。

最後に、本書の日本語版を出版する労をとられた出版同人社ならびに私の友人、東京大学出版会専務理事(現国連大学出版部長)箕輪成男氏に感謝したい。みずからすぐれた出版人である訳者箕輪氏自身の深い知識が、翻訳にあたって、本書に反映し、それによって本書が改善されるだろうことを信じている。彼はまた日本の出版の特殊事情に本書をうまく関連づけてくれるにちがいない。全世界の書籍の仕事にたづさわる者は誰でも、日本がアジアにおける出版と読書の最大のセンターであり、全世界を通じても最大のセンターのひとつであることを知っている。そこで私の本が国際学術出版連合の初代会長によって翻訳され、そのような大出版国日本で出版されることは、著者にとってこれに過ぎるもののない欣びである。

プリンストン大学出版部にて

一九七五年三月一日　ハーバート・S・ベイリー・ジュニア

旧版・あとがき

本書はプリンストン大学出版局長H・S・ベイリーJrの著“The Art and Science of Book Publishing”の訳である。

私が本書をはじめて手にしたのは、昭和四十六年、マディソンでアメリカ大学出版部協会の大会が催された時のことである。その時一読してそれほど衝撃を感じなかったのであるが、こんど翻訳してみてその理由がわかった。おそらくそれは、彼の発想があまりに私のそれに近いためである。

文化的背景を異にするアメリカ出版人の考え、悩み、努めるところが、かくもわれわれのそれに似ているものかと驚き、あやしみ、かつは嬉しく、翻訳を進めながら、まことにわが意を得た思いであった。

本書の原題は〝書籍出版のアートと科学〟であり、このばあい、アートは論理で割り切れないもろもろのものを意味している。出版には合理性だけで済まない部分が沢山あり、それあるが故に楽しく、やり甲斐もあるわけだが、同時にこれまであまりに文学的にのみ接近されてきた出版業を、科学的な方法で分析してみよう、というのが本書の主題である。したがって日本語訳の書名も、アートをふくむべきであるが、ここでいうアートをうまく表現する言葉が見つからなかったので(芸術としては誤解されるおそれがある)、簡単に〝出版経営入門〟とした。

ともあれ本書は、出版経営者および出版経営に関心ある人々を対象としている。視点は一貫して経営者のそれである。このような視点と、科学的アプローチとは、本書をこれまでにいかなる類書ももたないユニークなものとしていると思う。

ひるがえって日本の出版業界や出版研究の現状を見ると、アメリカ以上に美学的議論が多いように思われる。出版事業の客観的分析把握より以前に、イデオロギーが先行したり、低俗な実用主義が横行したりすることが、あまりに多いのではないかと思う。出版という仕事について、イデオロギー的な批判はそれなりに結構だが、一方で脱イデオロギーの客観的研究も進んでほしいと思うのは、訳者ひとりではあるまい。本書がその意味で、日本の出版人に何らかの刺戟を与えるよすがともなってくれれば大変幸いである。

本書の内容は、日本の出版人にとって、大変わかりよいと思われるが、なおいっそうその理解に資するため、章末に訳者コメントと称する蛇足を加えた。同様な理由から、巻末に私自身の在庫評価に関する論文と、複写複製（コピー）問題に関する小論を原出版社の了解をえて転載したが、本書内容と関連して、読者の理解を助けることになれば幸いである。

十数年来の友である著者ベイリー氏は、訳に当って日本の読者のために、日本の実情に合せて、自由に改変してくれと言ってきたが、訳者の常として、原著者に対する尊敬から、原文自体には少しも手を加えなかった。

最後に私事にわたるが、訳者はこのたび東京大学出版会を辞任し、国連大学出版部創設の任に当ることになった。東大における学術出版四半世紀の経験は、いずれ私なりにまとめたい気もしているが、いまかりに、私自身の考え方をかなりよく代弁してくれている本書を、その代りに世に送り、私自身のひとつの区切りとしたいと思う。

一九七六年四月

箕輪成男

新装版・訳者あとがき

本書日本語版の旧版に当たる「出版経営入門―その合理性と非合理性」（出版同人版）は、31年前の1976年5月に刊行された。

この旧版は、多くの熱心な賛同者を得たものの、出版後間もなく発行元の「出版同人」が解散・廃業したこともあって、ベイリー氏の大変な名著であるにもかかわらず、十分に普及を見ないまま、今日に至った。

今回、本書を高く評価する出版メディアパルの下村昭夫氏の熱意によって、本書が新装の下に再刊されることを喜んでいる。

新装版といっても、著者は、内容にまったく手を入れていない。著者のいうとおり、出版の原理・精神を説いた本書は、出版環境の激変にもかかわらず、少しも妥当性を失っていないのだ。

むしろ、訳者は、彼の「新版序文と付録」を訳すことを通して、改めて、著者の明晰さ、周到さを痛感して感動し直したものである。

ＩＴ技術の進歩によって、伝統的書籍出版の衰退がジャーナリスティックに取り上げられるこの頃だが、大型書店の棚には、魅力的な大著がますます花盛りで「書籍出版の衰退・滅亡」という予言が、無責任な根のないものであることが痛感される。

本書が、そうした風潮の中で、書籍出版文化の健在に役立つことを願ってやまない。

２００７年３月

箕　輪　成　男

マ 行

ヤ 行

ラ 行

ワ 行

英文／数字

タ　行

ナ　行

ハ　行

索 引

この索引は、原書の索引を元に日本語版用に編集したもので、日本語版では、項目名の五十音配列とし、人名などは、日本流にラストネーム(姓)を優先した。

◎訳編者略歴

箕輪成男（みのわ・しげお：1926年〜2013年）

1950年東京大学卒業後、同大学院を経て、東京大学出版会に勤務。
国際連合大学、愛知学院大学を経て、神奈川大学名誉教授。
元・日本出版学会会長。初代・国際学術出版協会会長。

◎主な著書

著書に,『情報としての出版』『消費としての出版』『歴史としての出版』（以上、弓立社）、『「国際コミュニケーション」としての出版』『出版学序説』（以上、日本エディタースクール出版部）、『パピルスが伝えた文明―ギリシヤ・ローマの本屋たち』『紙と羊皮紙・写本の社会史』『中世ヨーロッパの書物―修道院出版の900年』『近世ヨーロッパの書籍業―印刷以前・印刷以後』『近代「出版社」の誕生―西欧文明の知的装置』（以上、出版ニュース社）などがある。

書籍出版社の夢と冒険

普及版　出版経営入門——その合理性と非合理性

2007年5月20日　新装版　第1版第1刷発行
2018年5月20日　普及判　第1版第1刷発行

著　者　HERBERT S. BAILEY, Jr.
訳　者　箕輪　成男
発行所　出版メディアパル　〒272-0812　市川市若宮1-1-1
Tel & Fax：047-334-7094
e-mail：shimo@murapal.com
URL：http://www.murapal.com
ISBN 978-4-902251-67-8

普及版編集・組版　出版メディアパル／あむ　　装幀　荒瀬光治（あむ）
印刷・製本　平河工業社
Printed in Japan